Does Urban Governance Enhance the Quality of Urban Policy
and Improve the Gaps in Neighborhood Policy
and Civic Engagement in the Policy?

Urban Policy and Social Capital in 23 special wards of Tokyo

首都・東京の都市政策とソーシャル・キャピタル

地域振興と市民活動政策のQOLを高め，23区格差を改善するガバナンスの実現

戸川和成 [著]

晃洋書房

は じ め に

──巨大都市・東京を生活都市に再生させることは可能か──

東京23区の東京問題を改善するしくみを解明するために

　東京は日本の首都として政治・経済・社会の中心である．すべてが「一極集中」する東京の都市政策は，豊かな財政による「東京富裕論」に基づいて都民の暮らしを充実させる政策運営を行っているかのように思われがちである．しかし，それは世界の主要都市の中で，第1位である「過大で過密な人口」状況からくる，さまざまな問題を孕んでいる事もまた事実である．

　内閣府（2014）が「OECD Regional Statistics」を用いて推計した「人口最大都市圏の人口が各国総人口に占める割合」は，世界都市のパリ 18.6%（2010年値，以下同様），ロンドン 19.0%，トロント 18.8%，ミラノ 6.7%，ロサンゼルス 5.5%，ミュンヘン 3.5%に比べて東京圏 27.3%であり，その数字は際立っている．他国と比べ物にならないほどの人口が東京圏に集中することは，数多くの都市問題を発生させる原因となっているとも考えられる．

　都市は多様な人々を住まうことを可能にする．そして，背景の異なる外国人を多く迎え入れるならば，受け入れる準備は行政だけでなく地域住民にも求められる．言語の壁があっても外国人が地域社会に溶け込めるように，サポートする人々が数多く求められる．それは教育や福祉，医療の公助によるだけでなく，地域社会運営の現場での自助と共助を両立させたしくみを必要としている．自助・共助が円滑に機能するためには公助が社会を包摂する取り組みは不可欠である．そして，市民の信頼を毀損させることがあってはならない．

　また，およそ971万人以上の過大な人口が定住する東京だからこそ，住まいの構造も考える必要がある．東京23区には下町，山の手，都心というような住み方を分けた表現を使う都市文化があるが，このような地形構造によって差異が表れる地域状況は地域公共政策の問題と大きく関わっている．それは暮らしの安心や防災政策の明暗を分けるほどである．下町と呼ばれる地域は他地域に比べ低地帯であるため，様々な地形リスクへの対応が求められる．住民の助け合いを基盤とするコミュニティの形成が欠かせない．

　このような区部の地域構造や，多様な人々が暮らす状況が隣り合う特別区の間で異なる中で，どのように特別区を運営していくことが住民にとって望ましい地域公共政策の導出に結びつくのだろうか．様々な都市問題が起きている中

で，特別区は地域団体・組織とどのように連携することで，暮らしやすいまちづくりを創り上げることが可能なのだろうか.

　この問題を解き明かすことが本書のねらいである．東京23区という巨大都市の中で生活都市を築き上げるために必要な地域社会運営のしくみを解明するために，本書はソーシャル・キャピタル（社会関係資本）とガバナンスの理論を援用し，大都市・東京の比較都市研究の枠組みを構築する.

> ＊　ソーシャル・キャピタルは社会関係資本とも表記される．既にソーシャル・キャピタルという表記が一般化されている学術的状況を鑑みた上で，本書はソーシャル・キャピタルと社会関係資本という二つの表記を同義として使用する.

本書の構成

　本書は終章を加えた7章構成である．都市政策は市民の暮らしやすさや生活の豊かさの向上を目的とし，都市問題の改善を目指して導出される政策として考えられる．本研究は，その政策の質を測る概念として，暮らしやすさを意味する「QOL（Quality of Life, 生活の質）」を位置づける.

　その上で，第1章は本研究が扱う主要なテーマである「東京23区のQOL格差」の問題に焦点をあてる．類似した特別区制度の間に生じる政策満足度の都市間格差が何を意味しているのかを考察し，東京23区のQOL格差問題を精緻に分析する.

　すなわち，地域で活動する団体・組織が評価した政策満足度指標を使用し，市民が評価した政策満足度と相関関係にあるのかを分析する．それによれば，地域で活動する団体・組織の取り組みは市民にとって望ましい地域社会の実現に結びつくと考えられる.

　第2章は東京23区のQOL格差の問題をガバナンス論から考えるために必要な根拠を，過大で過密な人口の都市問題である「東京問題」に着目して考察する．本章の考察によれば，東京は世界都市戦略を目指す一方で，過密な人口に対して，行政の人事要員が十分に配置されていないことから，生活空間に問題が起きている．それゆえに，地形リスクの問題，東京の一極集中問題，都心回帰による生活問題，インナーシティ問題への対応を行政だけでなく市民社会組織にも求めている．それを踏まえて，本章はガバナンスとソーシャル・キャピタルの理論を組み合わせて構築した研究枠組み（骨子）を提示する.

　第3章は上述のソーシャル・キャピタルとガバナンスがどのようにして市民に

効果的な地域社会運営を導出するのかを理論的に考察し，6つの仮説を提示する．

　第4章は，本書に設定した問題を解明するために必要なデータ・セットを詳述する．主に，それは筑波大学のJIGS (Japan Interest Group Study) 研究チーム（代表：辻中豊）が2006年から2007年にかけて実施した「市民社会組織調査」の全国データのうち，東京・特別区で活動する自治会・町内会，NPO・社会団体（以下，非営利組織という），特別区のデータを使用する．加えて，筆者が2020年から2022年7月時点にかけて実施した「地域を紡ぐ信頼，社会参加，暮らしの政策に関する調査」という市民意識調査と団体・組織へのヒアリング調査データを使用する．

　第5章は自治会と非営利組織（社会団体とNPOの合算データ）を単位とした特別区とのガバナンスとソーシャル・キャピタル，政策満足度の関連性を明らかにしている．それは自治会と団体・組織からみた地域振興政策と市民活動政策が市民のQOLを向上させるためにはソーシャル・キャピタルがガバナンスを機能させる必要があることを明らかにする．

　第6章は，市民の視点からソーシャル・キャピタル，ガバナンス，政策満足度の関係をパス解析に基づいて実証した知見を明らかにする．社会経済状況の変化が著しい現在においてもなお，ソーシャル・キャピタルが異世代の間で共有されるには「世代間継承」というしくみを必要としている．本章はソーシャル・キャピタルが世代間に継承し，まちづくりが持続的に運営可能なしくみを混合研究法によって明らかにする．

　第7章は特別区単位で集計されることによって表れる「地域振興政策高評価型」，「市民活動政策高評価型」，「市民活動政策均衡型」の政策満足度のパタンが生じる原因を，統計的に有意性が確認されたソーシャル・キャピタルとガバナンスの関連項目に求めて考察している．さらに，NPO団体を対象としたヒアリング調査の知見を組み合わせて，現場の活動者にとっても理解しやすい「市民にとって望ましい地域社会運営」のしくみを検討する．本章によれば，自治会と非営利組織のどちらか片方に偏重したガバナンスを推進するのではなく，地方政府と自治会の協働や，地方政府による利害を調整する働きかけを自治会と非営利組織の双方に向けて取り組む必要がある．そのためには双方の団体・組織が政策参加しやすい会議体の構築が必要であろう．そして，既存の地縁団体と非営利組織の関係を紡ぐことへの中間支援を後押しするコミュニティ政策を展開することが，東京23区のQOL格差の改善には必要であると結論づける．

本書の付加価値

本書は，ソーシャル・キャピタル，ガバナンス，政策満足度からみた QOL が好循環するしくみを検討することで，円滑に運用可能なガバナンスのモデルを提示できると考える．

これはソーシャル・キャピタル論からみると，これまで曖昧であったソーシャル・キャピタルと政策パフォーマンスを結ぶミッシング・リンクをガバナンスの関連性から解明したものである．また，本書は都心，下町，山の手よりも細かい地帯構造を分析しつつも，それだけでは説明できない「政策運営の格差問題」に取り組んでいる．都市の多様性が複雑化する現在，区部の地域差を様々な視点から捉えて，そのパタンを解明する研究は大都市・東京研究としても付加価値がある．

さらに，本書は論者の数だけ定義が多いとされるガバナンス研究の知見を整理し，政策満足度を高めるためには「協働」と自治体の「ネットワーク管理」という二つのサブ・システムが必要であることを定性的にかつ，定量的に発見している．都市のガバナンスを市民社会の観点から捉え直し，地域社会運営を「地方政府と自治会，非営利組織（社会団体と NPO 組織を含む）の立体的な関係」から描く研究デザインは辻中豊氏の JIGS2 プロジェクトを都市ガバナンスへと発展させた研究手法に依拠している．加えて，本書は首都のガバナンスを特別区レベルで比較し，パタン化した特徴が生じる要因を解明するという研究デザインを東京研究として新たに構築する．これは世界の都市研究でも類をみない研究である．

近い将来には，アジア諸国において深刻な少子高齢社会が到来すると予想される．本研究を国際比較研究に応用することで，体制の維持を望む国家が住民のウェルビーイング（幸福）を高めながら世界都市を目指すために必要な戦略を，日本発のモデルによって解明できる可能性がある．

また，現在は減災・防災，健康などの市場のメカニズムが必ずしも貫徹しない政策課題が共助のしくみを必要としている．本書はガバナンスの考え方に基づくコミュニティ政策が功を奏すために，地域のソーシャル・キャピタルを政策手段に位置付けている．このような研究枠組みは1,700市区町村に適用し得る可能性がある．本書の知見は諸学者や都庁・特別区職員などの地方自治体職員や実務家にとっても有用な知見を提供している．

謝辞

　ソーシャル・キャピタルという概念に向き合う気構えを，終始熱心にご指導頂いた稲葉陽二先生（東京都健康長寿医療センター研究所研究員，元日本大学教授）をはじめ，実証研究に向き合う研究者として懇切丁寧に，真摯にご指導を頂いた辻中豊先生（東洋学園大学学長）におかれましては，ここに記して感謝を申し上げたい．両名の先生のご指導なしには本書が完成することはなかった．

　また，ソーシャル・キャピタルという概念を政治学の文脈に位置付けて実証研究を重ねることができたのは二次利用可能な研究データが蓄積された環境に恵まれたからである．両名の先生には深謝し，日本大学と筑波大学の恵まれた研究環境に感謝申し上げたい．さらに，現在は千葉商科大学政策情報学部に身を置いて，温かく見守ってくださる本学政策情報学部の先生方や多くの事務職員の方々に囲まれている．本書の研究計画から執筆に至るまで細部にわたり丁寧にご助言を頂いた皆様には感謝申し上げる次第である．

　また，ソーシャル・キャピタル研究には数多くの批判があるにもかかわらず，本研究を博士学位請求論文としての付加価値があることをお認め頂いた審査委員会の先生方には，改めてここに謝意を表する．上記の両名の先生方をはじめ，審査委員として査読して下さった主査の崔宰栄先生（筑波大学大学院），副査の海後宗男先生（筑波大学大学院），明石純一先生（筑波大学大学院）には，ここに記して感謝申し上げたい．さらに，筆者の至らない文章の全てをサポートし，優しく校正して頂いた宮下淳子氏には大変にお世話になった．また，戸川研究室の山口樹氏と米谷彰太氏にもあらためて感謝したい．

　なお，調査にご協力し，ご回答いただいた皆様にも心から御礼を申し上げる．

　本書を公刊するにあたっては千葉商科大学の学術図書出版助成金を受けている．ここに，記して深謝申し上げる．また，晃洋書房編集部の西村喜夫氏には，単著での出版が初めての筆者に懇切丁寧にご助言と励ましの言葉を頂戴した．この場を借りて御礼申し上げる．

　最後に，常日頃から教育研究活動にかまけてしまい，家のことには一切見向きもしない筆者を理解し，温かく育て支えてくれた父 基成，母 敦古，姉 涼香，愛犬 メリーの家族には感謝したい．

2022年11月30日

戸 川 和 成

目　　次

第1章
都市社会に起きる東京23区の QOL 格差の問題
——類似する特別区制度の中で生じる
隣り合う区部の違いは何を意味するのか——

1．はじめに

　東京23区は大都市としての一体性を確保しながら過密・過大な巨大都市によって生じる都市問題に対応している．そして，そのことから財政規模も大きく，「東京一極集中」と形容されるように，首都としての行政機能を有している（市川 2015）．

　総務省の『e-Stat（政府統計の総合窓口）』の数値結果（2015年時点，以下同様.）によれば，付加価値総額からみた日本全体の経済規模は約270兆円である．このうち東京区部の付加価値総額は約51兆円であるから，日本経済全体の約18.8％を特別区が占めていることになる．

　そして，人口は日本全体で1億2,700万人おり，そのうち約920万人（2015年時点）が特別区に居住しているから，全人口の約7.3％が首都に集中していることになる．それ故に，人口の過密・過大さは環境問題や交通渋滞，通勤ラッシュ，インフラ整備不足等の都市問題を発生させる．また，現在は地方から都心部に人口が回帰し，東京23区の人口集中地区（東京23区 14,796人/km²）では全国（2,629人/km²）に比べて約5.5倍の人口が密集するようになった．

　このような大規模な問題が平時から常に求められる地方政府が東京23区である．その規模は，地方公務員数51,144人を数え，全国（664,860人）の約7.7％を占める．一般財源は全国約27兆円のうち，約1兆円規模に相当し，約3.7％を占める．支出ベースの規模はさらに大きい．歳出決算総額は全国の約55兆円のうち，約3.5兆円を数え，全国の約6.3％を東京に費やす．このように潤沢な財源と多方面の政策にリソースを投入可能な特別区は，日本の大きなウェイトを占める地方政府であることは明らかである．

　本研究は，このような過大で過密な大都市・東京に現象する東京23区の QOL 格差の問題を扱う．すなわち，大都市として一体性が求められる自治体政策に政策パフォーマンスの違いがあることに着目し，首都を運営する東京の問題を考える．

1）自治体の政策パフォーマンスの都市間格差という問題

　約1,700市区町村の間には政策パフォーマンスが異なるという問題が生じている．すなわち，自治体によっては似通う都市の間でも地域社会運営に明暗が分かれている．これは今日の自治体に関する一つの問題である．

　このような背景を受け，日本経済新聞社・日経産業消費研究所（2005）などの民間の調査機関や研究者は，自治体の政策パフォーマンスの研究に関心を寄せている．筆者も本研究を始めるにあたり，Putnam（1993）のイタリア州政府の制度パフォーマンスの格差問題に触発され，自治体の間に生じる政策パフォーマンスの都市間格差の問題に関心を寄せている．

　政策パフォーマンスの違いはアウトプット，アウトカムの問題として議論されている．先行研究では主因の一つにデモグラフィック要因が取り上げられる．例えば人口規模，都市化度（人口集中人口比率），産業構造（第一産業比率），持ち家比率の問題がある（横山 2010；金 2006；坂本 2010a）[1]．様々な指標が政策パフォーマンスに設定されるが，都市化の比率が高く，人口規模が大きく，産業構成比率が都市的であるほど，政策パフォーマンスが高い傾向を示す（金 2006：163；横山 2010：202；坂本 2010a：148）．

　他方で，「地方政府―市民社会組織関係」をみる市民社会要因の研究も進展している．自治体運営に効果を持つローカル・ガバナンスの影響は，代表的には辻中・伊藤編（2010）の全国自治体の比較実証研究によって明らかにされている．また，小田切（2014）のような京都市の政策執行過程に着目する事例研究や佐藤・前田編（2017）の定性的研究などがある．小田切（2014）は協働の事務事業と非事務事業を比較し，協働の事務事業の方が，市民満足度評価と行政職員の目標達成度評価が高くなるとしている．すなわち，都市の政策パフォーマンス研究はこれまで見落としがちであった地方政府と市民社会組織の関係に着目して，ガバナンスの研究にまで発展している[2]．

2）「類似団体」という行政運営の測り方

　一方で，このような研究蓄積があるのに対し，より深く政策パフォーマンス研究を展開するためには，そもそも行政の権能を規定する「地方自治体の区分」という，地方公共団体の制度的配置の違いを考慮する必要がある．すなわち，類似した制度的条件に政策環境を再設定しながら政策パフォーマンスの研究を考える必要があるだろう．

　総務省によれば，各市区町村の制度的配置には人口50万人以上の市のうち政令で指定された「政令指定都市」や，人口20万人以上の市の申出に基づいて政令によって指定される「中核市」などがある．様々な区分が，地方行政組織，事務，権能等を規定する³⁾．

　さらに，それぞれの自治体が抱える問題の質には都市によって事情が異なるので，一般市や町村に対しても総務省には「類似団体」という考え方がある．

　これは人口と産業構造（産業別集合人口の構成比）から類似する市区町村をグルーピングして，一般市を16類型に，町村を15類型に区分するものである⁴⁾．この考え方を使用し，各グループ内の人口1万人当たりの職員数の違いを把握しようとしている．総務省によれば，その水準の違いを把握する目的は「各団体が自ら考える"あるべき水準"を検討するうえでの"気づき"のための指標として活用する」ことである．

　すなわち，一般的に行政の人員配置の最適規模などを検討するにおいても，地方公共団体を等質的な政策環境に限定して考えることは有用である．

　また，それは都市の運営事情を考える上でも同様である．高齢者比率，就業者比率等，社会経済状況，歴史的経緯の一つを取り挙げたとしても，都市には様々な状況が考えられる．全国の市区町村の自治体を比較するのではなく，環境条件を一定に制御することが必要とされるだろう．

　さらに，市区町村は県庁所在地とそうでない地方都市とでは上位政府である都道府県との距離が異なる．場合によっては政策に与える都道府県の影響力が大きい都市もある．政策パフォーマンス研究には一遍に市区町村を比較して分析するだけではなくて，基礎自治体の権能を規定する制度的配置を分けて研究する枠組みが必要である．

3）本研究の問題意識──東京23区の政策パフォーマンスの都市間格差という問題

　以上のことから，本研究は都市の政策パフォーマンスの都市間格差の問題を

「類似した制度的条件」という前提を置いて研究することを考えている．それを踏まえた上で，とりわけ筆者は「東京23区」という特別区を研究対象に設定する．

　しかし，そのような研究デザインを前提においても，東京23区のQOLの格差問題を解明することは難しい．なぜならば，上述の類似団体という考え方と同様に，特別区という制度的配置を限定させて政策環境の違いを制御したとしても，実際の東京23区の政策パフォーマンスに関わる都市運営には，特別区の間の違いが指摘されるからである．このような現象が起こるからこそ，制度的条件を制御する操作が必要である．

　加えて，特別区の間の都市間格差の現象は様々な政策分野の研究から注目されているため，どうして違いが生じるのかを明らかにすることには学術的意義を有している．

　そこで，本研究は，その問題意識から，より精緻に特別区の都市運営の状況を研究するために，地方政府を取り巻く地域社会の実態も網羅できる研究データを使用する．

　具体的には，JIGS研究チームが2006年から2007年にかけて実施した日本で初の全国規模の市民社会組織調査を用いて，「市民社会組織が評価した政策満足度」の指標を研究に利用する．さらに，戸川（2020）が実施した「地域を紡ぐ信頼，社会参加，暮らしの政策に関する調査」データも使用することで市民の視点を加味した政策評価の研究を構築する．

　それによれば，後述するような特別区を活動範囲としたローカル・レベルの社会団体やNPO，そして自治会・町内会，住民が評価した特別区の「政策満足度」評価には都市ごとに特徴がある．

　この違いをどのように説明することができ，如何に異なるのであろうか．それを解き明かすことが本研究の主要な研究課題である．そして，本研究は政策満足度を研究の軸に置いて，生活を営む住民にとって望ましい首都・東京の地域社会運営のしくみを検討する．

　本章は第1章として，政策満足度の都市間格差が何を問題提起しているのかを議論する．

　第2節では，東京23区によって説明される行政運営の等質性を理解するために特別区制度研究の知見を踏まえ，大都市・東京の一体性を確保する制度的状

況を概観する.

　第3節では，大都市制度を政策環境に設定したとしても，特別区の政策運営には複数の都市政策研究の分野から違いが指摘されていることを踏まえ，特別区制度という類似した東京23区の地域社会運営には格差の問題が浮き彫りにされていることを主張する.

　第4節では，JIGS 研究から得られた政策満足度指標や戸川（2020）が調査した東京23区の市民意識調査から得られた政策満足度指標を照らし合わせながら，その都市間格差が何を問題提起しているのかを議論する.

　第5節では，市民社会組織の政策満足度の向上が市民にとっても望ましいことであるかを考察する. それを踏まえた上で，本研究課題を究明する研究枠組みの中心にはガバナンス論が必要であることを論じる.

　以上の議論を踏まえて，本研究の目的を明確にすることが本章のねらいである. それは東京23区の地域振興政策と市民活動政策の評価のされ方に違いを生じさせる要因を解明することである.

2．特別区制度研究を振り返る
——大都市としての一体性の論理を巡る問題

2.1　大都市としての「一体性」の論理

　東京23区の行政制度には既に，特別区の間に生じる政策パフォーマンスの差異を小さくさせるようなしくみが設計されている. それは「一体性の論理」に基づくしくみである.

　現在の特別区は，1974年，2000年に行われた都区制度改革により，公選の長，議会が設置され，市町村と同様に基礎的自治体としての一般的な処理事務の機能を有している. かつては，都の内部団体であったが，自治権拡充運動を展開した結果，区部を範囲に，その自主性・自立性を発揮する自治体として，その権能を得たのである（公益財団法人特別区協議会編 2010）.

　しかし，歴史的には都区制度の影響が色濃く残っているために，区間の財源格差については「都区財政調整制度」を設け，都が，税収を徴収し，区に特別交付金として配分するしくみが定められている. このような制度が東京23区に定められているのは特別区を大都市行政として機能させるためである. 東京都には23区の共同活動を支援する組織として影響力の強い「特別区協議会」（神原 1989：74）が，全国で唯一の人事行政を特別区間で共同管理する「人事委員

会」が設置されている[5].

　生活のごみ問題に対しては一部事務組合として不燃・粗大ごみの処理施設を管理，運営する「東京二十三区清掃一部事務組合」が東京23区のごみ処理を担当している．また，「特別区競馬組合」が結成されるなどしている．さらには，都内全区市町村にまで構成団体を拡げた「東京都後期高齢者医療広域連合」が結成されている．東京都は様々な手段を通じて，広域による一体性を確保する取り組みが制度化している[6]（土屋 2011：57）．

　また，このような取り組みは住民からも理解を得られている．およそ30年前になるが，旧自治省（現総務省）によって実施された「都区制度に関する住民意識調査」(1991年) によれば，住民と職員は都への特別区の立場を強くすることに支持しつつも，区の相互連携と一体性を重視すべきと考えている[7]（土屋 2011）．さらに，「板橋区区民満足度調査」および，「職員意識調査」の知見によると，区間の行政の水準に差が生じることに，区民はとりわけ望んでおらず，行政サービスの平準化を望んでいる（土屋 2011：68-69）．

　以上から，東京23区には特別区の間に生じる公共サービスの差異を小さくするための制度が様々な政策分野に設計されている．

2.2　東京23区の財政状況——都区財政調整制度による財政収入格差の是正

　では，区部の間の財政収入はどのように是正されているのだろうか．詳しくみてみたい．図1-1は東京都総務部局行政部区政課が出している『平成18年度　特別区決算状況』から得られた「特別区税」と，特別区長会の『特区財政調整関係資料』から得られた東京23区の「普通交付金支給額」の合計金額を「人口（住民基本台帳）」によって除して得られた「一人当たり特別区民税＋普通交付金」を示したものである．

　図1-1の中では「一人当たり普通交付金」の金額によって序列を整えている．それによれば，都心三区のうち，渋谷区や港区などの税収が高いところでは交付金による財源の再分配の影響を受けておらず，比較的中央区の配分額が大きいという特徴がある．一方で，荒川区（205千円）の配分額が最も多く下町地域であるほど配分額が大きくなるので，特区財政調整制度の利益を享受しているのは下町地域に集中している．

　一人当たり特別区民税からみると，税収には特別区の中で大きな開きがある．交付金が多い自治体の税収は乏しく，山の手地域は税収が高い．

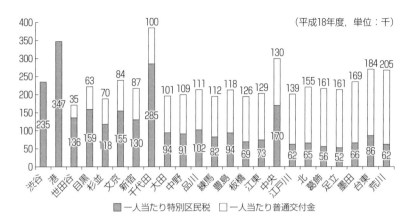

図 1 - 1　一人当たり特別区民税＋普通交付金の東京23区別推移

注)　1：人口は，平成18年1月1日現在の住民基本台帳人口『「住民基本台帳による東京都の世帯と
　　　　人口」(町丁別・年齢別)』東京都の統計 (http://www.toukei.metro.tokyo.jp/juukiy/2006/
　　　　jy06000001.htm　2017年8月6日アクセス).
　　　2：特別区税は，『平成18年度　特別区決算状況』東京都総務局行政部区政課 (https://www.
　　　　tokyo-23city.or.jp/base/tokutoukei/27toukei13.html　2017年8月6日アクセス).
　　　3：普通交付金は，「平成18年度再調整」,『特区財政調整関係資料』特別区長会 (http://www.
　　　　toukei.metro.tokyo.jp/juukiy/2006/jy06000001.htm　2017年8月6日アクセス).

　つまり，東京23区内の経済格差は激しく，住む地域によって所得階層が異な
る．青山学院大学の西川雅史氏が2008年の給与所得者 (所得8階層) を対象とし
た納税データを基に算出したジニ係数[8]によれば，経済格差が最も大きいのは港
区 (0.548)，次いで渋谷区 (0.518)，千代田区 (0.506)，目黒区 (0.467) 等の都心
部および副都心部において格差の程度が大きい[9].

　一方で，足立区 (0.331)，江戸川区 (0.337) 葛飾区 (0.339) 等の下町地域では
低所得階層が多いが区の経済格差は小さく，同質的である．すなわち，区部の
間の格差を是正するように，都市運営の制度が設計されている一方で，住民構
成や，人口割合の質的状況に依存する財政状況には特別区の間の差異が明瞭に
表れている．

3．大都市・東京研究の中で注目される東京23区の地域格差の問題

3.1　特別区の「個性」が注目される近年の研究動向

　都が財政を調整し，調整交付金として区の財源不足額を補うしくみを制度化
しているとしても，東京23区の一体性が十分に確保できるかを考えるには疑問

の余地がある.

　さらに，特別区の地域社会運営は地域特性に応じて，潜在的な行政需要を形成している（戸川 2021）．近年は東京23区の都市間格差の問題に焦点を当てる研究が蓄積され，池田（2015）による『23区格差』，昼間・鈴木（2016）による『東京23区の教育格差』，岡島（2017）による『東京23区の健康格差』の書籍が上梓されている．このような教育や健康等の研究領域において，東京23区の都市政策に違いが生じるという現象は，筆者の問題関心と大きく重なる．

3.2　東京23区の都市運営はまだら模様をしているのか？

　池田（2015）によれば，区部の都市運営には「子育て支援」，「医療」，「暮らしの利便性」，「高齢者福祉」，「災害対応・防災力」，「防犯・交通事故」に関する社会統計データの状況に，それぞれの特徴が現れている（池田 2015：7，55）．

　池田（2015）は児童・学生人口の伸び率について，「幼児人口増加特化度」（幼児人口増加率を総人口増加率で除した値）を計算している．それに関して，2000年値に比べた2010年値は過半数の特別区が幼児人口を増加させている．さらに，減少させている江戸川区（数値でみると0.7）は，「中学生」に特化した増加特化度を2.0にまで上昇させている．つまり，中学生人口だけでみると，江戸川区が「ひとり勝ち」という現象が起きている（池田 2015：58-59）．これは子育て支援政策を一つ考えるだけでも，「0歳から14歳までの年少人口」割合をどのように増やすのかには都市ごとに戦略が異なることを意味している．

　また，「暮らしの利便性」を促進させる「商店街の活性化」を目指す取り組みも特別区によって温度差がある．それは地域振興政策として採用される場合があるのに対し，優先順位が低いと判断される場合もある．これは東京23区に住まう人々の暮らし方が多様化していることに起因している．

　例えば，比較的新しい住宅開発エリアのある練馬区，江戸川区，足立区（千住地区以外）では，総合スーパーが建てられ，「激安食品スーパー」が集積している．そのような地域であると，商店街を活性化する取り組みには市民の同意を得られにくいであろう．また，文京区や目黒区，渋谷区などの高級住宅地であれば，なおのことである．

　しかし，下町の北区十条銀座や赤羽，山の手の杉並区阿佐ヶ谷にあるパール商店街などの地域では事情が異なる．商店街のつながりを通じて近隣住民の人間関係が形成されているから，商店街の活性化策が地域振興政策として有用で

あると考えられる．商店街の活性化をどのように進めていくのかを考えるだけ
でも，それが主要な地域振興政策の手立てとして位置付けられるのかには，各
都市によって事情が異なる（池田 2015：67-71）．

3.3　都市運営にパタンはあるのか──「西高東低」vs「東高西低」

　一方で，岡島（2017：57）の研究によれば，「東京23区寿命ランキング」には
健康寿命の違いにパタンがみられる．東京23区在住の男性は79.5歳，女性86.3
歳と性差がありつつも，都市による差が大きい．

　そして，23区の西部（杉並区，目黒区，世田谷区）の都市ほど健康寿命は長く，
東部（墨田区，台東区，荒川区）の都市ほど健康寿命が縮むという問題が起きてい
る．すなわち，健康寿命は特別区が位置する地勢に応じて「西高東低」の地理
的特徴を有する．

　しかしながら，まちに住み慣れて満足するという「定住」現象には別の見方
がある（池田 2017：61）．池田（2017）は『国勢調査』データを利用し，2010年
から2015年の「転入率」を縦軸に，「転出率」を横軸に置いた散布図を作成し
ている．それによれば，両者の指標は正に相関（r＝0.92）している（池田 2017：
63）．

　そして，散布図を構成する各都市の特徴は次のようであった．区部の東に位
置する下町は第3象限に，足立区，葛飾区，江戸川区，荒川区，大田区，板橋
区の順に傾向線上の高数値を数える．それに対し，平均点付近には世田谷区，
杉並区が位置し，第1象限には渋谷区や目黒区，新宿区の山の手地域と都心3
区が分布する．

　すなわち，下町地域の都市は転入率こそ低く，社会増を見込むことが難しい
かもしれないが，転出率は低いので出ていくことは少ない．それに対し，山の
手地域や都心部は入りやすいのかもしれないが，出ていきやすい．それは新陳
代謝が盛んであると読み取れる．一方で，住んでみると住みにくかったと解釈
することも可能である．

　さらに，興味深いのは東京23区在住者の「転入者と転出者の内訳」である
（池田 2017：32）．特別区で生活する市民の社会移動は「23区内の他区」へ出て
いきやすく（36.9%），「23区内の他区から」流入しやすい（36.2%）．それぞれ
が全体の3割の市民に当てはまる．

　すなわち，山の手地域と都心地域は，もしかすると「住みやすさ」という観

点からは課題が残されており，住んですぐに引っ越してしまう人々も多い．それよりもむしろ，下町地域に住む人々は流入者の数が他地域の他区に比べて少ないが，「住めば都」のように住みやすさを感じながら定住している人々が多いのかもしれない．

それに関しては池田（2017：53）も同様に，『山の手よりも下町・東部のほうが環境がいい！』という項を設けた上で，東部の下町地域の魅力を再発見している．下町地域の都市は武蔵野台地の低地帯にあり，軟弱な地盤の上に立地している．一般に災害リスクの高い都市として考えられるが，本当に「危ない」のかはよく考える必要があるとしている（池田 2017：59）．それは災害リスクの高さは「減災」によって軽減できるからである（池田 2017：50）．防災対策には非日常的な危機的状況を考えなければいけないので，行政依存の限界を想定する対応が求められる．

しかし，現在は行政による防災対策が進むことで，かえって「住民自身の「災害に対する武装」（＝災害文化）が放棄されてきた」社会ともいえる（田中 1992：182）．

ところが，下町地域は災害リスクが高い地形構造に置かれながら，災害文化を機能させることができる．それは有事の際の協力意識を喚起させられるような地域の助けい合いネットワークが平時から形成されているからである．

それは匿名性が高いという東京への評価のされ方とは異なる一面を表す．再開発された山の手の住宅街や，新しく越してきたマンション住まいの多い都心地域に起こる「隣に誰が住んでいるか知らない」，「自分の家だけがよければいい」という状況（池田 2015：4）とは異なる．したがって，下町地域では慣れ親しんだ知り合いの多さが暮らしやすい生活空間を提供し，定住性の良さに結びついている可能性があるだろう．

以上の議論を踏まえると，人々の社会移動からみた「住みたいまち」の選び方には「東高西低」のパタンを示す生活都市の状況も考えられるだろう．

3.4　東京23区の QOL の格差にはパタンが存在するのか

上述の知見を踏まえると，区部の間には特徴的な差異が健康や教育，暮らしの政策の様々な分野に存在している．とりわけ健康や教育の分野によれば，ソーシャル・キャピタル論の文脈から地域格差の問題が数多く議論されてきている．

　健康や公衆衛生の分野では，イチロー・カワチが社会疫学を興し，病気の発生要因の一つに社会的決定要因があることを明らかにした．日本では千葉大学（2017年時点までは日本福祉大学）の近藤克則らのグループが特定の地域に介入し，コミュニティの間における人々の健康の違いがソーシャル・キャピタルの違いによって引き起こされていることを明らかにした（稲葉 2011：54-55）．

　また，教育の視点からも同様に，地域の社会関係資本が，親のコミュニティ活動への参加や子供の学業成績に影響を及ぼすとされている．それは地域内に生じる社会関係資本の差が学校教育に及ぼす影響が大きいことを意味している（稲葉 2011：57）．

　中等教育は全国一律的に義務教育として制度化されるが，その学業成績には地域差がある．公平性という観点から公共政策を考えるならば，学力の違い（地域格差の問題）は大いに検証されなければならない．

　それと同じように，東京23区を特別区制度という類似団体に設計してもなお，暮らす都市によって市民が受け取る公共サービスの水準に違いがあるならば，地域公共政策研究の観点から，問題を改善する方策を考える必要があるだろう．

　健康分野では日本はようやく健康問題が国家的アジェンダに設定された．「健康日本21（第二次）」には，国家が健康問題の地域格差に取り組むべきことが方針として示されている．すなわち，現在は地域格差の是正プログラムを検討するために，コミュニティの問題を含めて議論されるようになったと考えられる[10]．

　健康や教育の問題であれば，個人に帰する原因もありうるが，地方政府が講じた政策にパフォーマンスの違いが生じるならば，それは自治体運営に帰属した問題である．どうして，類似した特別区の間には都市政策に違いが生じるのか．本研究は，この問題意識に端を発しており，次節はより精緻に東京23区のQOL（政策の質）格差の問題を考えることにしたい．

4．東京23区の QOL 格差の実態
── JIGS 調査・市民意識調査を基にして

4.1　「政策満足度」によって都市運営を評価する

　本研究は東京23区の QOL 格差の問題を精緻に議論するために，「政策満足度」指標を使用する．

　その理由は都市の政治システムによって出力される政策の質を問うからであ

る．自治体は市民の要求を受け，地域社会にとって望ましい政策を想定して都市政策を出力すると考えられる．しかし，本当に市民の要求に応答できているかどうかは住民の目線に立って政策の質を問う必要がある．このような政策評価を考える上で，政策満足度指標は有効である．

先行研究によれば，政策満足度の「不満感」には現状の政策に対する市民の期待や要求が表れるとされている．Oliver（2007）は心理的側面から「期待と実際のサービスの乖離」による違いを反映するとし，Kelly and Swindell（2002b）はコミュニティの状況に対する不満の声が政策満足度の不満感に表れているとしている．それは Hirshman の exist（離脱）-voice（声）の理論を援用して政策満足度に違いが生じる要因を説明している．

つまり，コミュニティの状況までも含めた政策の実態が，個人が望む政策に対する期待と大きく乖離する場合には政策満足度の不満感が増える．現状に対する改善を求める声が政策満足度に反映されている．

しかし，評価のされ方が主観的であるから指標の妥当性が曖昧であるという批判がされる．そこで，政策満足度研究では他の客観的指標との関連性の考察が行われている（Brudney and England 1982；Kelly and Swindell 2002a；Kelly 2003）.

それによれば，政策満足度は必ずしもいたずらに測られた指標ではない．上記の先行研究では政策全般の指標と客観的指標との関連性は小さいが，政策分野を分けた客観的な指標と統計的に有意な関連性は確認されている．そのため，主観認知に基づく政策満足度評価が個人の誤認に基づくものと必ずしも断定できるものではない．

また，日本の研究においても参考になる事例が報告されている．野田（2013）は三重県の都市政策の客観的指標と政策満足度の関係を分析している．環境や道路，医療，防犯，ごみ対策等の分野別に尋ねた市民の政策満足度は各分野の客観的指標（環境の満足度の場合には硫黄酸化物の排出量や防犯に対する満足度には刑法犯罪認知件数など）と統計的に有意な正の関連性がある（野田 2013：45）．すなわち，都市政策を市民の視点から評価するのに政策満足度を用いることは有用である．

また，政策満足度指標の利用は NPM（ニュー・パブリック・マネジメント）の影響を受けている（野田 2011：73）．アンケート調査はインタビュー調査よりも容易であるから，政策満足度を把握することのコストは低い．それが全国の自治体に広がった理由であろう（野田 2013：ii）．アンケート調査のリッカート・ス

ケールを用いれば，施策・事業ごとの市民のニーズをある程度客観的に把握できるため，様々な自治体にとっては受け入れやすいという利点がある.

4.2 市民や市民社会組織に基づく実態調査からみた政策満足度の都市間格差は何を意味するか

そこで，本研究では都市運営を評価するために政策満足度を用いる. なお，それは市民だけでなく社会集団から得られた政策満足度指標も用いる. 本研究は主に辻中豊氏が「JIGS2 プロジェクト」の中で行った 4 つのサーベイ・データを基本としている.

具体的には，自治会・町内会（以下，自治会.）と NPO・社会団体（以下，非営利組織と表記）調査の自治体政策に対する全般的な満足度（5 件法，以下，政策満足度と表記）の「4：満足している」+「5：やや満足している」の集計結果を用いる.[11] それは① 自治会・町内会調査（「町内会・自治会など近隣住民組織に関する全国調査」，以下自治会・町内会調査と表記）および② 社会団体調査（「団体の基礎構造に関する調査」，以下社会団体調査と表記）と NPO 調査を合算して得られた非営利組織データの自治体政策全般に対する政策満足度評価である.

それらは 5 件法のリッカート・スケールによって把握している. 自治会・町内会調査では問38の枝設問 M[12]「全般な市町村の政策」によって，「1. 満足である，2. やや満足である，3. ある程度，4. やや不満である，5. 不満である」を，社会団体調査では問23[13]（設問表では Q23）の枝設問 B「政策全般（自治体）」によって，「5. 非常に満足，4. 満足，3. ある程度，2. 不満，1. 非常に不満」を把握している. NPO 調査では，社会団体調査と同様の設問項目（5 件法のリッカート・スケール）に基づいている（問25（Q25）の枝設問 B）.

さらに，筆者は別に調査した市民意識調査データも使用する. それは筆者が2020年（令和 2 年）11月 2 日（月）〜11月 9 日（月）にかけて，東京都23区在住の市民（Web 登録モニター）を対象に実施した「地域を紡ぐ信頼，社会参加，暮らしの政策に関する調査」に基づく市民の政策満足度データである.

これは各区部およそ100人を回収希望数に設定し，住民基本台帳に記載された住民の人口分布に基づいて，性別×年齢階層（6 階層）に応じて収集された N＝2,300 の市民意識データを集計して得られる指標である.

なお，複数の指標を利用するのは本研究の始まりが JIGS 研究に基づく団体・組織の研究を中心としていたからである. 本研究は暮らしの中のコミュニ

ティ政策を問題にしているので，東京23区の QOL 格差の実態を把握するために市民意識調査データを併用する．

　しかしながら，調査年の違いには留意する．JIGS 研究データは約十数年前の状況を反映し，市民意識調査は2020年時点の状況を表す．時点の違いは社会経済状況の違いを大きく反映するので，必ずしも満足度の割合の多寡が整合していないケースも考えられる．それ故に，連動していくパタンなど，共通の特徴があれば取り上げるようにする．基本的には市民社会組織の分析とは独立して使用する．

1）政策満足度の都市別記述統計

　表1-1は上述の調査データの集計結果を示したものである．本節では，それを元にして，政策満足度が都市ごとによって異なる状況を考えることにしたい．

　自治会の集計結果は調査しえたデータの数に制約があり，12区の状況に留まる．各指標の状況は以下のとおりである．非営利組織の政策満足度は自治会や市民に比べて厳しい評価である．自治会の政策満足度平均は28.9％，非営利組織の政策満足度平均は7.9％である．

　自治会より非営利組織の方が政策満足度の評価が厳しい背景としては，活動範囲の違いが関係していると考える．自治会はコミュニティを範囲として活動し，古くは，かつての機関委任事務の時からネットワークを行政と構築している．非営利組織よりも自治会・町内会の方が，そもそも行政に接近しやすいので高水準に反映されやすいと考えられる．

　それに対して，非営利組織の活動の幅はコミュニティより広く，関心のある政策課題は多岐に及ぶ．そのため，一つの部局では対応しにくい事案も発生しうる．しかし，縦割りを特徴とする行政は部局を超えた柔軟な応答に長けておらず，複雑で硬直した行政によって対応された結果も反映している可能性がある．それが政策満足度の水準を低水準にさせる要因として働くのではないだろうか．

　さらに，非営利組織の政策満足度の水準は最小値が0％（文京区，渋谷区，北区，荒川区）である．しかし，それのみによって政策が非営利組織に応答していないことを十分に示しているとは限らない．最大値は葛飾区（25.0）にみられ，回答団体の4分の1が都市政策を高く評価する．自治会の政策満足度は最

表1-1　政策満足度の区別集計結果

区分	1 政策満足度 自治会 (%)	2 政策満足度 非営利組織 (%)	3 政策満足度 市民 (%)	参考 政策満足度 自治会 （平均値）	参考 政策満足度 非営利組織 （平均値）
23区（全体）	28.9	7.9	27.7	3.13	2.54
千代田区	–	3.8	37.1	–	2.47
中央区	–	5.3	31.7	–	2.66
港区	–	2.9	31.7	–	2.56
新宿区	–	2.6	21.8	–	2.42
文京区	21.1	0.0	32.7	3.16	2.46
台東区	–	8.0	25.7	–	2.64
墨田区	15.4	12.5	29.0	3.00	2.69
江東区	33.3	6.3	24.0	3.21	2.56
品川区	–	5.6	37.4	–	2.50
目黒区	50.0	11.1	23.0	3.50	2.78
大田区	36.4	4.8	20.0	3.24	2.43
世田谷区	25.0	8.3	35.0	3.07	2.42
渋谷区	–	0.0	27.7	–	2.55
中野区	22.2	9.1	21.0	3.11	2.18
杉並区	35.0	15.0	29.7	3.35	2.50
豊島区	–	15.0	24.2	–	2.80
北区	26.7	0.0	28.3	3.20	2.63
荒川区	–	0.0	28.6	–	2.10
板橋区	38.1	10.0	18.0	3.38	2.70
練馬区	–	7.1	23.2	–	2.39
足立区	20.4	5.3	33.3	2.90	2.37
葛飾区	22.6	25.0	25.7	3.06	3.00
江戸川区	–	23.1	27.3	–	2.69

注）　1・2・3：5段階評価の満足＋やや満足（非常に満足＋満足）の割合，参考：自治体政策全般に
　　　対する満足度5段階評価（1＝非常に不満，2＝不満，3＝ある程度，4＝満足，5＝非常に満足）
　　　の平均値．
出所）　1：「町内会・自治会など近隣住民組織に関する全国調査」(2007年)，2・3：「団体基礎構造に
　　　関する調査」(2007年).

小値が墨田区（15.4），最大値が目黒区（50.0）である．

　また，市民の政策満足度は自治会の政策満足度評価と同様に高い割合で推移
している．千代田区（37.1）が最大値，板橋区（18.0）が最小値である．

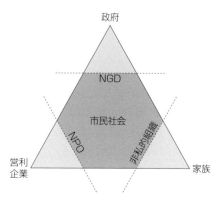

図1-2　市民社会の概念図

出所）辻中（2010：11），「図序-1」を引用. 辻中・
森編（2010：16）が作成した図は重富（2002）お
よびPestoff（1998＝2000）を参考にしている.

2）2次元上に生じる政策満足度の違いとは
──市民社会組織としての自治会と非営利組織

隣接した特別区の政策への評価は自治会，非営利組織，住民からみて異なる
ことが読み取れる. では，自治会や非営利組織によって，政策の評価のされ方
に違いが生じることは何を意味しているのであろうか.

（1）市民社会の捉え方──自己利益として公益利益を追求する存在としての市民社会組織

筆者は市民だけでなく，自治会や非営利組織からの視点も含めた都市運営の
現状を捉えようとしている. それ故に，これは市民社会論や市民社会組織の視
点からみた都市政策の現状を表していると考えられるのではないだろうか.

市民社会および，市民社会組織の概念について，本研究は辻中（2002a：20-
23）；Schwartz（2003）に依拠している.「市民社会」という概念は「家族と政
府の中間的な領域であり，そこでは社会的アクターが市場の中で利益を追求す
るのではなく，また政府の中で権力を追求するのでもない領域」（Schwartz
2003：23＝辻中 2010：10）として考えられる[14]. そして，その活動空間は辻中（2010）
が示す概念図（図1-2）によって把握することができる[15].

それに依拠すれば，市民社会を構成する組織（市民社会組織）は「政府との相
違を明確にするためにN・GO（非政府組織）が位置付けられ，営利企業（市場）
との相違を明確にするためにN・PO（非営利組織）が位置付けられる. そして，

家族などの親密圏との相違を明確にするために非私的組織」である.

　そして，市民社会組織は辻中（2002）が捉えるように，利益団体としての機能を担っている．市民社会組織も利益団体と同様に，「何等かの形で公共性や国家や多元主義を意識しながら，多様な形で，社会過程においてその活動を遂行している」組織である（辻中 2002：23-24）.

　すなわち，自治会や非営利組織は「政治・政策関心を有した市民社会組織」として理解できるだろう．利益集団というレンズも視野に入れると，自己利益を追求する社会団体として考えられる．なお，市民社会組織が追求する利益は単なる自己利益を超えており，公共利益の追求を果たす．本研究では市民社会組織と利益団体を二分せずに同義に扱うという立場である[16].

（2）自治会・非営利組織の利益追求と地域振興政策・市民活動政策におけるまちづくり

　さて，自治会や非営利組織が利益を追求する市民社会組織であるならば，地方政治の文脈では次のように利益を働きかけるアクターとして考えられよう.

　まず，自治会は全国を網羅した近隣住民組織のネットワークとして機能しているため，目的別に組織化された NPO 等の非営利組織とは異なる．そして，伝統的に行政から請けた業務を古くから遂行する団体・組織である．それらを踏まえると，地方政治に住民の利益を働きかける社会アクターとして考えられよう（阿部 2016：45）.

　次に，NPO や社会団体を含む非営利組織であるが，今日のマクロな政治変化を踏まえると，彼らは「新たな公共の担い手」としての役割を担っている[17].現在は「家族による福祉や生活保障，教育，安全が十分に供給されなくなってきている」だけでなく，財政上等の制約から政府が十分に公共サービスを提供することが難しい社会である．それを踏まえると，非営利組織は政府に代わって公共サービスの提供を補完する役割を持つ団体・組織として考えられる（辻中 2010：16-17）.

　この考えは坂本（2010b：287）が整理した，NPO や社会団体が有する「準統治機能」に前提を置いている．準統治機能とは，政府が行う政策形成や政策執行活動について，市民社会組織が協力し，補助金や助成金等の政府による支援を受けながら，自主的に秩序形成や公共サービス提供に取り組むことを指す.

　すなわち，非営利組織は政府が十分に対応できない政策分野でニッチな政策

課題を見つけ出し，活動現場の状況に応じて必要であれば，政府に働きかけ，公益を追求する存在である．市民にとって許容し得ない都市生活上の問題が地域社会に起きている場合には，活動目的と重なる範囲内で改善策を行政に働きかけるアクターであろう．

（3）非営利組織と自治会の政策満足度によって異なる地域社会運営の特徴

　以上のように考えると，自治会と非営利組織の両者からみた政策満足度の違いには，都市行政に働きかけた要求への応答の程度の違いが，それぞれの政策満足度評価に反映されているのではないだろうか．

　また，自治会と非営利組織の組織運営も踏まえて考えるならば，それぞれの活動分野で保障されている活動の程度を反映している可能性がある．

　そして，それらを総合的に考えてみると，自治会が評価する政策満足度は行政協力制度の基で自治会を起点とした地域コミュニティの活性化を図る，旧来からの地域振興政策の現状を反映している．非営利組織が評価する政策満足度は新しい公共の担い手として，自らの自発性に基づいて市民参加を果たそうとする比較的新しい市民活動政策の現状を反映しているのではないだろうか．

　そのように考えた上で，次に取り上げる散布図をみてみると，それぞれに特徴のあるパタンが図1-3に，特別区のQOL格差の問題として表出されている．

　図1-3の散布図の線分は，政策満足度（％）の平均線（N=12）を示し，縦線は自治会平均（28.8），横線は非営利組織平均（8.9）を，平均線で散布図を4類型に分けると市民社会組織にとって望ましい地域社会運営に明暗が分かれていることを示す．なお，図1-3の俯瞰図には自治会調査データの数が少ないことを理由に，12の特別区の状況しか反映されていない．

　それをみると，自治会と非営利組織の双方の市民社会組織からみて望ましい都市とは「杉並区」，「板橋区」，「目黒区」となっている．これは後述するように，「市民活動政策均衡型」の特徴として考える．

　なお，その特徴ある都市は，必ずしも山の手地域だけではない．下町の板橋区にも該当し，都市社会学の流れを汲んだ等質的な居住者特性の地域構造に関する範疇を超えている可能性がある．これは本研究課題として検討していく必要がある．

　一方で，「葛飾区」，「墨田区」は非営利組織の政策満足度が高い．これを

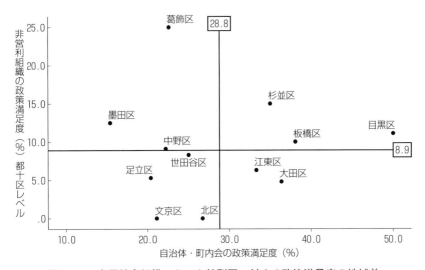

図1‐3 市民社会組織からみた特別区に対する政策満足度の地域差

出所)「団体基礎構造に関する調査」(2007年),「町内会・自治会など近隣住民組織に関する全国調査」
(2007年)を基に筆者作成.

「市民活動政策高評価型」の地域社会運営の特徴として捉える.それは様々な
社会課題の解決を目指す目的集団にとって望ましい地域社会の状況を映し出し
ている可能性がある.

　加えて,「江東区」,「大田区」は自治会組織の政策満足度が高いため,これ
を「地域振興政策高評価型」の地域社会運営の特徴として捉える.自治会は地
域に根差した既成集団であるから,まとまりあるコミュニティにいる住民から
みて望ましい地域社会の状況を映し出している可能性がある.概して,下町地
域と呼ばれる都市の中で地域社会運営に特徴があるという知見は貴重な発見で
ある.

（4）異なる地域社会運営の特徴は何を意味しているのか

　では,それぞれの地域社会運営の特徴を組み合わせて考えることは何を意味
しているのだろうか.**図1‐3**は市民にとって望ましい生活環境を,自治会と
非営利組織の両面から捉えて,都市の地域振興政策と市民活動政策の実態を同
時に映し出している.すなわち,両方の視点から映し出される実態は自治会と
非営利組織の視点から都市の生活空間を総合的にみていることを意味しよう.

　これは地域社会で活動する《地域》の捉え方の問題に関係しており,自治会

と非営利組織の活動が必ずしも重複するとは限らないという問題に起因している.

　ローカル・ガバナンスの研究によれば，地域という意味を表す「ローカル」という用語には，その範囲の捉え方に注意を要する（Goss 2011；佐藤・前田 2017：10-11，70）．それはどれくらいの範囲を「ローカル」として含んでいるのかという問題が地理学的検証においては重要な問題とされているからである．しかし，「では，どこまでの範囲を含めて考えるのか」という問題は論者の問題設定と研究目的に依拠しているのが現状である[18]．

　そこで，本研究は自治会と非営利組織の活動範囲が必ずしも地理的に重複するとは限らないという特徴を踏まえた上で，図1-3に示される地域社会運営のパタンを考えることにしたい.

　自治会はコミュニティに根差して活動しており，その長は居住区域に暮らす住民を代表している．コミュニティとは，本研究では「人と人の間に相互作用があり，そこから生まれる相互依存性という意味での共同性や心のつながりをもつ地域社会」を指す概念である（浅川・玉野 2010：25）.

　したがって，その長が評価する政策満足度は居住区域を単位としたコミュニティに関わる地域振興政策のパフォーマンスを評価しているだろう．それは地域に根付いた人々からみたコミュニティの現状に対する評価と望ましい地域社会運営への期待を表していよう.

　それに対して，地域で活動するNPO・社会団体の非営利組織はコミュニティと関わりながら，時にして自らの活動目的を達成しようとするときには活動を広域に拡げて展開する団体・組織である．地域的な区域に留まらずに，社会課題の解決を目指す目的集団であるから，各々の政策関心に基づく現状を映し出し，地域を構成する人々にとって望ましい社会であるかを評価しているだろう.

　なお，「地域を構成する人々にとって望ましい社会」に限定される理由は，本研究で捉えようとしている非営利組織の活動領域を限定しているからである．JIGS調査に設計された「活動範囲」の回答選択肢（「1．市町村レベル，2．都道府県レベル，3．複数県にまたがる広域圏レベル，4．日本全国レベル，5．世界レベル」）を「1．市町村レベルおよび2．都道府県レベル」に限定し，非営利組織を分析する[19]．

　以上の作業を経て，図1-3には市民にとって望ましい生活空間が実現され

ているのか否かという各都市の状況が総合的に示されている.

　本研究はこれを用いることによって,「市民活動政策高評価型」,「地域振興政策高評価型」,「市民活動政策評価均衡型」の地域社会運営がどのように達成できるのかを明らかにする.

4.3　市民社会組織にとって望ましい状況は市民の政策満足度にも届くのか

　では,前述した地域社会運営の特徴は市民の認識とどのような関係があるのだろうか.「市民活動政策高評価型」,「地域振興政策高評価型」,「市民活動政策均衡型」に位置する都市ほど,市民にとっても政策満足度の高い地域社会運営を意味するのだろうか.このような自治会や非営利組織の利益追求が市民にとって,どのような受け止められ方をしているのかについて,きちんと把握しておく必要があるだろう.

　そこで,調査年に違いはあるが,筆者は表1-2に示すような非営利組織（自治会）の政策満足度と市民の政策満足度の関係を相関分析によって推し量る作業を行った.Nの単位は特別区を基準としており,市民の政策満足度は(1)〜(6)のように加工している.

　なお,次の理由から相関分析に使用した統計量はスピアマンの順位相関係数を用いた.両者の変数には調査年の違いが大きく,それぞれの変数に想定されている社会経済状況には十数年の違いがある.また,リッカート・スケールに基づく調査データを特別区別に集計しているのに過ぎないので,厳密な連続変数ではない.さらに,市民社会組織データはサンプル数が少ない都市もある.市民意識調査のように同数でN＝約100サンプルが集められているわけではないので,標本誤差の問題も留意する必要がある.

　以上の理由から,あくまでも順位に変換して,探索的に変数間の対応関係を検討する作業を行った.

　表1-2に示す市民の政策満足度を特別区単位に集計するにあたっては,(1)〜(2)のように「割合」をカテゴリの基準として算出するケース,(3)〜(4)のように,総人口の割合を基にして「重みづけ」した値を使用したケース,(5)〜(6)のように上述の変数加工を「平均値」を基にして実施したケースを複数使用した.

　表1-2の分析結果を踏まえると,非営利組織の政策満足度はいくつかのケースで市民の政策満足度と相関している.すなわち,統計的に有意な関係が判断されたのは人口割合でウェイト付けさせた政策満足度（「満足している」とい

表1-2 市民，自治会，非営利組織の政策満足度の関係

(a)非営利組織の政策満足度（相関係数：スピアマンの順位相関係数）

	1		
	政策満足度（非営利）(2007)		
	相関係数	有意確率（両側）	度数
【全体：N＝2300（2020）】			
(1)政策満足度（市民：やや満足している以上）(A)	-0.258	0.234	23
(2)政策満足度（市民：満足しているのみ）(B)	0.097	0.661	23
(3)政策満足度（市民：重みづけ＿人口注1）(A)	0.324	0.132	23
(4)政策満足度（市民：重みづけ＿人口）(B)	0.419＊	0.047	23
(5)政策満足度（市民：平均値）	0.017	0.937	23
(6)政策満足度（市民：平均値＿重みづけ＿人口）	0.416＊	0.048	23

(b)自治会の政策満足度（相関係数：スピアマンの順位相関係数）

	2		
	政策満足度（自治会）(2007)		
	相関係数	有意確率（両側）	度数
【自治会加入・経験者：n＝942（2020）】			
(1)政策満足度（市民：やや満足している以上）(A)	-0.469	0.124	12
(2)政策満足度（市民：満足しているのみ）(B)	0.580＊	0.048	12
(3)政策満足度（市民：重みづけ＿人口）(A)	0.126	0.697	12
(4)政策満足度（市民：重みづけ＿人口）(B)	0.567	0.054	12
(5)政策満足度（市民：平均値）注2	-0.597＊	0.04	12
	-0.478	0.137	11
(6)政策満足度（市民：平均値＿重みづけ＿人口）	0.218	0.496	12

表記）＊は漸近有意確率（両側）5％水準で有意

注）　1：「重みづけ＿人口」は総務省統計，『e-Stat 政府統計の総合窓口』，「都道府県・市区町村のすがた（社会・人口統計体系）」から取得した2015年の「総人口（A1101）」の割合を算出して，人口でウェイとした値を算出している.

　　2：自治会調査のうち，「目黒区」は標本数が少ない（N＝9）ため，外れ値として分析には除いた結果も併記している.

出所）　1：「町内会・自治会など近隣住民組織に関する全国調査」（2007年），

　　2：「団体基礎構造に関する調査」（2007年），(1)〜(6)：「地域を紡ぐ信頼，社会参加，暮らしの政策に関する調査」（2020年）.

う回答者数／区別回答者数）の割合と平均値（リッカート・スケールは「1：満足していない～5：満足している」に変換済み）である．非営利組織データは NPO 名簿や社会団体の分布状況に応じてサンプリングしているので，それに対応する変数は人口割合で重みづけした市民意識調査の結果である．これは，市民意識調査のサンプリング法が均等法に基づいているためである．

　相関係数の方向性を確認すると，「(4)政策満足度（市民：重みづけ__人口）(B)」は r＝0.419（p＜0.05, N＝23），「(6)政策満足度（市民：平均値__重みづけ__人口）」と r＝0.416（p＜0.05, N＝23）であるから，割合も平均値もともに非営利組織の政策満足度と正に対応している．よって，それぞれの順位が共に共変関係にあることが認められるから，非営利組織にとって望ましい地域社会の状況は市民にとっても納得されやすい可能性がある．

　本研究では加工方法を変えたとしても，対応関係が統計的に認められるので，この傾向を採用することに判断した．

　さらに，これと同様の知見が自治会の政策満足度にも認められる．なお，分析に使用している市民意識調査データは【自治会加入・経験者（n＝942）】に限定させている．それを踏まえるならば，「(2)政策満足度（市民：満足しているのみ）(B)」が r＝0.580（p＜0.05, n＝12）の共変関係が認められるのは，あくまでも自治会役員と会員の間にのみに限定される．すなわち，自らが自治会に所属していると回答した人々にとって望ましい状況は少なくとも，自治会の活動を経て実現される可能性があることを示す．したがって，自らを自治会非加入者とする人々にとって望ましい地域社会状況が自治会活動によって実現する可能性が示されたわけではない．また，この関係を判断するためにも注意を要する．なぜならば，「(5)政策満足度（市民：平均値）は逆の対応関係（r＝-0.597, p＜0.05, n＝12）が確認されているからである．しかし，外れ値であると考えられる目黒区を分析から除くと，その関連性は消失されるため，前者の結果を参考に考えることにしたい．また，データの制約上の問題があるので，平均値を使用したケースの統計的有意性は漸近有意確率10％水準で有意であるのに過ぎないため，その関連性は認められない．しかし，それだけによって，異なる調査年データの間に統計的な有意性が確認されたことを否定することは難しい．

　また，自治会のリーダーからみた政策満足度の善し悪しが会員の評価にも対応していることは一般的に考えられる．よって，あくまでも本研究を進める上では，自治会が評価する政策満足度は自治会加入者にとって望ましい地域社会

の状況と対応関係にあると判断した.

5. ガバナンスによる市民，市民社会組織にとって
　望ましい地域社会の構築に向けて

　本章の考察によれば，政策満足度には各政策分野で活動する自治会や非営利組織がそれぞれに利益を追求し，望ましい地域社会の在り方を示している可能性があること，それは市民にとっても望ましい生活空間として受けとめられやすい可能性があることの2点が確認された.

　市民社会組織からみて地域振興政策や市民活動政策の評価の高さは，地域で生活する住民にとっても望ましい地域社会の実現に寄与している可能性がある.

　したがって，それに向けて市民社会組織が利益を追求しているとすれば，市民にとって望ましい地域社会運営の解明には，市民社会組織と地方自治体の総合作用によって捉えられる「ガバナンス」の研究枠組みが必要である.

　ガバナンス（governance）とは，語源を辿れば英語では「操縦する（pilot）」や「舵を取る（steer）」ことを意味している（坂本 2009：8）. 画一的な地域社会運営を行い，政策形成から政策実施に至る全ての政策運営の舵取り（stearing）と舵漕ぎ（rowing）を地方自治体が行うという見方は，伝統的ガバナンスの見方である.

　一方で，ローカル・ガバナンス研究では，総合行政主体[20]として地方政府を捉える地方自治論の考え方とは異なるアプローチを採用している（水谷 2016：120）.

　伊藤（2015：81）の定義によれば，ローカル・ガバナンスは「地方自治研究にも応用され，連携・協働しながら地域における政策課題の解決や公共サービスの供給にかかわっている状態」を指す概念である. それを踏まえると，地域共有の課題に対してよりよく対処するためにはローカルにおける多元的なアクターに基づく政策運営を理解する枠組みが必要であろう（大西 2016：25）.

　以上から，本研究では「地方政府―市民社会組織によって行われる相互作用（対立・協調）」をガバナンスとして理解し，市民にとって望ましい地域社会運営を導出するために必要なしくみとして捉える[21].

　では，巨大都市・東京にはどのような事情があり，東京23区のQOLの格差問題にガバナンス論を援用させた市民社会アプローチが必要なのであろうか. 第2章はこの問題に焦点を当て，東京23区にガバナンスが求められる政策課題

を「東京問題」から考察する.

注

1 ）　横山（2010）は2007年～2008年に，文部科学省特別推進研究「日韓米独中における 3 レベルの市民社会構造とガバナンスに関する総合的比較実証分析」を受けて筑波大学（代表：辻中豊氏）が実施した「行政サービスと市民参加に関する自治体全国調査」（母集団＝1,827，回収地点（市民活動部署）＝1,179，回収率＝64.5％）から得られた公共サービスの水準および各自治体が整備する様々な条例等の制度整備状況までも含めた政策アウトプットを政策パフォーマンス指標として計測する.

2 ）　神谷（2017）はローカル・ガバナンスが進展した背景として，市民社会組織の台頭を挙げている. 先行研究を整理すると，「地方政府―市民社会組織」の関係様式によって，地方政府の機能の変遷と統治空間における地方政府―市民社会組織関係の相互依存の深化という変化が実証的に捉えられている（森・辻中 2002；村松・稲継編 2003；村松・稲継編 2009；辻中・山本・ペッカネン編 2009；辻中豊・伊藤編 2010；辻中・坂本・山本編 2012；真山編 2012；小田切 2014；辻中・戸川 2018）. 市民社会組織の台頭は庁議制に市民活動に関わる部局の再編を促したこと（田尾 2009：170），組織間関係への行政の対応を変化させたこと（中村 2009：68），NPO 等の市民社会組織への委託事業が公共運営の効率性がら評価されること（田中 2012：65），歳出総額に占める委託費・指定管理費の割合が上昇したこと（田部井 2009：91-92）などの都市行政機構（組織内部）の運営方法を変容させた.

3 ）　総務省 HP より，「地方自治体の区分」を参照. URL：https://www.soumu.go.jp/main_sosiki/jichi_gyousei/bunken/chihou-koukyoudantai_kubun.html（2022年 8 月 2 日アクセス）.

4 ）　総務書 HP より，「類似団体別職員数の状況」を参照. URL：https://www.soumu.go.jp/main_sosiki/jichi_gyousei/c-gyousei/ruiji-dantai/index.html（2022年 8 月 2 日アクセス）.

5 ）　土屋（2011：69）は一体性を確保する特別区の人事行政制度は経費負担の軽減につながるとして，スケール・メリットを評価している.

6 ）　東京都 HP，「都制のしくみ／都と区市町村［都と特別区］」を参照. URL：https://www.metro.tokyo.lg.jp/tosei/tokyoto/profile/gaiyo/shikumi/shikumi08.html（2020年 2 月29日アクセス）.

7 ）　板橋区自治制度研究会（平成22年 3 月），「板橋区地方自治制度研究会（中間報告）板橋区が目指す自治制度改革」の報告書に依拠している. URL：http://www.city.itabashi.tokyo.jp/c_kurashi/027/attached/attach_27653_1.pdf（2020年 3 月 2 日アクセス）.

8 ）　ジニ係数は青山学院大学の西川雅史氏が2008年納税者データから得た所得額に対し，所得 8 階層と照合して算出した値である. 日本のジニ係数データは都道府県までしか公表されていない. 市区町村納税データによって算出されるジニ係数の出所は西川雅

史氏に依拠している．ここに，記して深謝申し上げる．

9） 東京23区平均0.409，標準偏差0.059．港区の経済格差は平均値＋2SD（値：0.528）よりも大きい．

10） 健康日本21（第二次）では，社会疫学の視点から重要視されるソーシャル・キャピタルを主要な政策手段として位置付ける「国民の健康の増進の総合的な推進を図るための基本的な方針」を打ち出している．URL：https://www.mhlw.go.jp/bunya/kenkou/dl/kenkounippon21_01.pdf（2022年8月16日アクセス）.

11） なお，本研究では，非営利組織や自治会の主観的評価に基づく政策満足度評価の厳密性に重点を置くため，「ある程度満足している」と回答した以上の評価を各特別区の政策運営を評価する指標として用いていない．本研究では上位2カテゴリの評価を採用し政策運営を測る政策満足度指標として設定している．

12） 設問のワーディングは「市町村の政策の地域にとっての「a．重要度」と，現在（2006年調査時点）の「b．満足度」をおたずねします．次の各項目（A〜M）について，それぞれあてはまる番号に○をつけてください．」，「b．満足度」から選択可能になっている．

13） 設問のワーディングは，「あなたの団体は，国や自治体の政策に，どのくらい満足していますか．政治全般とあなたの団体の活動分野のそれぞれについてお答えください．」となっている．

14） 辻中（2002：15）は市民社会を「国家，市場，共同体と相関しつつ現象する，多様な非政府の社会組織による公共的な機能，およびその機能の場（空間）」として定義する．

15） Schwartz（2003）の定義と重なり，ペストフ（2000：48）の福祉トライアングルに依拠する定義は多くの論者が引用する．本研究で扱う市民社会組織は第三セクターとしてのアソシエーション（ボランタリー・非営利組織）と第四セクターのコミュニティの近隣住民組織を含んだ概念となる（澤井 2004：45-46）.

16） 市民社会組織，利益団体，利益集団の違いは辻中（2002：20-27）を参照されたい．なお，本研究では辻中（2002）の定義に依拠し，外部から把握でき，一定の継続性を持ち公共性を追求する組織を市民社会組織，その内，政治・政策関心を有した組織が利益団体（辻中 2002a：23）である．利益集団とは，「特殊な，自己利益中心の集団」という一般通年もあるが，「（利益は）公共的利益（public Interest），公共的な利益集団（public interest group）」とも理解できるので，本書では自己利益を追求する利益団体も公共性を追求する市民社会組織と実態としては同義のものとして扱っている．

17） 政権が短かった民主党政権時代に政策理念として掲げられたのが，「新しい公共」という用語であり，「新しい公共」宣言では，政府以外の多様な市民社会組織の自発性に基づく「協働の場」という考え方を指すとしている（平成22年6月4日第8回「新しい公共」円卓会議資料．URL：http://www5.cao.go.jp/npc/pdf/declaration-nihongo.pdf（2018年8月16日アクセス）.

18)　佐藤・前田（2017：10）は広義に捉え，ローカルの範囲を「国家より境域の範囲」としている．

19)　設問は「あなたの団体が活動対象とする地理的な範囲は，次のどのレベルですか．」から把握し，「2．都道府県レベル」を含めたている．それは N の制約も関係しているが，東京全域で活動する非営利組織であったとしても，特別区と無関係とは限らないと判断し，「2．都道府県レベル」を含めている．

20)　総合行政主体としての見方は，平成20年3月2日の「全国町村会」のコラムに於いて，大森彌によれば，「地方自治法第1条の2第1項（「地方公共団体は，住民に福祉の増進を図ることを基本として，地域における行政を自主的かつ総合的に実施する役割を広く担うものとする．」）に係わっている」（全国町村会 online：2671.htm）としている．URL：http://www.zck.or.jp/column/oomori/2671.htm（2018年7月3日アクセス）．それは，一元的指揮命令系統を持つ官僚制の効率的運営を前提とする伝統的行政学に依るものである（伊藤 2015：81）．

21)　なお，本研究ではローカル・ガバナンスを地方政府—市民社会組織の問題から捉えているが，当然ながら地域社会運営に与える企業や地方議員の影響もローカル・ガバナンスの問題には含まれていると考えられる．しかしながら，本研究では「企業」，「地方議員」という観点から操作できておらず，議論の余地が残されている．

第2章
なぜ，東京23区の都市政策を
市民社会アプローチによって論じるのか
──過大で過密な東京問題の複雑性と
ソーシャル・キャピタル，都市ガバナンス──

1．はじめに

　今日，地方政府はグローバリゼーションの影響，少子高齢化，また財政難の影響を受け，地方政府が抱える問題の範囲は年々広がっている（美谷・梶田2017）．幾度の制度改革に加えて，地方分権改革の流れと逼迫した財政の影響を受ける中で，地域社会は住民自治や行政と協働のコミュニティ政策が展開されている（辻中・伊藤編 2010：10）．

　日本には1,700にも上る都市が存在しているが，暮らしの地域課題を住民間で共有し，「共に治める」という協働が欠かせない．いわば，住民の「生活の質（Quality of Life）」は行政と地域住民の連携関係によって維持されている．それを踏まえるならば，日本全国の地方政府の地域社会運営を考えるためには，市民社会アプローチから接近するガバナンス論の視点を地域公共政策研究に応用させていく必要がある（Tsujinaka and Abe 2016；戸川 2019a：103）．

　また，「一極集中」と称される東京といえども，首都の地域社会運営を考えるためにはガバナンス論は重要である．それは日本における政治・経済・社会の中心として，金融・経済の世界都市を標榜する一方で，都市内部では巨大都市を理由とした都市問題が発生していることが関係する．過大で過密な人口問題という「東京問題」が，行政から市民社会組織への資源依存状況を作り出している可能性がある．

　さらに，ガバナンスに焦点をあてることは，「目指すべき都市像」を考える上でも重要である．これまで展開してきた都市社会学に基づく東京研究は，東京が金融・経済の世界都市を目指す上で，必要とされる「生活都市」を実現する都市計画が十分に検討されてこなかったとして，地方政府と市民社会の相互

作用の視点を必要としている．

　本章は，第2節において財政制約下の地域社会運営を考える上で，ガバナンス論による視点が定説化されていることを整理する[1]．

　第3節では首都・東京においてガバナンスが求められる社会経済条件を「東京問題」の構造から整理する．そして，過大で過密な人口によって生成される行政需要に見合う地域社会運営を展開するためには市民社会の対応能力が必要であることを論じる．

　第4節では，都市社会学がこれまで展開してきた東京研究の知見を援用し，「生活都市」を実現させるしくみへの示唆を得る．それによって，市民と行政のかじ取りによるガバナンスが地域社会運営には有用であることを論じる．

　以上の考察を踏まえ，第5節には第1章に取り上げた研究課題に対して，ソーシャル・キャピタル論とガバナンス論を援用した研究枠組みを構築する．

2．財政が制約された中で通説化されるガバナンス論の現在

2.1　地方政府を取り巻く社会変化と制度改革

　これまでの制度改革を振り返ると，日本は1990年代から「官から民へ」，「国から地方へ」というスローガンの下に行政改革を行い，その一環として地方分権改革と三位一体改革を展開する（村松 2009：30-34）．それは地方分権一括法（1999年）と地方分権改革推進法（2006年）を進め，地方政府の「機関委任事務」を廃止させ，国から地方への税源移譲を促す改革であった（西尾 2007）．

　しかしながら，財政制約の問題はその後も地域社会運営の構造的な問題として在り続けている（砂原 2011）．そうした中で，地方政府と市民，市民社会組織，企業との「協働」に基づく効率的な地域経営が模索され（山本編 2008），多くの自治体は協働に向けた政策運営を制度的に保障する「政策法務」を求めるようになった（曽我 2019：69）．

　さらに，自民党政権から民主党政権に交代した2009年には，「新しい公共」という政策理念が打ち出された．「新しい公共」宣言では，政府以外の多様な市民社会組織の自発性に基づく「協働の場」という考え方が示されている[2]．市民社会は，新たな公共性の担い手として認識され，その主体性と自立性が政策運営の中で重要視されたのである（辻中・森編 2010：17）．

　このような制度改革を経た現在の地方政府運営は，辻中・伊藤編（2010）が

実証するように，地方政府と地域社会で活動する社会団体やNPOとの連携，協働によるローカル・ガバナンスに基づく地域社会運営が展開されている．

新川編（2011）は，それを「従来の政府中心の統治体制に代わる」統治行為として捉え，『日本の地方政府』を著した曽我（2019：233）によれば，「現在の地方政府の姿はガバメント（政府）よりも，ガバナンス（統治）という言葉で捉えられるべきものである」としている．すなわち，政府と市民社会との関係性から都市の地域社会運営を考える視点は通説化されたといえる．

2.2　通説化された「ガバナンス」による地域社会運営

財政制約の問題，地方分権改革，そしてNPM（新公共管理）手法の導入の制度改革は地方政府への市民ないし市民社会組織の政策参加を促す社会変化の一つとして考えられる（村松・稲継編 2003；村松ほか編 2009）．

地域社会運営の現場に焦点をあてると，市民参加の機会が民間業務委託から，都市の基本計画策定への関与まで多様に開かれるようになった（田部井 2009；大野 2009）．

加えて，自治体職員の意識においても，政策運営への市民参加の有用性が浸透されるように変化している（山本 2010）．それは新しいニーズに対する先駆的活動や受益者のニーズへの柔軟な対応において，行政よりもNPO・市民団体の方が優れていると評価されるようにも変化したと考えられよう（山本 2010：182-183）．

また，ローカル・ガバナンスの比較実証研究によって，政策執行過程にあたっては，地方政府と市民社会組織の協働が公共サービスの改善にプラスの効果を働かせることが，伊藤（2010：27）によって明らかである．都市の地域社会運営を考える上で，地方政府と市民社会組織の協働関係の構造と，そのパフォーマンスの両面を，ガバナンス論から捉えることは重要である．

2.3　組織関係論からみた協働関係──組織の資源制約問題を前提として

では，ガバナンスがどうして地域社会運営の構造に至るまで浸透しえたのかを考えてみたい．財政が厳しくなれば，それに伴って政策の優先順位を自治体が決めなければならない（佐藤 2009）．また，企業経営型のNPMのように，財源を効率的に運用する手段の一つとして，民間への外部委託を進め，行政による効率性の論理を推し進めることもある（新藤 2006：38）．すなわち，逼迫した

財政を補完する手段としてローカル・ガバナンスが注目されるという見方もできる．

　白石・新川（2008）は英国の地域再生政策の予算配分の事例を比較しつつ，コミュニティ組織や多様な地域主体と行政が，パートナーシップを組んで事業の優先順位付けを行うしくみを引き合いに出す．そして，「減量経営」の手法に基づいて地域資源を動員させようとする日本の「参加なきパートナーシップ」の発想を問題視している（白石・新川 2008：60-63）．このように，地方政府が政策の優先順位を考慮し，かつ，財政難による公共サービス供給の補填としても，市民参加が注目されていることがあるのではないか．

　すなわち，財政制約の下では地方政府が市民社会組織のリソースに依存していることが，ガバナンスを促進させる一つの前提条件として考えられるだろう．

　組織関係論を展開する Pfeffer and Salancik（1987）は，組織が外部の環境から影響を受けることを前提に置いて，組織存続に必要な資源獲得の戦略を資源依存理論（resource dependency theory）の中で論じている（Pfeffer and Salancik 1987：258-259）．それによれば，自律的に資源を確保できない状況の下では，その戦略の一つとして，他組織に連携を持ちかけ，同盟関係を築き，安定性を維持すると考えられる．それは不測の事態を想定した組織行動といえる（Pfeffer and Salancik 1987：47）．これを地方政府に置き換えて考えてみると，財源を活動資源とする地方政府にとっては，逼迫した財政状況が組織運営の不確実性を高める．その場合には，地方政府の財的・人的不足という不安定な資源状況が行政に市民社会組織との協働を促すと考えられる．

3．過大で過密な巨大都市における「東京問題」の複雑性

　では，財源が豊かで東京都の影響を強く受ける首都・東京の特別区であっても，如何なる都市の構造がガバナンスを必要としているのであろうか．

　筆者は，それについて首都の巨大都市の中で弊害として生じる東京問題に着目する．本節では，「過密・過大」な人口と，その構成的問題を与件として形成される行政需要に着目し，複雑な東京問題の構造を考察する．[3)]

3.1　過大・過密な人口の量／質的問題

　東京の区部には約957万（住民基本台帳に基づく，2020年1月1日時点）の人口が

住み，約1.5万人/km² が密集している．それは地方都市を経営していく上で，人口の過大さや過密さに加えて，その構成が重要な問題になる（曽我 2019：119）．とりわけ，大都市・東京研究では，それは東京問題と称され，以下の事例が報告されている．

1）多文化共生政策と生活支援の問題

例えば，下町地域では，安達（2007：54-55）が報告するような外国人人口の問題がある．区部の多国籍化した状況について，安達（2007）によれば，23区別外国人登録数は2006年値で1位：新宿（5,616人），2位：江東区（5,172人），次いで，3位：江戸川区（4,258人）である．つまり，外国人の居住者は，区部の中でも墨東地域に多く，江東区や江戸川に急増している（安達 2007：54-55）．

さらに，その数値を代表的な都心三区（千代田区・中央区・港区），下町三区（足立区・葛飾区・江戸川区），山の手三区（世田谷区・杉並区・練馬区）に分けて，外国人人口の割合を計算してみると，2006年値では下町（17.8）が最も多く，次いで，山の手（12.3），都心（8.6）の順に多かった[4]．より細かいコミュニティを単位としてみてみれば，例えば葛飾区の新小岩地域では，人口増加率の14.0%が外国人（2015年推計値）であると報告されている（野村 2020：10）．

こうした地域では，「コミュニケーション支援」，「生活支援」，「多文化共生の地域づくり」などの多文化共生政策が欠かせない（安達 2007）．さらに，教育・医療の現場では言葉の壁を克服するための共助のしくみを必要としており，区政を運営するにあたってはボランティア活動の取り組みを事業計画の中に組み込むことで対応している[5]（安達 2007：56）．

2）福祉政策と生活保護受給者の問題

さらに，区部の福祉政策には下町地域における生活貧困者の問題が挙げられる．歴史的には下町地域は東北からの移住者が多いという特徴を有し，相対的に隣り合った地域に比べて所得収入が低いという特徴が現在にも受け継がれている．それに加えて，生活保護率の割合が高いという特徴も重なっており，高学歴者の割合が相対的に少ない[6]．

こうした状況においては政策執行過程の現場で，ケース・ワーカーが第一線職員として，その任にあたっているが，住民の社会参加や，NPOなどの取り組みも期待される．実際には，区の地区別に選出された民生委員と自治会が連

携して，行政の手の届かないサービスを提供している地域もある．きめ細やかな政策を講じるためにはコミュニティを単位とした住民の協力が不可欠である[7]．

3）待機児童と子育て支援政策の問題

また，人口の質的問題を抱えているのは下町地域だけではない．山の手地域にも該当する．その事例の一つには，2015年（平成27年）に全国最多の記録が問題視された世田谷区の「待機児童」の問題が挙げられる[8]．世田谷区は池田（2015：56-58）が算出した幼児人口（増加率）の「特化係数」によれば，総人口の増加に比べて，幼児人口が2010年時点に大きく増加した特別区であった[9]．そして，2018年には住民基本台帳を基にして，6,821人の転入超過数を記録している[10]．つまり，区政にとって，家族世帯増に伴う幼児人口の増加に対応できるよう，保育施設の拡充が大きな課題であった．

そこで，2015年には「子供・子育て支援事業計画」を策定し，保育定員の拡大を目指すが，年々増加する区の保育待機児童数の実数値が推計値と大きく乖離してしまったため，事業計画の見直しが求められ，同年から「子供・子育て支援制度」を開始させた[11]．それにより，世田谷区は新しい未就学児の保育や教育，子育て支援の新たな枠組みを設けた結果，人材の確保に成功し，定員を拡大させた．そして，2020年（令和2年）には「待機児童ゼロ」を達成しえた特別区として報道されるに至った[12]．

つまり，世田谷区は保育行政に不足した人材を補うために，民間に認可を，東京都では「認証保育」にまで拡げて定員を確保させたのである．それは子育ての現場に，市場のしくみを導入したことを意味する（猪熊 2018）．すなわち，市場のしくみを援用し，事業体として市民社会組織を地域社会運営の利害関係者に迎え入れた事例ともいえる．

4）コミュニティを単位とした都市政策の展開

以上の事例を踏まえると，特別区によって異なる事情を抱えながらも，山の手地域と下町地域には政策としての対応手段が似通っている．すなわち，世田谷区でも人口増に伴って発生する，その質的な問題（幼児人口割合の上昇）に対しては行政だけでなく住民や様々な地域組織やNPO，社会団体といった市民社会組織が協力するしくみを求めている．

つまり，外国人や高齢者，低所得者層の構成割合の増加や保育の問題に対応

するためには，「多文化共生のまちづくり」，「待機児童増に伴う保育行政の民営化」，「高齢者介護施設の拡充」といったコミュニティを単位とするきめ細やかな対応が必要である．それには，政策課題に取り組む住民の自治を必要としている．そして，行政のみが対応できる問題ではないため，上述の政策課題に対する協働を施策・事業の中に計画している．

したがって，協働の取り組みが円滑に計画し，運用されることで，住民に効果的な施策・事業を実施し得ているのではないだろうか．

3.2 地形リスクの問題
——武蔵野台地に立つ「山の手」と東京低地滞に位置する「下町」

さらに，特別区の施策・事業には地形リスクへの対応が必要になる．これまで論じたように，他の地域に比べた下町地域は低地滞に位置するからである．具体的には，**図2−1**のような問題が生じる．

産経新聞の記事（2018年3月30日23時02分）によれば，東京23区のうち，3分の1は台風の高潮によって浸水してしまうことが，東京都の推計結果から報告されている[13]．それは墨田区，葛飾区，足立区，江東区などの低地帯や埋め立て地域に明らかである．山の手地域と比べ，地形を理由とした潜在的な災害リスクへの対応が下町地域には必要である．

さらに，下町地域の人口の過密さと重なれば，より深刻な問題になる．すなわち，住民が密集することで，その被害状況が大きくなる．首都としての都市計画が充実しているとはいえども，住民の危機意識を働かせた防災行動と災害対応が都市政策には不可欠である．

例えば，墨田区の防災政策を考えてみたい．墨田区には北西部の向島に木造密集地域が形成されており，高齢者人口の割合も高いので火災に伴って罹災する危険性が多い．

永田（2012）によれば，東京23区を管轄区域とする東京消防庁が消防行政の役割を担い，その下部組織が各署のエリアを管理することで防衛している．そして，住民が密集した墨田区には江東区，葛飾区，江戸川区を含む東部地域を担当する第7消防方面本部が設置され，約2000名の職員が消防業務に従事している．

さらに，各署の間には，コミュニティ単位で行動する消防団が草の根レベルで機能しているから，住民の安全と安心を支えている．

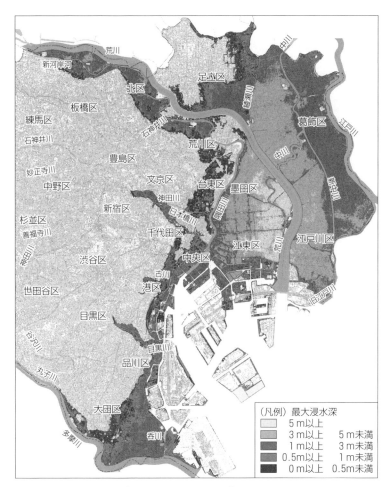

図 2-1　区部のハザード・マップ（高潮浸水想定区域図）

出所）東京港湾局 HP を基に作成．URL：https://www.kouwan.metro.tokyo.lg.jp/yakuwari/WarningA.pdf（2022年 8 月25日アクセス）．

　すなわち，人口が過密で地形リスクの伴う区部の地形構造という理由からも，「防災・住宅供給から包括的な生活支援まちづくりの視点」が求められる（岡田 2007：159）．

3.3　行政の人員配置の問題と市民社会への期待
　以上の議論を踏まえると，地形リスクも複雑な東京問題を形成する．そこで，

円滑に都市を運営していくためには，行政需要に見合う適切な行政の人員配置を必要としているだろう．それは大都市の一体性を確保する観点からも重要である．

　しかしながら，特別区では東京都や区間で歩調を合わせて人員の配置を決めながらも，それだけでは巨大都市の過密さの問題に対応することは難しいのではないか．

　本項では区部の政府規模（対数値：行政職員数／万人）を比べてみながら，人口密度に対応する政策運営を考察する．

1）過密さに対する人事の人員配置の問題

　図2-2は，ここ20年間における1997年，2017年の二時点間の人口密度（km²）と1万人当たりの行政職員（総数）の関係を示している．それによれば，人事の配置が人口の増減に対応できるように管理しえたとしても，人口の過密さとは正に対応していない．つまり，人口が過密な都市の1万人当たりの職員数は減少する傾向にあり，行政と市民の間の距離が遠のいている可能性がある．それは区の間の公共サービスの平準化を難しくさせてしまう要因の一つではないだろうか．

　では，詳しく人口と行政職員数をみてみよう．区の状況をみると，千代田区は夜間人口よりも昼間人口が多く，人口密度は区の中で最も少ないが，都心の中枢機能を担っているために，その数が多い．次いで，1997年時点では中央区，港区が，図のやや中心に位置していた．しかし，2000年代に入ると中央省庁等改革基本法（平成10年法律第103号）に基づく中央省庁再編が行われたので，独法化・民営化による公務員数の削減の影響を受け，千代田区と大きく離れていると考えられる（松尾 2017：17）．加えて，東京では1970年代からバブル期に地価が高騰したが，1990年代後半からバブルが崩壊し，都心部に人口が集中するという都心回帰の現象が生じていた（金澤 2019：74）．図2-2(b)は，その結果を表している可能性もあり，千代田区を除いた都心部の人口密度が上昇し，1万人当たりの行政職員数が減っている．

2）全国都市と比べた過密さへの人員配置

　さらに，全国と比較してみると，1万人当たりの行政職員数の水準は表2-1のようである．都心を除いた下町地域と山の手地域の人口1万人当たりの行

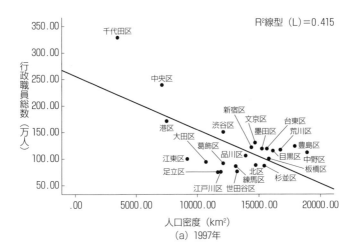

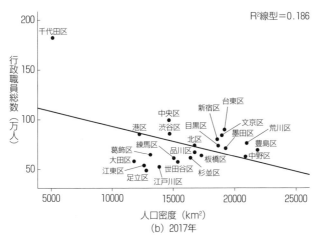

図2-2　人口の過密さに比した行政職員（総合）の人員配置

出所）　行政職員数（総数）は『東京都の統計』の「22．選挙・職員」から，人口は同
　　　様の出所元から得た「住民基本台帳による東京都の世帯と人口」の各年のデータ
　　　（毎年1月1日現在の区人口）を利用している．

政職員数の数を全国と比べてみると，都心から大きく乖離し，市（大都市含む）
と同程度である．都心は，2015年の推計値では86.2となっており，政令指定都
市（44.6）の1.93倍である．一方で，全国791の市（平均＿市（大都市含む）の値）
は59.2程度であり，下町地域（55.4），山の手地域（55.7）と変わらない．都心
を除いた地域において，数字の上では，都市の問題に比べ，多くの人材と専門

表 2 - 1　都市規模別にみた 1 都市平均の「一般行政職員数/万人」

| | N | 1万人当たり行政職員数 | | | |
		2000	2005	2010	2015
平均__政令指定都市	20	57.6	50.4	45.7	44.6
平均__中核市	48	51.6	48.7	44.8	44.7
平均__施行時特例市	36	52.6	49.0	44.9	44.2
平均__市（大都市含む）	791	69.4	65.2	59.2	59.2
平均__特別区	23	62.4	79.1	68.3	62.2
平均__都心	5	110.3	122.0	101.2	86.2
平均__下町	11	48.0	66.3	59.4	55.4
平均__山の手	7	49.9	67.7	59.0	55.7

注）　都心＝千代田，中央，港，新宿，渋谷
　　　下町＝台東，墨田，江東，江戸川，太田，豊島，北，荒川，板橋，足立，葛飾，江戸川
　　　山の手＝文京，品川，目黒，世田谷，中野，杉並，練馬
出所）　総務省統計（平成12年～平成27年），「政府統計の総合窓口 e-Stat」より算出．人口は
　　　各年の「国勢調査」の値を利用．

家のスタッフを割り当てることは難しいようである．

3）過大・過密な都市にみる市民社会への期待

　これまでの分析結果を踏まえると，東京問題を課題とする下町地域や山の手地域の特別区では，行政職員の人員配置が必ずしも人口密度と正に対応していない．また，多文化共生政策，子育て保育・福祉政策，消防・防災政策の事例をみるだけでも，行政による対応だけでは難しいことが想像できる．そうであれば，施策・事業を通してみた住民と行政の距離が拡がってしまい，その差を縮めることが難しいのではないだろうか．

　そこで，様々な要因が交差する中で住民にとって望ましい地域社会運営を考えるためには，視点を変えて，政治と社会を媒介する市民社会組織の活動を視野に入れる必要がある．そして，市民社会組織との協働を通じた地域公共政策を導出するしくみが必要であろう．その観点から，筆者は図 2 - 3 に示すような市民社会組織の活動団体数（割合）と行政の人員配置との関係をみた．

　主に利用したデータは「J-JIGS2（2010）」および「J-JIGS4（2017）」という社会団体の活動実態の調査である．図 2 - 3 は社会団体が活動する範囲を「特別区」に限定した団体数（％）を示している．一般的に，森・辻中（2002：104-105）の分析によれば，東京に存立する団体様式は，ナショナル（日本全国）レベルで活動する団体が多く「全国団体性が濃厚である」ことが確認されている．

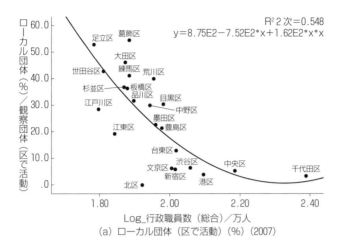

（a）ローカル団体（区で活動）（%）（2007）

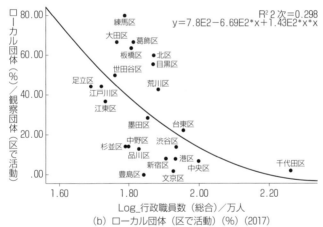

（b）ローカル団体（区で活動）（%）（2017）

図2‐3　区で活動する社会団体（%）と区の行政規模との関係
（2007 vs 2017）

注）　分析は活動範囲を「1．市区町村レベル」のみに限定している．また，
　　　観察数（N）の制約から「1．市区町村レベル＋2．都道府県レベル」を
　　　合算したローカルで活動する団体を分析している．

　しかし，図2‐3は異なる結果を示す．すなわち，二時点の調査では過大で
過密な都市である下町，山の手地域の都市ほど，区で活動する団体の割合が
多い．

　加えて，図2‐4には，特別区から社会団体（または非営利組織）に対する相談
接触（「ある程度以上」の割合）を散布図に示した．

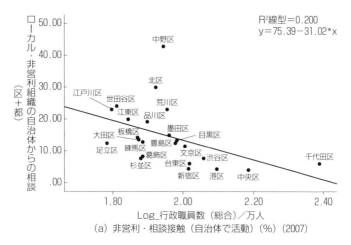

（a）非営利・相談接触（自治体で活動）（％）（2007）

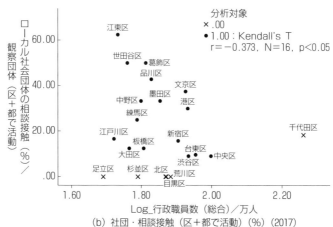

（b）社団・相談接触（区＋都で活動）（％）（2017）

図2-4　非営利組織（NPO・社団）・社団（自治体で活動）の
　　　　相談接触（2007 vs 2017）

注）　1：「相談」に関する設問：Q20. あなたの団体と関連する政策について，
　　　　次にあげる人や組織からのどのくらいの相談を受けますか．最も近いもの
　　　　を1つの番号に○をつけてください．「直接接触」に用いた設問：Q18.
　　　　あなたの団体が行政に〈直接的〉に働きかけをする場合，次にあげる役
　　　　職の方と，どのくらい面会や電話をしますか．なお，自治体の名称及び
　　　　階級レベルについて，各調査はそれぞれ，多少異なるワーディングを用
　　　　いて行ってきた．JIGS2）自治体＝相談接触／「都道府県」・「市区町村」，
　　　　直接接触／「自治体（幹部）」・「自治体（課長）」，JIGS4）自治体＝直接
　　　　接触・相談接触／「都道府県」・「市区町村」．散布図に利用した計算処理
　　　　は以下のとおり．JIGS2）自治体＝「自治体（幹部＋課長）」・「都道府県
　　　　＋市区町村」の変数を利用し，「行政から相談を受けるのみ（行政に働
　　　　きかける，両方行う，を除く）」の割合を計算．JIGS4）＝「市区町村」
　　　　のみを利用し，上記の処理を行い計算（欠損値は除く）．
　　　　2：2017年調査結果では，観察対象が少ないことを理由に区集計の割合が不安定に
　　　　も「0％」であった可能性がある．それ故に，外れ値としての千代田区の値と
　　　　それらを除いて傾向の確認を行った．

　それによれば，人口に対して行政スタッフが相対的に少ない特別区ほど，地域で活動する非営利組織（NPOを含む）や区で活動する組織への相談の頻度が高い．つまり，住民との距離が拡がる可能性のある過密な都市では，特別区から市民社会組織への期待度が高い．2007年，2017年の二時点に共通して区の地域社会運営は行政と市民社会組織の協調関係に力点が置かれている．よって，住民に納得される地域社会運営のしくみの中心は行政と市民社会組織の協力関係を踏まえて考える必要があるのではないか．

4．都市社会学からみた東京研究の展開
——世界都市の弊害と生活都市の実現に向けて

　さらに，東京問題は都市社会学の中では世界都市を目指す首都・都心部に発生する「一極集中問題」として，新自由主義的な規制緩和によって生じる「人口集中（人口回帰）問題」として，それに関連する「インナーシティ問題」として浮き彫りにされている．そして，都市社会学に基づく東京研究は，上述の東京問題を踏まえた上で，生活上の不都合を改善するために必要な「都市再生」を目指す．

　本節は，その前半部分において東京一極集中問題，人口集中問題，インナーシティ問題が発生する社会経済的背景を整理する．そして，後半部分では都市再生に向け，地域ごとに展開される必要のある市民と行政が連携する事例を振り返る．そして，都市社会学の知見からも東京問題の改善にはガバナンスが求められることを論じる．

4.1　世界都市の光と影——金融・経済資本の蓄積と東京一極集中問題
1）世界都市・東京に向けた動き

　21世紀における大都市の社会経済的発展を論じる上で，「グローバリゼーション」に伴う社会変動を捉えることは欠くことのできない視点である（和田2006：ii）．それは国際化が進む中で，大都市は世界的に中心的な役割を果たす都市として認識されると「世界都市」として位置付けられるからである[15]（青山2012：97）．世界都市という概念は「時代の国際的な中心都市」を指す一般概念として，様々に理解されている（加茂 2005：47）．

　現代の意味ではサスキア・サッセンの『グローバル都市——ニューヨーク，ロンドン，東京』（2001）としての理解が妥当であろう（加茂 2005：48）．

　すなわち，グローバルな世界経済システムの中で，「経済の指令作用，金融・サービスの生産過程」，「都市施設や制度，システム，社会資本をグローバルに統合させる作用を果たしている」都市を広義に世界都市として理解される（加茂 2005：48）．そのような東京の世界都市戦略は国家の開発主義的な志向に基づいている．東京都は旧国土庁（現在は国土交通省）を含む中央政府の開発計画を上位計画として受け止め，国家と東京都の間には様々な調整が行われることで，東京都の独自の開発計画が策定される（加茂 2005：75, 85）．

　まず，東京都が世界都市を宣言するのは1980年代後半である．そのころは旧国土庁が1985年に「首都改造計画」を出し，1986年には鈴木俊一都知事が『第二次東京都長期計画』の中で，「国内外の情報の結節点」や「職と住の均衡」という視点から世界をリードする魅力的な世界都市としての東京を宣言した（町村 2020：136）．

　そして，国家は中曽根内閣の時に開発の動きを加速化させる．1987年には『第四次全国総合開発計画』によって，多極分散型国土を形成していく中で，東京圏に位置する首都を金融と情報の面から世界中枢都市と位置付けた．国際金融機能の強化と都心部及び東京臨海部の総合的整備を進める方針を固めたのである（国土庁 1987）．

　一連の中央政府と東京都の国際金融都市への動きを受けて，バブル経済期には一時ニューヨーク市場の時価総額を東京市場が上回る（町村 2020：136）．町村（2020：137）が作成した「The World Federation of Exchanges（WFE）」による証券取引所上場企業の株式発行時価総額を示す４都市（ニューヨーク・東京・ロンドン・上海）の時系列グラフによれば，1986-1987年にかけて東京市場がニューヨーク市場に比肩し，1989年にはニューヨーク市場の時価総額を上回る．

　しかし，1990年には日本経済が「平成不況」に陥り，「東京クラッシュ」といわれる株式市場の暴落が起きたことによって，1990年以降は，時価総額は横ばいを続けた．東京の経済的地位はニューヨーク市場の「ニューエコノミー」からかけ離れていった（加茂 2005：61；町村 2020：136）．

2）大都市に偏重した「選択と集中」の国土開発

　上述した1986年から1987年の首都機能を強化する国と東京都の政策は，東京を世界都市として位置付けた大都市偏重の国土開発の政策として考えられる（上野 2017：3）．さらに，東京は1990年に『第三次東京都長期計画』を打ち出し，

「国際金融・情報等の世界都市機能」の強化を進めていく．そして，国家は1998年に第五次総合計画として，『21世紀の国土のグランドデザイン』を打ち出し，「地域の自立」を志向しながら，投資の重点化と効率化を図る方向を目指す．

なお，それは『全総』が全国の国土を「均等発展」させていく考えとは異なり，大都市圏への「選択と集中」に重点を置いたものである．それによって，大都市圏に制度的・人的資源を注力させて資本のグローバル化を高めようとしていたと考えられる．

中曽根内閣時代には行政改革や民営化政策を推し進め，小泉内閣時代においては石原都政が都市再生政策として「東京構想2000」を打ち出し，JR東京駅を中心とした「昼間人口20万人を超える新しいオフィス空間をつくる」再開発プランが発表される経緯もあった．首都機能分散論が論議される一方で，汐留，品川，赤坂などにおいては，多目的超高層ビルの建設と再開発ラッシュの構想が練られていた（加茂 2005：104）．

すなわち，「中央政府，地方政府，民間セクターの間の協調的政策調整」が円滑に行われる日本の政治構造の中では，規制緩和と再開発事業によって，「企業・資金・人材」を惹きつけながら東京の国際競争力を高める都市の開発を計画していた（加茂 2005：84；上野 2017：3）．

3）規制緩和と再開発事業による東京一極集中の問題

しかし，その一方で，巨大都市・東京の都市社会では「ジャパン・プロブレム」として考えられるほど，東京問題が議論されるようになった（加茂 2005：87）．それは都市経済の成長が都市社会の市民生活の安定の犠牲の上に成り立っていたからである（高橋編 1992：36）．東京への首都機能の集積は高地価，高家賃をもたらし，巨大な経済活動に伴う極端な住宅コストや，人口の過密さを理由とする環境破壊，ゴミ問題を浮き彫りにした．また，通勤ラッシュという遠距離通勤の過酷さも都市市民の生活を脅かす問題として噴出された．すなわち，生活都市としての「住みやすさ」は政治経済機能の過集積によって毀損されてしまったと考えられる（加茂 2005：71，88，102）．

そこで，居住環境の悪化は働く若い子持ちの世帯にとって，都心部で住まうことのインセンティブを減らし，都心から郊外への居住選択を促進させてしまった（加茂 2005：88）．それによって，都心地域の夜間人口の減少を招来させ，

「東京一極集中問題」を顕在化させた（和田 2006：ⅱ）．

　このような居住環境の悪化による東京のインナーシティ問題は「大都市中心周辺部における，人口・企業の流出にともなう地域社会の荒廃・衰退によってもたらされる，経済社会空間構造上のマイナス現象の集積地域における問題」を指す（高橋編 1992：20）．

　したがって，東京一極集中の問題は東京の世界都市としての未成熟さを浮き彫りにし（高橋編 1992：2），地域行政を担う特別区の対応を難しくさせている可能性がある（中林 1992：182）．

　さらに，後述する先行研究の整理によれば，次のような産業地域社会の衰退と団体世界の分極化を強めてしまう問題を発生させたと考えられる．

４）二つの事例——産業地域社会の衰退と収益性に基づく団体世界の分極化

（1）都心周辺高密地域における居住環境の悪化

　東京一極集中の都市問題は，上野（2017）によれば，再開発事業に伴う地価の高騰だけでなく，それに波及して，市場主義に基づく都市経営が都市内部の社会経済的分極化を強める（上野 2017：2）．その一つの問題として，小長谷（2005）が指摘するように，「玉突き型空洞化」の問題が起こる可能性がある．

　「玉突き型空洞化」とは，都市再開発の恩恵にあずかれるのは都心のほんの一部に限られ，その悪影響が他者にまで及んでしまうことを指す．すなわち，大規模開発によるフロアの供給が中規模ビルからのテナントの移動を誘発し，中規模ビルの空洞化を招来させてしまう．そして，小規模ビルからのテナントが中規模ビルへの移動も誘発させてしまう結果，都心周辺部の下町には，市場の競争メカニズムを通して旧市街地の「やわらかい部分」だけが都市の再開発から取り残されていくのである（小長谷 2005：111）．これは企業流出に伴う地域社会が荒廃してしまうという，オフィスの空き室やシャッター街化を招来させてしまう事例である．小長谷（2005：112）の分析によれば，神田地区にオフィス空室率の問題が浮上してしまったと考えられる．

　また，中林（1992）は東京区部の「インナーシティ的状況」の問題を「地域社会の衰微」，「地域経済の停滞」，「市街地環境の衰微」，「社会病理的状況」の４つの視点から分析している．それによると，とりわけ「荒川区」，「台東区」，「墨田区」という都心周辺高密市街地について，上述の知見と関連する問題が発生する．

　すなわち，旧来より「住工商混在市街地」と呼ばれた製造業を中心とする地域社会では，産業上の人間関係によって居住環境が作りだされるため，都心周辺部の定住人口の減少が製造業を中心とする地域経済の活力低下をもたらしてしまう（中林 1992：182-185）．そのため，中林（1992）が事例に挙げる台東区では，「若年就業者と家族従業者の減少」の問題が，これまでの職住一致の伝統的結合関係を変え，産業形態の存亡に関わりうる問題として山積する．そして，インナーシティ的状況が深刻な政策問題として認識されると，台東区の基本構想および長期総合計画の最重要課題に位置付けられる．

　中林（1992）は特別区では，インナーシティ問題をきっかけとして，都市を生活都市の観点から再生していく方向に政策が見直される過程を明らかにしている（中林 1992：182，189）．

（2）都心部と都心周辺地域で活動する団体世界の分極化

　また，一極集中の問題は営利企業だけでなく，都心で活動する非営利組織にも悪影響が及ぶことが考えられる．それは収益性の低い非営利組織が都心地域で存立することが難しいという問題が生じる．すなわち，政治的ネットワークと情報が集積した都心地域で活動する恩恵を受けられるのは，一部の収益性の高い非営利組織だけに限定されてしまうという問題も発生するのではないか．

　このような地価の高さ（または地価の高騰）は，市民社会組織の団体世界を足元から揺るがしかねない問題であろう．辻中編（2002）は「団体の基礎構造に関する調査」を基にして団体世界を考察しているが，実際に東京地域で活動する社会団体の組織リソース構造は「政治団体，市民団体を除いて，1,000万円以上の予算を持つ団体が多い」構造をしている（辻中編 2002：90）．

　地価の高騰に伴い賃料も上昇すると考えれば，収益性の低い社会団体は活動拠点を確保させることが難しい．ニッチな地域課題の解決を目指す団体にとっては，当該地域に根差した活動を展開していく可能性が狭められてしまう．都心部の高地価は住宅・土地からみた東京問題を構成し（柴田 2007：20），それは都市生活の「営利性」を強めることで「非営利性」の強い市民社会組織の活動を妨げかねない．[16]

4.2 新自由主義的な都市経営の問題
——中央区を事例とした「都心回帰」の光と影

1）新自由主義的都市経営と再開発ラッシュの動き

　日本は1985年に1万円を超える日経平均株価を記録した後，1989年には一時，4万円に迫るところまで上昇したものの，バブル崩壊を受け，平成不況に転じた後は下降傾向を続けている．それに伴い全国市街地（住宅地）の地価は下落基調に転じる[17]．

　日本はその間にかけて，中曽根内閣時代には「民活」が，小泉内閣時代には「都市再生」が行われた．それは東京を日本の経済成長を牽引する世界都市に位置付け，国家によるネオリベラリズムの都市政策を展開させてきたと考えられる（城所・瀬田編 2021）．

　その実行手段は，「再開発事業促進区」などを設けた容積率緩和制度による規制緩和である（城所・福田 2021：16）．都市再生特別措置法（2002）を施行することで，「都市再生緊急整備地域」を設置し，東京都内においては主に都心を含む山の手線内の地域開発が進めた．

　その内訳の一つには①大手町，丸の内を含む東京駅・有楽町周辺と日本橋地域・八重洲，銀座地域が指定されている（矢作 2005：19）．石原都政においては「東京構想2000」が打ち出され，JR東京駅を中心としたオフィスビルの再開発事業が頻発される．さらに，上述の地域に加えて②秋葉・神田地域，③新橋，虎ノ門，六本木，赤坂地域，④晴海，豊洲，お台場，築地などの臨海地域，⑤新宿駅周辺，⑥新宿東側の富久地域，⑦大崎駅周辺が都市再生緊急整備地域に指定された（矢作 2005：19）．

2）「都心回帰」に伴う生活問題の発生

　地価の下落を受け，一連の開発ラッシュが進められることで，東京のマンション供給戸数は2000年には約4万5,000棟にまで増え，それは1993年までの約1万棟であった時から約4.5倍にまで大量供給されたことを意味する（鈴木 2003：13-14）．さらに，オフィスビルの着工床面積は1999年以降，地価下落の建設コストの低下と容積率緩和の影響を受けて大幅に増えている．「23区ストック量」は1990年から1998年にかけてリニアに増加している[18]（鈴木 2003：13-14）．

　つまり，マンションやオフィスビルの供給量が増えたことにより，「1戸あたり平均価格」も1995年には1991年の約半値の価格まで減少し，住宅価格が低

下した．それにより，職住接近を求める子育て世代や，値下がりした賃料を基にオフィスビルのテナントに入るIT関連企業や外資系企業等が都心部に増加し，1990年代後半には人口の「都心回帰」の現象が出現する．自治体にとっては，人口増は税収を見込むことのできる社会変化であるから，潤沢な財政運営を可能にさせる．

しかし，生活する住民からすれば，居住環境の過密さをより一層に高めてしまうので，かえって「生活の質」の低下にも繋がりかねない．その点に関しては後述する上野（2017）や丸山（2017）の「都心回帰による都市再編と都心居住に関する研究」によって明らかである．中央区を事例として都心住民の生活環境の不満が増大されたことが実証されており，人口集中問題が「集積不利益」と「社会的共同消費の不足」に基づく都市問題を発生させている（宮本 1967；1980）．

集積不利益とは，「都市化・工業化がすすみ，事業所，交通機関や人口の集中・集積によって，自然の破壊，大量汚染物の排出，混雑現象の発生」が進行することを指し，一般に「企業は集積利益を享受できるが，他方で市民とくに貧困な市民は集積不利益を受ける」という特質がある．

社会的共同消費の不足とは，「住宅難，交通難，水僕，清掃まひ，生活環境・衛生の悪化，あるいは学校・保育所・福祉施設・図書館などの施設の不足，福祉行政などの公共サービスの不足と質的低下」を指し，人口・資本などの集中・集積によるこれらの量的・質的低下が都市生活様式の破綻を招く（宮本 1980：47-49）．

上野（2017）や丸山（2015；2017）の研究によれば，超高層建築に伴う規制緩和の問題には生活空間に社会的公正と開発の持続可能性という問題が孕んでいる（上野 2017：1）．それは，中央区をはじめとした都心の特別区に対して，次のような人口回復に伴う都市問題を発生させたと考えられる．

3）中央区の都市計画と10万人都市の実現

東京都内の30階建て以上の「超高層建築」は1997年末には76棟であったのに対し，2014年末には308棟にのぼり，この15年間で4倍に増えている[19]（上野 2017：1）．

中央区は中曽根改革が進める「アーバン・ルネッサンス」によって，オフィス開発を進めるが，「区面積の8割以上に規制緩和型の地区計画等を導入する」

ことを決めた（上野 2017：4）．それにより，住民基本台帳に基づく人口が1952年の約17万人（172,183人）をピークに，1997年4月には約7万人（71,806人）まで減少してしまったところを大きく回復させた．1998年には45年ぶりの人口増に転じ，2017年9月には約16万人（15万8,435人）の夜間人口が集中した（上野 2017：4）．

　それは中央区を銀座，東京駅，日本橋をラインとする「第一ゾーン」，築地，京橋，日本橋人形町，日本橋問屋街地区をラインとした「第二ゾーン」，勝どき・豊海地区，月島，佃，晴海地区をラインとした「第三ゾーン」に設定した都市計画によって実現する．

　主に第一ゾーンは商業系の再開発を促進するための規制緩和型地区である（上野 2017：4）．そして，「第二ゾーン」は昭和通り以東の隅田川に至る埋立地の月島地域に該当する．「第三ゾーン」は晴海地区に該当し，住宅容積を緩和する地区計画が整備される（1993年）．そして，月島地区には町並み誘導型地区計画が整備され（1995年），2006年頃に定住人口10万人都市を実現させた（上野 2017：5）．

4）中央区の高密度な都市活動の実現と生活環境の悪化

　しかし，丸山（2017：21-23）によれば，そのような都心マンションの住民問題の背景には，その前身として計画されている大都市圏構想の考えに問題があったことを指摘している．大都市圏構想とは「GD2050」という，日本の大都市圏を「国家経済戦略都市」に再編しようとするスーパー・メガリージョンの動きを指す．国土交通省（2014：2）が主張する高密度な都市活動が実現するという主張を踏まえながらも，「都心回帰が進行する都心地域の住民生活」を分析してみると，国土空間の再編の構想には生活圏からみた集積不利益の問題が生じていることを分析する[20]（丸山 2017：22）．

　大都市圏都心部を「札幌都市中央区」，「東京都中央区」，「名古屋市中央区」，「大阪市中央区」，「福岡市中央区」の6地域に分けて実施した調査結果によると，「騒音や大気汚染」，「部屋の日当たり」，「防犯・治安」に不満を抱く「単独世帯」の回答者数は「東京都中央区」が6地域の中で3番目に多いとされている．さらに，「夫婦世帯のみ」の回答者にとっては「東京都中央区」が2番目に多い．そして，「公園・緑地」，「鉄道・駅」，「医療施設」，「小・中学校」，「保育園・幼稚園」を回答選択肢に設定した「マンション・近隣への不満状況」

を調べると，「単独世帯」の不満回答者数は「東京都中央区」が上述の他地域の都心部に比べて2番目に多い．それと同様に，「夫婦のみの世帯」に関しては，その回答数が1番多いことを明らかにしている（丸山 2017：22）．

　すなわち，人口の都心回帰現象には古典的な環境問題が生じ，業務空間に居住空間を拡げることは都心住民の一部を不満にさせること，子育て世帯を中心として都心地域の生活空間には過集積による生活の不満が蓄積されていることを明らかにした（丸山 2017：21-22）．

　さらに，問題は地域住民の構成割合を大きく変えてしまったことによっても生じている．すなわち，新来住民の激しい流入によって，新たなマンション住民を含めたコミュニティ形成の問題が中央区の新たな政策課題を浮上させる（上野 2017：10-11）．

　都心コミュニティの住民構成が「高収入層」に入れ替わることで，既存の住民が少数派に転落してしまった．それによって，「混住化」による「都心コミュニティの統合不全」の問題が懸念されるようになった（丸山 2015）．

　以上の分析結果によれば，日本橋問屋街地区の新旧住民の間に，近所づきあいや地域参加の意識と行動に分断が生じている．

　したがって，上野（2017：11）が論じるように，市場原理に基づく人口の増加現象が居住空間を階層によって分極化させている．その弊害がコミュニティの統合不全にまで拡がっている．市場原理に基づく都市開発は社会的公正さの観点から看過できない．

4.3　巨大都市・東京を生活都市へとつくりかえるには
──住民の要求と協働の生活史

　当然ながら大都市には様々な利害や関心の異なる層が錯綜している．生活空間が職住に混在される場合もあれば，分離していることもある．様々な状況に重層化されている社会では，特定の地域問題の受け取り方も地域住民によって異なり，すべての住民を巻きこんで「問題」として認知されるとは限らない（西澤 1992：155）．

　しかし，問題は一極集中問題や人口の集中に伴う質的問題だけでなく，地形リスクの構造によっても出現している．インナーシティの生活上の不都合な問題を改善させるために，地方自治体が都市計画を見直すだけで対応できるほど，その問題は容易ではない．それは東京問題が東京大都市圏を巻き込んだ国家の

首都開発政策の影響を受けながらも，問題は特別区内の地域スケールによって顕在化されるからである．

　どのようにして，生活上の不都合に関する地域住民の意見を集約させて，問題を改善するしくみを考えることができるのだろうか．

　さきほどの中林（1992）が分析する事例をみれば，「インナーシティに誰が住めるのか」という問題には，台東区が生活都市を戦略的に創り出す政策が必要であるとされている．しかし，それを実現させるには区民と企業間の連携と，その目標のために「区と区民，業界の総意を結集することが不可欠である」ことも『定住と活力のふるさと台東をめざして——人口問題を考える』という答申に書き加えている（中林 1992：198）．

　すなわち，地域によって異なる問題を改善するには，主体的に行動する住民による，自らの地域課題に立ち上がろうとする人々の自治的な地域社会の形成が求められる．そして，現行の都市空間の状態が地域住民にとって，許容されない状態にあるときには，住民自らが「都市のつくりかえ」を起こすために行動する必要があるだろう．東京問題に対しては，そのしくみが作用することで，地域社会にとって望ましい生活都市と居住空間を構築できるのではないだろうか．

　この点について，園部（2008）は都市計画の実践的課題を都市社会学の観点から捉えようと，「各々の集団や組織が，ある地域内でのそれぞれのニッチを見つけようとする試みの結果，ある種の都市の空間構成が出来上がる」としている（園部 2008：5）．そして，矢作・小泉編（2005）の知見によれば，後述するような「市民が快適に暮らせるようなミクロな空間づくり」の事例に大都市・東京の都市再生を見出している．

　例えば，小泉（2005）は中央区の「東京駅前八重洲・日本橋地区」が個別の老朽化した建物を更新するために，2000年7月に指定された「街並み誘導地計画・機能更新型高度利用地区」の再開発を事例に，再開発反対派の地権者と推進派の行政・地権者の対立過程の中で利害が一致する点を模索していくプロセスとルールづくりに「都市再生」を地域社会に再構築可能であることを論じている．弘本（2005）は，大阪市中央区空堀商店街界隈にある長屋が構成するまちの構造に着目し，人々が「まちとのつながり」に向き合える取り組みを促進させ，景観の保全と防災上の課題を共有しえるしくみとして，ソーシャル・キャピタルが重要であることを論じている．

　手嶋（2005）は東京都台東区，「谷中のマンション再開発」の問題を事例として取り挙げ，「黙っていては町が守れない」という住民間の意識が，谷中地区まちづくり協議会の設立機運を高め，谷中のまちづくりを支援しようとする「NPO 法人ひとまち CDC」の組織化に寄与しており，また地域住民と一体に行われる活動こそが，地域の教育や福祉の制度を補完するとしている．さらに，組織化された既存の活動が防災や環境問題の取り組みにも拡がることで，まちづくりの機運に台東区も積極的になり，「谷中地区まちづくり事業調査」を東京芸術大学と協力する動きにまで発展させている．まさに，住民と専門家，行政のまちづくりへの意識を合わせる取り組みが谷中地域のまちづくりを支えている（手嶋 2005：168）．

　また，大崎（2005）は荒川区，台東区の「山谷地域」のインナーシティ問題の一つとしてホームレス問題を取り挙げる．「寄せ場」の歴史を持つ山谷のまちづくりにおいては NPO を活動主体の中心とする支援サービスによって，組織体を通じたネットワークが形成される．それが社会的資源となって，問題の改善に結びついている．これは行政と NPO の連携によって，路上生活者の地域社会への包摂を促す事例である．

　以上の事例は，都市の再生に向けた，東京を生活都市へとつくりかえようとする住民の地域社会への主体的なかかわりの様子を描いている．住民は地域を単位としてコミュニティの力を結集させながら，様々に起こる都市問題に対応している．

　上述のような事例は，巨大都市・東京の中で人々にとって望ましい社会を築きあげるためには，それぞれの政策課題に応じた住民の創意工夫と，現状の生活環境を改善できるように行政に働きかけることが必要であることを示唆している．つまり，都民の市民参加の生活史の中に，東京を生活都市へと再生させていく手立てがみつかるのではないだろうか．

5．本研究の研究枠組み
　　——ソーシャル・キャピタルとガバナンスの視点から

5.1　政策満足度の地域差の問題に対する三つの対応能力からのアプローチ
　本章は，世界都市を標榜する戦略の裏には，「東京問題」が表出されている現状を浮き彫りにしている．そして，過大で過密な「東京問題」の改善のために特別区が市民社会組織のリソースを求めて住民との連携を計画の視野に入れ

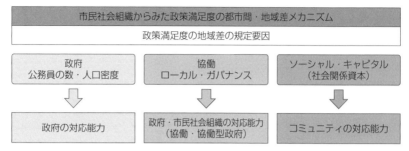

図2-5　本研究の枠組み（俯瞰図）

ていること，また生活都市に向けた都民の市民活動の事例を取り挙げた．それ
らは市民に効果的な地域公共政策を導出するために，市民社会アプローチが求
められていることを示唆している．そのためにはガバナンスの理論を援用した
研究枠組みの設計が必要である．

　したがって，筆者は「東京問題」は(1)政府の対応能力，(2)市民社会組織の対
応能力，(3)コミュニティの対応能力が相互に関連しあうことで改善される可能
性があると考え，図2-5に図示する骨子を基に，ガバナンス論とソーシャ
ル・キャピタル論を統合させた研究枠組みを構築した．

5.2　ローカル・ガバナンス研究の知見を援用する──市民社会組織の対応能力

　まず，地方政府と市民社会組織の相互作用から特別区の地域社会運営を理解
するために，ローカル・ガバナンス研究の知見を援用する．

　ガバナンス研究では，ガバナンスが要請される背景として，政府の失敗を例
に挙げ，政府を補完する存在として市民社会組織の対応能力を求めている．

　ガバナンス論者にとっては中央政府による一元的管理に対して限界的な発想
を持っている．そして理想の統治形態としては多元的アクターによるガバナン
スが望ましい統治プロセスと捉えている．

　今日ではガバナンスという用語は社会アクターが政府の「重要なステイクホ
ルダーとして，政府と共通の目的つまり公益目的」に向けて，「政策の決定段
階，実施の段階，評価段階に関与」することを意味している（新川 2011b：16）．
協働は地方政府と市民社会組織の間で行われるガバナンスの一形態であり，そ
れを新川（2011b：42）は「住民や住民団体，あるいは NPO・NGO や民間営利
部門などと行政とがネットワーク化されていること，専門分野ごとにある種の

政策コミュニティが形成されること，そこでは比較的フラットにコミュニケーションが成立し，連携協力関係が構築されている」状況として理解している．本研究でも，地方政府を補完する市民社会組織の役割を協働のコミュニティ政策の中に見出し，それによって，ガバナンスを効果的に作用しうる条件を考察する．

5.3 ソーシャル・キャピタル論からのアプローチ
——コミュニティの対応能力を測る

次に，今日の行政学や地方自治の文脈では，協働を促進させる制度設計として自治基本条例等が重要視される．なぜならば，自治基本条例やまちづくり条例は市民と政府の関係を明示したガバナンス・ルールを定めているからである．しかし，本来，市民社会組織と行政が行う協働は自治基本条例などが整備されたとしても法的強制力があるわけではない．

協働は「複数の組織ないしは行為者が，対等な資格で，政策的課題の解決のために，領域横断的に行う，自発的かつ透明で開かれた協力関係ないし共同作業」とも定義される（稲生 2010：48）．そのために，協働という概念には「自発的」な「協力関係ないし共同作業」という意味が含意されている．つまり，ガバナンスは非制度的な要因を基にして，人々を協働へと動機付けるしくみが必要である．

その文脈において，コミュニティにおけるソーシャル・キャピタル偏在の問題（辻・佐藤編 2014）はガバナンスにとって重要な論点となる．

ガバナンスでは住民や組織の構成員の間の社会的相互作用が行われる人の集まり方にも着目する必要がある．それは地域社会のネットワークに信頼や規範が醸成されているかどうかという問題が地域社会の目標達成には重要な意味を持つと考えるからである．

以上により，筆者はソーシャル・キャピタル論をガバナンス論の枠組みに援用し，次章では市民に効果的な地域社会運営を導出するしくみを理論的に考察する．

注
1）　本節で展開している論考は戸川（2021）を加筆修正したものである．
2）　平成22年6月4日第8回「新しい公共」円卓会議資料．URL：http://www5.cao.go.

jp/npc/pdf/declaration-nihongo.pdf（2018年8月16日アクセス）.

3） 本節で展開している論考は戸川（2020）を加筆修正したものである.

4） なお，この傾向は本文に示した3都市に加えて墨田区（2006年値，2.6％），台東区（3.4％）の比率を計算しても同様に下町地域に居住する外国人割合が高いという傾向は一貫している.

5） 安達（2007：56）は足立区の「多文化共生推進計画」（2006年3月）を上げ，施策として事業化するにあたり，実施主体には「日本語ボランティア教室が，一二あること」，「通訳等の語学ボランティアの登録数（二〇〇六年一月）では，二二四人」を要することを事例として取り上げている.

6） 都心地域（千代田区・中央区・港区），山の手地域（杉並区・練馬区・世田谷区），下町地域（葛飾区・足立区・江戸川区）を例に考えると，推計値（2015年3月時点）は下町地域に住む住民の生活保護率が30％〜35％，山の手地域は0％〜20％，都心部は0％〜20％未満のカテゴリである．都市部に住む住民よりも下町地域に住む住民の困窮の程度が深刻である．高等教育卒業比率は下町地域が0％〜20％未満，山の手地域および都心部は30％〜35％以上のカテゴリを示す（池ほか編 2017：139）.

7） 葛飾区新小岩第四自治会は区ではなく自治会が小学生を学校まで見守る活動や町内清掃活動を自律的に取り組んでいる（小山編 2020：17）.

8） 1,198人という全国最多を記録した．日本経済新聞（2016）「待機児童数，世田谷区が全国最多　厚労省が自治体別も公表」を参照．URL：https://www.nikkei.com/article/DGXMZO06794350S6A900C1I00000/（2020年6月3日アクセス）.

9） 池田（2015：58）が算出した幼児人口の増加に関した「特化係数」（「総人口(a)」と「幼児人口(b)」の2010年値および2000年値を使用して算出した増加率を基に，(b)の増加率／(a)の増加率を計算）によれば，それ以前から1位：港区（2.5），2位：品川区（2.3）に次ぐ，3位の2.2倍であった.

10） 住民基本台帳（2018）に基づくと，6,821人と，2位：大田区（6,024）や3位：品川区（5,958）を抜いて転入超過数が際立っており，ファミリー層を中心としている．日本経済新聞（2019）「都内への人口集中進む，18年は9％増　人口移動報告」を参照している．URL：https://www.nikkei.com/article/DGXMZO40733350R30C19A1L83000/（2020年6月3日アクセス）.

11） 世田谷区の「保育待機児童数」および「保育定員数」の推移と，その乖離，および「子供・子育て支援事業計画」の見直しによる保育定員数の増加見込み状況は『SUUMOジャーナル』が出した「待機児童数ワーストの世田谷区が本気になった！その対応策とは？」，2016年12月20日，URL：https://suumo.jp/journal/2016/12/20/122883/（2020年6月3日アクセス）を参照．さらに，世田谷区の「子ども・子育て支援新制度」については，『世田谷区HP』URL：https://www.city.setagaya.lg.jp/mokuji/kodomo/002/001/d00127621.html（2020年6月3日アクセス）を参照.

12） 世田谷区の「待機児童ゼロ」に関する情報は日本経済新聞（2020），「東京都世田谷

区，待機児童ゼロに　全国ワースト返上」URL：https://www.nikkei.com/article/DGXMZO 59624510X20C20A5000000/（2020年6月3日アクセス）を参照.

13)　出所は「東京23区の3分の1が台風高潮で浸水　都が想定発表」，『産経新聞』，2018 年3月30日23時02分.　URL：https://www.sankei.com/affairs/news/180330/afr180330 0028-n1.html（2019年7月14日アクセス）.

14)　消防行政では基本的に，二重行政を認めていない.　東京消防庁の方式は23区を一つ の東京特別区（23区）全域として捉える.　その広域を管轄区域とした消防本部として 東京消防庁を設置するに留まる.　区の消防行政は消防ヘリコプターの維持・管理・運 営事務と消防学校の管理である（永田 2012：76）.

15)　青山（2012：97）によれば，「機能面において世界の代表的な都市」として認識され るかどうかは，都市自らが世界都市を標榜したとしても，他の都市によって，中心性， 代表性が認められなければならないとしている.　それは政策問題が社会の構成員に よって，「問題」であると認識されなければ，それが政策を考える上でのアジェンダと して設定されないように，世界都市を標榜する都市が国際社会に影響をもたらすアク ターとして，その影響や機能が認識されなければならない（秋山 2017：36）.

16)　実際に，筆者が2022年6月に実施したNPO団体への聞き取り調査によれば，「豊島 区は賃料も高くないので，NPOとしては本部も起きやすい.」という証言を得たこと がある.　賃料が相対的に低い場所を求めて，全国レベルで活動する団体も活動場所を 変えている.　国際金融都市を目指す一方で，東京一極集中の問題は団体世界の市民社 会にまでおよんでいる.

17)　住友商事グローバルリサーチ（2018）が日本経済新聞，日本不動産研究所のデータ に依拠して作成した「図表21　日経平均株価と住宅地価」によれば，2000年数値を100 としたときの日経平均株価と住宅地価は1990年初頭をピークに下降を続けている. URL：https://www.scgr.co.jp/report/survey/2018100234590/（2022年7月30日アクセ ス）.

18)　鈴木（2003：13-14）が作成する「図3　東京都のマンション供給戸数と1戸当たり 平均価格」および「図4　事務所着工床面積とストック量」はそれぞれ，東京都が作 成した「東京の土地」を出典としている.

19)　『東京都統計年鑑』（平成12年版および平成26年版）を利用して分析した上野（2017： 1）の算出された値に依拠している.

20)　この分析結果は，丸山が所属する「大都市都心研究会」が主要大都市圏の都心区の マンション住民を対象に実施した質問紙調査（以下，「都心マンション調査」）の結果 に基づく（丸山 2017）.　調査は，札幌市中央区，東京都中央区，名古屋市中央区，京 都市中京区，大阪市中央区，福岡市中央区の各区内の中大規模のマンション在住20～ 79歳男女約1千人をそれぞれの対象都市で抽出し，自記式・郵送法で実施している. 配票数はN＝6,537件，有効回答数はn＝2394（有効回収率＝約36.6%）である.

第**3**章
より良い暮らしを実現させる
都市政策の QOL 改善のしくみとは
——ソーシャル・キャピタル論とガバナンス論の接合と仮説の提示——

1．はじめに

　本章はガバナンスが市民にとって望ましい地域社会運営をどのように実現させるかを検討するべく，ローカル・ガバナンス論とソーシャル・キャピタルに関する理論研究を整理する．そして，本章以降の分析に使用する「市民に効果的な地域社会運営」をもたらす仮説を導出する．

　先行研究を整理すると，ガバナンスとソーシャル・キャピタル，そして市民に効果的な政策運営に関するメカニズムは，**図 3-1** のように考えることができる．

　図の左側は，ガバナンスの制度的（非制度的）要因を示している．本研究では，制度的要因よりもむしろ非制度的要因に重点を置いている．基本的に，自治基本条例などの制度は協働の環境を整備する上では重要な役割を果たす．[1]　そのため，図中の矢印が破線部であったとしても，それが協働の活動に影響を与えていないとは限らない．制度は十分に政府と団体活動のパタンを規定している（Skocpol 2003）．

　しかしながら，条例は整備したとしても市民社会組織を従わせる強制力はないので，ガバナンスを機能させるには，非制度的要因を考える必要がある．すなわち，ガバナンスには地方政府がどのように市民社会組織から協力を得られるのかという問題が発生する．そこで，筆者は，ソーシャル・キャピタルをガバナンスに不可欠な非制度的要因として位置付け，「ソーシャル・キャピタル→ガバナンス（＋）→市民に効果的な地域社会運営（＋）」の経路を仮説として立て，関係図を**図 3-1** に描いてみた．

　それに基づいて，本章は，まず市民に効果的な政策運営をもたらすローカ

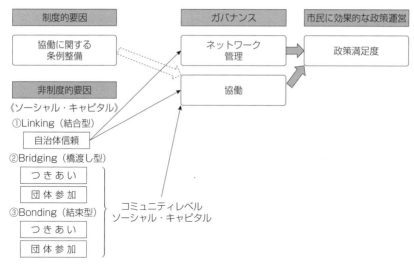

図3-1　ソーシャル・キャピタル，ガバナンス，市民に効果的な政策運営の関係
出所）　Tsujinaka and Abe（2016）を参照し，筆者作成．

ル・ガバナンス論の先行研究を整理し，ガバナンスというしくみを有効に機能させるには市民社会組織との「協働」に加えて新たに地方政府の「ネットワーク管理」としての役割が必要であることを論じる．そして，ガバナンスの非制度的要因としてソーシャル・キャピタルがなぜ機能するのかについて論じた後，市民に効果的な地域社会運営に関する6つの仮説を導出する．

2．ローカル・ガバナンス論の視点から

2.1　ローカル・ガバナンス論の展開

　ガバナンス論は統治の主体として政府を中心に置かず，政府と市民社会組織の関係から統治空間を捉え直していることに意義がある[2]．そのため，地方政府を取り巻くローカルな文脈において，公共利益をどのように実現させるのかという問題を考える主体として市民社会組織を位置付け，公共の担い手を拡げた理論的枠組みが「ローカル・ガバナンス論」である．ローカル・ガバナンス論では，市民社会組織は公益を目指し，地方政府のステイクホルダーとして活動するとされている．加えて，政策形成過程から政策執行，政策評価の政策過程全般にまでにおよぶ政府と市民社会組織の相互依存関係に着目している[3]．

　その背景には，政治学や行政学，そして公共政策の文脈において，ガバナンス論が中央政府による一元的管理に対して限界的発想を持っていることが関係している[4]．

　例えば，Rhodes（1997）は，イギリスでは財政難等の社会経済状況の変化を受けて，福祉国家路線が厳しくなると政府のみによる公共運営には限界があるとして，政府の機能を「空洞化（hollowing out）」していると表現した．

　また，Osborne and Gaebler（1992＝1995）は *Reinventing Government*（邦訳：『行政革命』）を出版し，1990年代のアメリカ社会では政府が公共運営の漕ぎ手となって，政策の形成から政策実施過程にまで役割を果たす時代は終わったと述べている．西岡（2006）はそれを「新自由主義的ガバナンス」と捉えており，公平性の観点から効率性の過剰評価を批判している．

　しかしながら，ガバナンス論ではむしろ非営利組織等の社会アクターが民間委託やアウトソーシングを通して政策運営に参画する必要性が認識された点を鑑みて，NPM（新公共管理）を評価している[5]．

　以上から，政府の統治能力の限界を指摘し，地方政府と市民社会組織の相互依存関係に着目するガバナンスのしくみには，岩崎（2011：11）が定義するように「ガバメントの統治能力の低下にともない，他のさまざまなアクターがそれを補完もしくは代替するために必要に応じてネットワーク化して政策決定へ関与することによりもたらされた新しい現象」という意味を含んでいる．

　したがって，Bevir（2012＝2013：10）が定義するようにガバナンスというしくみは「ネットワークの内部で複数のステイクホルダーが互いに協力し合うという，複合的で複数の管轄権を有する新しい統治プロセス」であると考えられる．そして，政府と社会アクターの相互関係の統治プロセスを指し，その構造は政府と市民社会組織の協働関係に基づいている[6]．これは「ネットワーク」という構造によって表すことができよう[7]．

　なお，協働は稲生（2010：48）によれば，「複数の組織ないしは行為者が，対等な資格で，政策的課題の解決のために，領域横断的に行う，自発的かつ透明で開かれた協力関係ないし共同作業」と定義される．

　市民社会組織は協働を通じて政府を下支えするので，協働はガバナンスの重要な要素である．現実には地方政府と市民社会組織の協働関係は政策過程の様々な局面で形成されている．そのネットワークの構造は複雑である[8]．

　そして，ガバナンスにおいてアクターとネットワークは次の役割を果たす．

政府は利害関係者の利益を代表し，利益を実現させるために行動する（稲生 2010：20）．

　ネットワークは，市民社会組織が自らの利益を政府に働きかける上で重要な関係構造である．市民社会組織は地方政府を補完する役割を担う．ガバナンスの統治プロセスには，アクターが政治的目標ないし方向を定め，決定を下すために形成されるネットワークを運営するための舵を取るという意味合いが含まれている[9]．

2.2　社会中心アプローチの限界

　さて，地方政府と市民社会組織が相互に依存している状態では，政府と市民社会組織はどのように役割を担うことが望ましいのだろうか．

　その点に関して，ガバナンス論では二つのメカニズムが考えられる．一つは政府の権限が社会に移譲される程度が高まる時，社会アクターが自己組織的ネットワークを形成してガバナンスの舵を取ることを主張する「社会中心アプローチ（socio-centric approach）」[10]である．

　二つ目は「政府中心アプローチ（state-centric approach）」である．それはガバナンスが進展し両者の相互依存関係が深まりながらも，現実には社会アクターだけではネットワークを維持させるには不十分であるから，政府の役割が再認識されるべきと主張している．

　表3-1はRhodes（1997）およびPierre and Peters（2000）を基にして，二つに類型されるアプローチに関する「論者」，「問題設定」，「政府（機能）」，「社会アクター（機能）」などの論点の違いをまとめたものである．

　社会中心アプローチは，政府の統制に依存しない自己組織的ネットワークによるガバナンスに焦点を当て，空洞化した政府に対する批判を行っている（西岡 2006：10）．それによれば，地方政府が担う利益調整の役割を補完するために，市民社会組織がネットワークを形成する．そして，市民社会組織が地方政府を補完することで，ガバナンスでは地方政府の役割が最小限に留まることが強調されている．

　一方で，この社会中心アプローチが強調している自己組織的ネットワークに対して批判的に検討しているのが，Pierre and Peters（2000：12）である．彼らは自らのアプローチを「政府中心アプローチ（State-centric approach）」と呼んでいる．

表3-1　社会中心アプローチ vs 政府中心アプローチ

	社会中心 (socio-centric)	政府中心 (state-centric)
主な論者	Rhodes (1997)	Pierre and Peters (2000)
問題設定	自己組織的 ネットワークの役割	政府の役割
政府 (機能)	政府の空洞化 なし	舵取り 目標設定・調整
社会アクター (機能)	舵取り 調整	ステイクホルダー 補完

出所) Rhodes (1997), Pierre and Peters (2000) を基に筆者作成.

　両者の違いは政府の考え方にある．政府中心アプローチではガバナンスにおける政府の役割を再確認しているので，ガバナンスを考える上では有益である．Pierre and Peters (2000：1) によれば，ガバナンスとは「経済や社会の舵をとること，そして集合的目標を達成させる方法」を指す．彼らは，ガバナンスの中で，「政府がこれらの目標を決定する唯一の方法であるかどうか，あるいはそれがその任務を遂行する有効な方法のままであるかどうか」という政府の役割に関する問題を扱う (Pierre and Peters 2000：1).

　彼らはガバナンスを定義する上で，自己組織的ネットワーク内に生じるコンフリクトをどのように調整するべきかという問題に着目している．彼らによれば，コンフリクトは集合的利益を達成できるように，利害を調整するプロセスの中で発生する．それを解決する主体として，政府の役割を強調している．

　したがって，社会・経済問題の解決の舵を取る役割と集合的目標を達成することをガバナンスの定義に含めている．上記の問題が生じるならば，政府の問題設定と方向付けが重要であるとされている (Pierre and Peters 2000：198).

１）ローカル・ガバナンスには社会中心と政府中心のどちらが必要か

　では，ガバナンスが有効に機能しえるためには，どちらのメカニズムが有用なのであろうか．ローカル・ガバナンス論の研究は特定の事例研究が多い．本項においては，それぞれの問題から得た知見を基にして，妥当性の得られる理論を考えてみたい．

　ここでは三つの事例を取り挙げる．一つは，地域防災ボランティアを事例と

した前田（2017），二つ目には，鳴門市の地域包括ケアに関する事務事業を報告している畠山（2017），三つ目にはNPOと自治会の協働を考察している栗本（2016）の知見を取り挙げる．どれも，協働関係に関する様々な問題点を指摘しており，ガバナンスのメカニズムを考える上で重要な知見を提供している．その結論を先取りすると，上記三つの事例研究からは地域社会運営における社会アクターと協働する意義が幾つか確認される一方で，社会アクターだけではガバナンスには限界があるということが理解できる．

　例えば，前田（2017）は名古屋市の地域防災ボランティアを事例として扱う．地域防災ボランティアと政府の関係は社会中心アプローチが示すように，比較的対等の関係にある．ボランティアに関わる職員の意識によれば，ボランティア団体に対して「いざというときには我々もお願いしないといけない」と答えており，社会アクターの対応も必要としている．また，「平常時は我々の方からも色々お手伝いをさせてもらう」と答えており，相互の水平的関係が構築されている．このような名古屋市の制度設計に関わる災害ボランティアの事例のようにボランティア・ワーカーが主体となっている場合には，社会中心アプローチにはガバナンスを考える上で妥当性がある[11]（前田 2017：120）．

　しかしながら，「いったん構築された結びつきは必ずしも安定的なものではない」（前田 2017：131）と指摘し，社会アクターがガバナンスにおいて主体性を発揮するためには安定的な財源が必要である．

　すなわち，社会中心アプローチには活動資源の持続性と，ガバナンスの持続可能性に関する問題があるので，政府の介入および地域社会運営に対する連携機能が不可欠であるといえる．

　さらに二つ目の畠山（2017）の事例は，鳴門市の地域包括ケアシステムを取り挙げている．その事例からは政府の対応が無い場合，委託された公共サービスに地域差が生じてしまうことが報告されている．介護保険事業を委託された事業組合は，任された生活圏域の中で業務に従事しているため，時として類似した生活圏域内の事業所同士には競合，摩擦が生じるという．そして，地域特性が異なる場合，圏域ごとに活動している事業所にとっては，市全体のサービスに偏りのないように意識の統一を図ることが難しい．それを受けて，畠山（2017）は分権的ガバナンスをある程度抑えても上位政府に管理の権限を委譲し，重層的なガバナンス運営を行うことはローカル・ガバナンスには必要であると述べている．この事例からは，社会アクター間の政策目的が一致したとしても

コンフリクトの問題があること，関係各所との連絡・情報共有のネットワークを機能させるためには，政府がコーディネーターとして働きかけることが必要であると考えられる．

　三つ目の栗本（2016）は上越市浦川原区の自治会と NPO の協働を取り挙げている．それによれば，バック・グラウンドの異なる組織間の協働が成功するためには行政の対応が必要であるとしている．

　栗本（2016）は基本的には地域自治組織は比較的団体間の競争が存在しないので，組織間の競争の代わりに政策課題に対する認識の共有が行われるという．そして，パフォーマンスの向上を図るためには課題解決に対する協力関係が優先されると述べている（栗本 2016：149）．

　しかしながら，古くから地域の問題を率先して処理してきた自治会と新しく地域社会運営に参画する NPO では，政策課題に対する認識を共有していたとしても見解に相違があるという．その場合には協議会における利害の調整が難しいので，地域に関する諸問題を解決するためには行政の関与が少なからず求められるとしている[12]（栗本 2016：164）．

　以上，三つの事例研究から示唆された社会アクターの必要性は，社会中心アプローチが主張する知見と整合している点がある．ガバナンスでは地方政府が市民社会組織にリソースを求めているので，行政職員と市民社会組織の関係が比較的水平的な関係であることや，財政制約下に置かれている地方政府が政策実施過程において社会アクターと協働することが必要である．それは市民に効果的な地域社会運営には不可欠である．

2）自己組織的ネットワークだけでは対応することが難しいコンフリクトの問題

　しかしながら以上の事例は，社会アクターによる自己組織的ネットワークだけでは，地域課題の解決に伴うコンフリクトおよび乏しい資源状況を克服できないことを示唆している．バック・グラウンドの異なるアクター同士が利益を調整する際にはコンフリクトの問題を生じさせる．集合財（共通目的）を達成させるためには調整が欠かせないということであれば，社会中心アプローチには限界がある．

　以上より，ガバナンスでは政府の空洞化を前提としてもなお，地方政治の文脈では，政府が政治的目的を設定し，ネットワークに対する政府の働きかけが求められる．その意味において，ガバナンスを考える場合には両者のアプロー

チを補完的に捉える必要がある．市民社会組織と地方政府の相互行為によって，舵取りの機能は補強されると考えられる．これまでの事例研究と照らし合わせてみると，ガバナンスでは，市民社会組織の協働と地方政府の関与が求められる．

2.3　ネットワークを管理者するという政府の発想

では，権威主義的な行政主体に代わって，どのような地方政府がガバナンスにとって望ましいのであろうか．先行研究を整理すると，市民に効果的な地域社会運営のためには，次のような政府の位置付けと役割が必要である．

1）協働型政府としての制度設計による施策・事業の展開

まず，地方政府は市民社会組織と連携して地域社会運営を行う協働型政府として位置付けられる．前田（2007）は政府が，公共サービスの供給主体として中心に位置付けられるのではなく，条例の制定など協働の環境を整備する主体への変化を捉えている．

それによれば，協働づくりに向けて自治体は ① 市民活動推進を目的とした条例を整備し，市民活動団体を公共サービスの実施主体として規定するようになっている（条例整備）．

次に，② 行政改革を経て策定された「行政改革大綱」によって「協働を前提とした組織の再構築」が行われるようになっていること（協働型組織志向），③ 市民活動を活性化させるために相互の交流を促進することを目的として，市民活動支援組織を設立したこと（市民活動センター等の環境整備），④ 市民活動支援に関する助成金および協働事業を行うようになってきたことを挙げている．（前田 2007：142-146）．

また，行政職員の意識改革も進められ，⑤ ボランティア休暇制度（職員のボランティア活動の推進），⑥ 職員研修におけるボランティアや NPO 活動に関する研修プログラムが導入されたことを取り挙げている（前田 2007：148-150）．

つまり，地方政府はガバナンスに向けて「所管や領域を超えて」行政組織を再編させており，政府はローカル・ガバナンス研究の中で協働型政府として位置付けられよう．

2）メタ・ガバナンスという視点——ネットワークの脆弱性が生じるコンフリクトの対応

　では，ガバナンスにおける政府の役割をどのように考えるべきであろうか．それにはガバナンスの中で生じるアクター間のコンフリクトの問題から考える必要がある．前節で取り上げた問題とは，要約すれば，ガバナンスはどのように維持されるのかという問題とガバナンスを構成するアクターの間では共通の目的を共有しながらも多様な組織の利益が競合する可能性があるために，時として対立化して利益衝突が起こってしまうという問題であった．これは，ガバナンスが行われる「ネットワークの脆弱性」に起因する問題である．

　ネットワークの脆弱性とは，稲生（2010：80-81）が公共空間の特徴として挙げる「コミュニケーション構造と意思決定過程が複雑であること」が関係している[13]．ガバナンスはバック・グラウンドの異なる組織間の協力関係に依拠しているので，組織間のコミュニケーションが複雑である．そして，様々な局面で多様な市民社会組織と地方政府の間でネットワークが形成されている場合には，最終的な意思決定へのコンセンサスを得ることが難しい．

　このような状況の中で，政府は役割を発揮する．Torfing（2012：102）は政府の役割は複雑で不安定なガバナンスに介入し，交渉することであるとし，その理論を「メタ・ガバナンス」によって説明している．メタ・ガバナンスは「ガバナンスのガバナンス」と定義され（Torfing 2016：525），従来の伝統的ガバナンスの政府形態とは異なる[14]，新しいガバナンスにおける政府の役割を意味している[15]（Torfing 2016：525, 530）．

　地方政府はガバナンスにおいては「政策的課題を解決するために，住民なども含めたステイクホルダーの有する有形無形の資源を調達して，複数の政策的代替案を検討し対応を行う」（稲生 2010：33）存在であると考えられる．すなわち，メタ・ガバナンスとしては政府がガバナンスの脆弱性を補完する役割を担うと考えられる．

3）ネットワーク論の視点——「ネットワーク管理」によるガバナンスの舵取り

　さらに，ネットワーク論では，ネットワークの管理が行き届いていない場合，ガバナンスが空中分解してしまう恐れがあることを既に指摘している（真山 2005：79, 82）．ガバナンスのプロセスでは政策を形成する上で責任と統制の確保が求められるので（真山 2005：80-81），どのようにしてアクター間の目的の不一致や情報の非対称性の問題をマネジメントするのかを考える必要がある．

　そこで，ネットワーク論ではネットワーク・マネジメント研究という分析アプローチを確立し，政府を「ネットワーク管理」を担う主体として位置付けている．

　オランダのガバナンス・クラブの流派である Klin and Koppenjan（2016）によれば，ネットワーク管理とはアクター間の相互作用を促すことを目的とした戦略を指している（Klin and Koppenjan 2016：11）．落合（2008：179）も，ネットワーク管理にはアクターに対して利害の調整を図るために，多数のマネジメント手法があると述べている．その戦略・手法，政府の位置付けについては新谷（2004：172）も引用している Kickert et al.（1997）が参考になる．

　それは①政府とは異なるアクターと正確にコミュニケーションを行い，取得した情報に基づいて学習し，共通した目的を達成するために必要な資源やアクターを動員できる柔軟な政府（flexible government）であること，政府の役割としては②一つ目には政府以外のアクターと相互に建設的な調整を図ることができるように環境整備を行うこと，そして，③二つ目には積極的にガバナンスに参加するアクターの仲介者として働くことを言及している（Kickert et al. 1997：181）．

　以上のことは，協働を行う上で衝突する利害の不一致に対する仲裁を政府に求めている．そして，ガバナンスであっても現実には利益の分轄点で政策を供給することは難しいために，政府の集合行為が依然として必要であることを示唆している．以上のように，ガバナンスの要素には協働に加えて，地方政府の「ネットワーク管理」が必要である．

2.4　システムとして考える──協働，ネットワーク管理の効果

　これまでの議論をまとめると，ガバナンスの要素には「協働」と「ネットワーク管理」が市民の効果的な地域社会運営には重要であることが読み取れる．では，この要素がガバナンスにおいて，どのように機能するとき，市民に効果的な地域社会運営が実現するのであろうか．

1）ガバナンスによる統治プロセスへのシステム論的展開

　一つはガバナンスによって導出される政策がステイクホルダーにとって望ましい価値配分を反映している必要がある．この点に関して，河野編（2006）の論考が参考になる．河野（2006）は，ガバナンスを「機能としてのガバナンス」

と「状態としてのガバナンス」に分類している．ガバナンスを機能から捉えるということは，ガバナンスの利害関係者である市民社会組織にとって，ガバナンス状況が効率的に機能しているのかを意味している．

それはガバナンスのパフォーマンスともいえる．河野編（2006）は効率性を導出するための機能としてのガバナンスを「利害関係者（stakeholder）のための規律付けメカニズム」と定義している（河野編 2006：2）．

なお，ガバナンス論における効率性とは，経済学の効率性（efficiency）とはニュアンスが異なる[16]．ガバナンス論における効率性とは，社会的価値の配分を必要としている．つまり，ガバナンスでは，ある決定が社会にとって望ましい価値配分を達成しているのかを基準とし，利害関係者にとって望ましい価値配分が政策過程によって出力される状態を効率的であることを指している．

そのため，諸問題に対する解決手法には複数あるけれども，ガバナンスによる価値配分が望まれるときには，ガバナンスが解決手段として求められる[17]．

二つ目に，ガバナンスがどのような統治プロセスを経ているのかを考える必要がある．すなわち，システム論的な発想で統治プロセスを考える必要がある．それを考える上で，Pierre and Peters（2000：31）は政府の最も主要な役割として，一連の政治的目標を達成することを挙げる．政治システム論の代表的論者であるアーモンドの政治システムモデルに依拠すれば，国家や地方政府などの公的な決定を行う機関は，社会の外部環境から市民の要求（利益，関心，現状への不満など）を受け取り（入力），入力された様々な要求を集約することによって，社会にとって望ましい政策プログラムに変換して出力する（辻中 2002b：33，36）．

したがって，ガバナンスの統治プロセスにも同様の政治システムを必要としており，それは図3-2のように骨子を描くことができるだろう．ガバナンスの統治プロセス全体を俯瞰してみると，地方政府は外部環境だけでなくネットワーク構造の中からも政策課題を共有する非営利組織や自治会・町内会から要求を受ける．そして，地方政府と市民社会組織の相互作用（対立・協調）を経て出力された政策が，社会にとって望ましい価値配分を達成できているとき，ガバナンスによる成果として市民にとって効果的な地域社会運営が導出される．

2）ガバナンスを駆動させるサブ・システム──「協働」と「ネットワーク管理」

三つ目には，市民に効果的な地域社会運営をガバナンスが導出するためには，

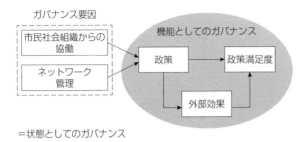

図3-2　河野 (2006) の整理を踏まえたガバナンスと
市民に効果的な地域社会運営の俯瞰図

出所）筆者作成.

「地方政府―市民社会組織関係」の「協働」と地方政府の「ネットワーク管理」というサブ・システムが不可欠である．まず，協働は利害を有する市民社会組織が要望・要求を地方政府に働きける上で重要な手段である．

　市民社会組織は，政府が行う政策形成や政策執行活動に協力し，補助金や助成金等の支援を受けながら，自主的に秩序形成や公共サービスの提供に取り組む．市民社会組織が地方政府のステイクホルダーとして政策運営に関わることで，自らの要望・要求が政策形成過程に入力することができる．協働は社会と政治を結ぶ手段として，政治を望ましい方へ，方向付けるためにも市民社会組織に開かれている必要がある．

　一方で，ガバナンスの構成員同士は共通の目的に向かって行動すると想定されるが，様々なバック・グラウンドを持つ人々によって構成されている．さらに，政府とも異なるバック・グラウンドを持つわけであるから，行為者同士の相互作用においてはどうしてもコミュニケーションが複雑になってしまう．すなわち，もともとガバナンスというしくみにはアクター間をめぐる集合行為の問題が避けられない（Torfing 2012：12）．

　そこで，地方政府には協働型政府として「ネットワーク管理」の役割を果たすことが必要になる．複数の利害関係者によって構成される中では，最終的な政策決定に，どれくらいの多様な組織の利害を反映できるかを考えつつ，実現可能な政策を施策・事業として出力する必要がある．そのためには，多様な利害関係者と交渉する中で，利害を調整する必要がある．地方政府は仲介役としてネットワーク管理の役割を果たすことが欠かせない．

　したがって，本研究ではガバナンスのサブ・システムとして「協働」と

「ネットワーク管理」を分析の枠組みに組み込んでいる．政策過程の各局面で市民社会組織は地方政府と「協働」し，地方政府は入力される利害をできるだけ実現できるよう，「ネットワーク管理」によって，利益の調整を行う．理論的には，それらを組み合わせることによって，市民にとって効果的な地域社会運営をしくみ立てることが考えられよう．

そして，「政策満足度」はそのシステムが機能しているかを測るものさしである．政策満足度は現状に対する不満の表出ないし期待に対する現状の評価を反映している．ガバナンスを経て政策が導出される時，出力される政策は「政策満足度」と関連を持つ．すなわち，行政職員のみのガバメント・システムによって供給される政策よりも，ガバナンスによって入力された要望が政策に効果的に反映されるとき，ガバナンスは政策満足度を押し上げるという外部効果を持つと考えられる．

以上より，次の仮説をローカル・ガバナンス論から導出できるだろう．

「仮説1：地方政府を下支えする市民社会組織の「協働」が活発で，自治体が協働型政府として「ネットワーク管理」を積極的に行うほど，政策満足度が向上し，市民に効果的な地域社会運営が実現される」．

3．ソーシャル・キャピタルの視点から

3.1　自発的協力という非制度的問題

ガバナンスには，ネットワークに関する脆弱性の問題によって地方政府のネットワーク管理が求められる．しかしながら，残されたガバナンスの問題として，「制度化されていない（非制度的）」問題がある．

1）ガバナンスの制度化されない「非制度的」問題

稲生（2010）は長谷川公一が定義した「協働」の研究を整理している．それによると，協働の「非制度的」という部分は「自発的」という用語に明示的に置き換えられている．つまり，協働は「非制度的」性格を有した行為者の間の自発的協力に基づいている．

政策課題の解決に向けた協働を進めるためには，市民社会組織の自発的協力が必要である．それは小山（2018）の世田谷区の協働事例から読み取れる．

　世田谷区は住民活動が活発な都市として有名であり，小山 (2018) は太子堂
地区まちづくり協議会の事例を分析している．それによれば，行政と一緒にま
ちづくりを進めるにあたって，一緒に構想計画を立案して作成するという先駆
的な例が成功した背景には，協力を構築する時間が関係している．

　すなわち，本来であれば住民同士の対立が想定される事項であるから[18]，行政
と住民が対立するプロセスが生じると考えられていた．しかし，既に長期にわ
たって行政と住民の協力関係ができあがっていたので，住民側には行政の話を
聞く姿勢ができていた．そして，「地域のことを自分たちで決めていく」とい
う協力の意思が広く住民にわたっていたからであると述べている（小山 2018：
181）．

　このような知見はコンサルティングの経験を生かした Goss (2011) の *Making
Local Governance Work* の定性的研究からも得られている．ローカル・ガバ
ナンス論の地域社会運営の視点はステイクホルダーとの利害を一致させながら
進める必要があるので，行政が市民に協力を得る必要がある．

　一方で，住民同士の意思がまとまっておらず，協力関係を構築することが難
しいコミュニティでは，行政側から住民に対して課題への対応を投げかけられ
たとしても応諾しかできず，行政の介入は一方的にならざるを得ない（田尾
2001：195）．これは未成熟なコミュニティの脆弱さが自律性の弱さに表れるこ
とを意味している．

　以上のケースを踏まえると，協働に不可欠な市民社会組織の協力は自発性に
依拠し，制度の「環境圧力」によって，強制されるものではない．少なくとも
協働は，「制度的圧力を受けながらも」行為者の自発性に基づく関係行動であ
るから，関心を共有している行為者間が問題を認知して行われる共同作業とい
える（稲生 2010：47）．したがって，ガバナンスは利害を有するステイクホル
ダーの共同作業であるから，行為者間の自発的協力を必要としている．

2）コミュニティのまとまりの良さと帰属意識

　さらに，コミュニティから自発的協力を得るためにはコミュニティの構成員
間のまとまりの良さや帰属意識が求められるので，コミュニティの地域特性の
問題と関係している．Goss (2001：44) によれば，コミュニティの成員全体に
及ぶような集合的決定には，コミュニティの結束度合いや信頼関係が重要であ
るとしている[19]．

　田尾（2001）は，高齢者の介護サービスなどのヒューマン・サービスには事業を行う主体のリソースだけでは不十分で，コミュニティに分散されているリソースを生かしてサービスを提供していかなければならないとし，「必要なサービス資源が広く多重に地域社会に偏在して，互いが相互依存関係にある」（田尾 2001：181）と論じている．

　そして，「市民参加＝パートナーシップ」が効果的に実行されるかどうかという問題は地域差の問題として生じていることを指摘する（田尾 2001：195-196）．

　また，Sundeen（1985）も同様の指摘をしている．すなわち，行政と市民の協働に適う地域社会は限られるとし，連携関係が協働に至る可能性が大きくなる地域社会とは，その土台にはコミュニティが自律的であり行政と信頼関係が醸成されている必要があるとしている．そして，連帯の雰囲気が既に醸し出されている必要がある．

　したがって，協働は地域特性を伴う行為である．そのような文脈において，協調行動に地域差を生じさせる要因として挙げられるのが，ソーシャル・キャピタルという概念である．ソーシャル・キャピタルはガバナンスと親和性があることは大野川流域の環境ガバナンスを事例とする帯谷（2018）の研究からも示されており，ソーシャル・キャピタルの地域差が協働の問題として生じていることが先行研究から示唆されている．

3.2　市民の底力としてのソーシャル・キャピタル

　では，ガバナンスにとってソーシャル・キャピタルはどのような概念であるのか．本節では自発的協力を得られるかどうかという集合行為問題に対してソフトな解決をもたらす概念であることを論じる．

1）集合行為問題へのソフトな解決をもたらす概念

　集団には，集団組織の成員全体で共有された共通の集団目的（共通利益）がある．集団理論の基本には構成員が集団目的の実現を達成させるために参加することを前提としている（森脇 2000：5）．しかしながら，Olson（1965＝1996）はその前提に問題提議をしている．それによれば，集団成員が合理的に行動するならば，必ずしも個人の利益と集団の共通利益が一致するわけではない．そして，経済学理論を用いて，個人合理性から出発した演繹的な考え方では，組織成員関係において集団目的という集合財を供給することが難しいという集合行

為の問題を指摘している[21].

　この問題は，集団形成の問題にかかわらず，集団と個人の関係における利害の衝突に関する普遍的問題としても捉えられる．森脇（2000：19）は現代のアノミー化した大衆民主主義の中では集合行為の問題が発生しやすく，個人のフリーライダー化が社会目標の解決を志向する協力を妨げるという集合行為問題にまで議論が敷衍してきたことを指摘する．その問題のうち，ガバナンスとソーシャル・キャピタルの観点からはゲーム理論的に解釈されて発展された「囚人のジレンマ」[22] 問題を考える必要がある（森脇 2000：37）.

　一般的に，ガバナンスにおいては自治会や NPO 等のバック・グラウンドが異なる組織同士が共通の政策課題を共有して協力することが求められる.

　しかしながら，もし利己的な主体と協働しているならば，自らの要望を達成させることが合理的であるという成員の考えから，地域社会にとって望ましい集合財を到達できない可能性がある.

　このような問題に対する一つの合理的な解決策として，強制力を行使して協力を選択させるという方法が採られる．つまり，ホッブズの古典的解決法に基づいた権力による第三者の強制執行によるハードな解決を要するものである（Putnam 1993＝2001：203）.

　しかし，強制執行による解決に伴うさらなる問題は，そのコストが高いということである．財政難等の問題を受けて，市民社会組織に地方政府が依存する状況では，市民社会組織の行動に対する，さらなる監視コストの増加が効率的な地域社会運営を難しくさせてしまうであろう.

　それに対して，ローカル・ガバナンス論では，自治基本条例やまちづくり条例などの制度整備を図り，各主体の役割を明確にしようとしている．しかし，実際には，その法的拘束力は無く，ボランタリーな自発的協力が不可欠である.

　以上より，ガバナンスには市民社会組織のボランタリーな自発的協力に依拠し，私的利益と集合財の達成の離齟を避け，政府の調整を容易に行うためにもコンフリクトを最小限に抑えるよう働きかける必要がある.

2）社会の効率性を改善する──ミクロなコモンズの管理からマクロな統治運営まで

　その文脈において，ソーシャル・キャピタルは，集合行為問題に対するソフトな解決法を与えてくれる．Ostrom and Ahn（2003：xi-xii）は，これまでの集団理論のモデルが前提としてきた利己的市民に基づく集団理論研究を第一世

代集合行為論と名付け，利他的市民に基づくソーシャル・キャピタルに依拠した集団理論研究を第二世代集合行為論と称している．

後者は信頼と規範によって促進させる集合行為の枠組みとしてソーシャル・キャピタルの有効性を主張する．Ostrom and Ahn（2003：xiv）は，ソーシャル・キャピタルの構成要素を，「信頼性（trustworthiness）」，「ネットワーク」，「制度（institutions）」として捉え，「集合行為の問題を解決する能力を高める個人とその関係の属性（attribute）」（筆者訳）と定義する[23]（Ostrom and Ahn 2003：xiv-xv）．

ソーシャル・キャピタルは集団内の協調行動を促進させる．Putnam（1993＝2001：206-207）は，その機能的側面に着目しているので，ソーシャル・キャピタルを「協調的行動を容易にすることにより社会の効率を改善しうる信頼，規範，ネットワークなどの社会的仕組みの特徴」として定義する．そして，イタリアの南部と北部を比較し，北部の方が橋渡し型のソーシャル・キャピタルに富んでいるから結社的生活に優れており，組織間の協力が集合財の達成に寄与する結果，統治パフォーマンスが高くなると結論付けている．

すなわち，ソーシャル・キャピタルに富んでいる市民とは，Putnam（1993＝2001：105）が主張した市民共同体度である「公的問題に積極的に参加することを特徴とする市民性」と関連している．利他的市民にとっては社会逸脱行動を選択することこそが非合理的であるので，合理的な行動として他人と協調することを望むという[24]．

このしくみはゲーム理論の知見からも得られる．ソーシャル・キャピタルが醸成されている関係の中では個人が囚人のジレンマ状況においても協力を選択するケースがある[25]．

以上をまとめると，ガバナンスの非制度的要因としてソーシャル・キャピタルは集合行為問題に対してソフトな解決をもたらす概念である．

また，ソーシャル・キャピタルは歴史的文脈を経て協力を促進させる．Putnam（1993＝2001：228）はイタリア州政府の民主主義の安定に作用してきたソーシャル・キャピタルの効果を800年以上の歴史を遡り，「制度の有効性を深いところで条件づける」としている．要するに，繰り返しゲームのモデルを念頭に置いた上で，長きにわたり信頼が約束された経緯を比較歴史学的に整理した上で，北部の豊潤なソーシャル・キャピタルの効果を明らかにしている．それはオストロムが灌漑施設を研究し，コモンズの適切な管理のためにはソー

シャル・キャピタルが重要であることを指摘したように，ソーシャル・キャピタルは時間を重ねることで互いの協力を促進させる[26]．

3.3　認知的 vs 構造的ソーシャル・キャピタルの効果

そこで，本項ではガバナンスとソーシャル・キャピタルの先行研究を整理し，ソーシャル・キャピタルの帰属先と性質を分けた上で，ソーシャル・キャピタルがガバナンスに及ぼす効果を考察する[27]．なお，ソーシャル・キャピタルは私的財，クラブ財，公共財に分類されるが，前述した協働とソーシャル・キャピタルの関連性に関する議論は主に，コミュニティを帰属先としたクラブ財，公共財としてのソーシャル・キャピタルの外部性に関係している．

後述する複数の研究からは，ソーシャル・キャピタルが市民社会組織と行政の協働にポジティブな効果があることは一貫して見出されており，一般的には，「コミュニティのソーシャル・キャピタルに富んでいるほど組織間の協働が容易になる」という見解は研究者の間で共有されている．

しかし，ソーシャル・キャピタルを性質に分けてみた場合，ガバナンスに対してポジティブな効果を与えていたとしても，そのプロセスは同一ではない．そのため，効果を測るために仮説を導出する作業としては，ソーシャル・キャピタルの性質とガバナンスの要素を分けて考えていく必要がある．

したがって，ガバナンスにポジティブな効果を与えるソーシャル・キャピタルのメカニズムについて，それぞれの性質と要素に分けて市民に効果的な地域社会運営を導出する仮説を提示することにしたい．

1）性質──「結束型」・「橋渡し型」・「連結型」

ソーシャル・キャピタルは邦訳では社会関係資本と訳される．それは人々の個人的なパーソナルな社会ネットワークから，そのネットワーク構造に埋め込まれている信頼・規範という概念が含まれている．

なお，ガバナンスとソーシャル・キャピタルの先行研究を整理すると狭義の定義ではコミュニティのソーシャル・キャピタルの効果を測りきれず，「信頼」，「規範」，「ネットワーク（つきあい・団体活動）」を包括的に捉えた広義の意味合いが強い．

ソーシャル・キャピタル論は実証的研究を通じて得られた科学的根拠に依拠しながら発展しているので，議論を始めるにあたっては，あらかじめ「どのよ

表3-2　ソーシャル・キャピタルに関する三つの性質の違い

性質	Bonding 結束型（排他型） （例：少数民族集団）	Bridging 橋渡し型（包含型） （例：非営利組織）	Linking 連結型（垂直型） （例：自治体―組織関係）
形態	フォーマル （例：PTA，労働組合， 自治会）	インフォーマル （例：バスケットボールの 試合）	混合 （例：受託関係，協働の関係）
程度	強い紐帯 （例：家族の絆，地縁意識）	弱い紐帯 （例：知らない人に対する 相槌）	混合
志向	内部指向 （例：商工会議所， コミュニティ）	外部志向 （例：赤十字，ボランティア）	関係志向 （例：組織間のインター フェース）

出所）　1：Putnam（2000＝2006：19―21），内閣府（2003：18）から引用し，一部筆者追加.
　　　　2：連結型（垂直型）は Szreter and Woolcock（2004）を参照.

うな性質の社会関係が存在し，それぞれの種類はどういう目的において重要なのか」ということをきちんと細分化させなければならない（埴淵 2018：20-21）.

　ソーシャル・キャピタルの性質は表3-2のように分類され，ガバナンスとソーシャル・キャピタルの関係を論じる場合，ネットワークの構造を基準として三つの性質のソーシャル・キャピタルが存在する.

　表3-2の「Bonding 型（結束型）」，「Bridging 型（橋渡し型）」という分類はPutnam（2000＝2006）の整理によるものである. 結束型ソーシャル・キャピタルは特定のグループ内のネットワークの中で形成され，そのネットワーク構造は「閉じたネットワーク」の特徴をしている. つまり，グループの構成要素間の関係性が強く（強い紐帯），互いに似通った人々で構成されているために，グループ内部の情報の伝播ないし助け合いの関係が成り立ち，凝集性（まとまりの良さ）が高い. これは，内部の人間の間で作業をする等，結束感を重要視する論者はボンディングなソーシャル・キャピタルの効果を強調する.[28]

　それに対して，異質な人々とのつながりを可能にし，グループ間のネットワークを橋渡しする役割を担い，新しい情報の伝播やイノベーションを起こす効果を有する性質が橋渡し型（bridging）ソーシャル・キャピタルである.

　前者は特に少数民族集団やフォーマルな集団（PTA，労働組合，自治会）の中で形成されやすく，後者の概念は例えば，インフォーマルなバスケットボールクラブや都市の生活圏の中で形成されるパーソナル・ネットワークやボラン

ティア活動等の多様な人々が集まって行動を起こす団体活動が挙げられる.

　そして,橋渡し型ソーシャル・キャピタルの特異的な性質を持った概念が,連結型(垂直型,以下連結型と表記)のソーシャル・キャピタルである (Szreter and Woolcock 2004：12). これは Szreter and Woolcock (2004) によって提示された概念であり,前述した二つの性質とは異なる特徴を持っている.

　結束型と橋渡し型の性質は比較的水平的な間柄のネットワークを想定している. それに対して,連結型の性質は政府と市民社会組織のように垂直的な関係性の中で形成されるソーシャル・キャピタルを指している.

　Szreter and Woolcock (2004) は政府と市民社会組織が公共サービスを連携して供給するという. ガバナンスにおける政府と市民社会組織の相互作用の中で形成されるソーシャル・キャピタルを連結型の性質として位置づけている[29].

　先行研究によれば,ガバナンスと三つの性質に分けられるソーシャル・キャピタルには次の図3-3のような関係が考えられる. 図3-3は Gurung and Shean (2017) によって描かれたソーシャル・キャピタルとガバナンスの間に存在するポジティブな効果を示した関係図となっている. ガバナンスとソーシャル・キャピタルの関係において,コミュニティの結束型ソーシャル・キャピタルとは地域的に共有された人間関係を指し,市民の間であれば「住民同士のつきあい」,地縁的活動としては「自治会・町内会活動」,そして市民同士や近隣住民組織の活動内で形成される「特定化信頼」を指している.

　そして,橋渡し型ソーシャル・キャピタルとは,異質なグループの間の水平的関係を意味し,地縁的ネットワークを超えた異質な人々との関係から形成されるので (Gurung and Shean 2017：4),コミュニティの中では多様な人々との接触を可能とする「スポーツ・祭り等の趣味・娯楽活動」や非営利組織の活動のうち多様な人々の接触を可能とする「一般人へのフォーラム・イベント活動」や新しくコミュニティに越してきた人々との親しみやすさを表す「社会全般に対する信頼(一般的信頼)」の存在が重要である.

　さらに,連結型ソーシャル・キャピタルは政府と市民社会組織の関係性から形成される「自治体に対する信頼性(以下,自治体に対する信頼と表記)」を指している. それは階層的なネットワークの中で形成される. コミュニティのソーシャル・キャピタルを念頭に置いてガバナンスとの関係を考えるならば,上述の要素がガバナンスにポジティブな効果を与えると考えられる. それは後述する「認知的ソーシャル・キャピタルの信頼性が持つ外部性」と「構造的ソー

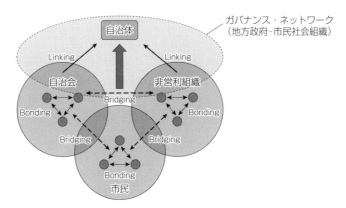

図3-3　ローカル・ガバナンスにおけるソーシャル・キャピタルの役割に関する概念

出所）Gurung and Shean（2017：5）の概念図を引用し，筆者加筆．筆者は自治会，非営利組織，市民の関係性を追加して反映させている．

シャル・キャピタルのネットワーク（つきあい・団体活動）の外部性」の影響に分けて効果を考えられる．

2）認知的ソーシャル・キャピタルの効果──信頼性のメカニズム

Abreu and Camarinha-Matos（2010）は連結型ソーシャル・キャピタルがガバナンスの構成員間の協働を促進させるとして，社会アクターの自治体に対する信頼の効果に言及している．

ガバナンスについては既に述べたようにバック・グラウンドの異なる組織間が共通目的の達成を目指してネットワークを形成して協働を行う．そのため，アクター間の相互作用によって醸成される政府に対する信頼は協調行動を容易にするという考えから，協働を促進させるという効果があるとされている（Abreu and Camarinha-Matos 2010：109）．

さらに，Shih（2010）は，信頼は政府のアカウンタビリティと透明性に効果があることを指摘し，台湾の腐敗防止ネットワークに対するアクター間の信頼性の効果を問題としている[30]．

それによれば，市民社会組織と地方政府の間の相互行為が自治体に対する信頼を醸成する．そして，政府は信頼を基礎としてアカウンタビリティと透明性を確保しようと働くことで，ガバナンスが促進されると述べている（Shin 2010：95，98）．

　一方で，信頼は動学的であるとされている．Edelenbos and Klijn（2007）は，オランダの PPP（パブリック・プライベート・パートナーシップ）プロジェクトの参加者に対してインタビューを行っており，プロジェクトの計画段階では自治体に対する信頼は増加傾向ではあったが，本格的な政策執行過程に入ると，発生した実際のリスクに関する問題がコンフリクトを生じさせてしまう結果，自治体に対する信頼が減少したことを明らかにしている．すなわち，自治体に対する信頼は，ガバナンスの中で発生するリスクによって減退してしまいかねないので，より一層のリスク管理を必要としている[31]．

　そこで，ガバナンスにおいては，ネットワークの維持や環境を整備する役割を果たす「ネットワーク管理」が求められており，自治体への信頼はネットワーク管理に対しても親和性を有する概念であると考えられる．

　しかしながら，自治体に対する信頼はソーシャル・キャピタルではないという見方もある[32]．Shih（2010：99）は自治体に対する信頼を合理的選択論から捉えている．それは信頼するためには事前に信頼性に関する情報が必要であり，「信頼される側（trustee）」に対する「信頼する側（truster）」の便益が，信頼しないというコストよりも高いので，自治体に対して信頼することを意味している．つまり，合理的選択理論によれば公務員が有能であるという評価に信頼性が基づいていることになる．これは自治体に対する信頼が道具的信頼によるものであるからソーシャル・キャピタルではないと批判される[33]．

　しかしながら，信頼する側は事前に自治体に対する既知情報を参照して信頼するだけではなく，受けた厚意に対する返礼として信頼するというケースも考えられる．

　Ahn and Ostrom（2008）らの議論を稲葉（2016：54）は整理して「個人の内面にもっている互酬性の規範に基づき，たとえ利己的にみれば不利な場合でも，信頼を返すというもので，行動特性ではなく選好特性」を信頼性として位置付けている[34]．

　Ostrom らの定義によれば，自治体に対する信頼性は自治体から受けた厚意に対する返礼と解釈できるため，ガバナンスにおいては自治体に対する信頼もソーシャル・キャピタルの要素である．

　したがって，筆者はオストロムらの考えに依拠している．ガバナンスにおける協働は市民社会組織の自発的な協力に基づく地方政府との共同作業である．自発的な行為から協働が成り立っているとすると，地方政府との相互作用を通

じて自治体に対する信頼が醸成されると考えられる.

　また，協働型政府である自治体がガバナンスにおいて有効に働く場合には，その厚意の返礼として市民社会組織の自治体に対する信頼が蓄積される．つまり，自治体に対する信頼が蓄積されるならば，バック・グラウンドの異なる組織の間でコンフリクトが生じやすくとも，自治体に対する信頼は利害調整を容易にさせる.

　以上から，「自治体に対する信頼」は協働だけではなく「ネットワーク管理」に対しても効果を持つと考えられる.

　さらに，ガバナンスには橋渡し型の一般的信頼や組織一般に対する信頼も不可欠であると考えられる．組織と組織の協調・連携によるサービスの供給がガバナンスにはより一層求められるので，橋渡し型ソーシャル・キャピタルが組織を超えた関係の協調コストを下げて，協働を促進させると考えられる．これは協働に与える効果を実際に検証してみる必要がある.

3）構造的ソーシャル・キャピタルの効果——集合的効力感のメカニズム

　先行研究によれば，構造的ソーシャル・キャピタル（ネットワーク）の要素であるつきあいや団体活動は協働を促進させる効果があると考えられる.

　例えば，辻中ほか編（2009）は，自治会・町内会調査の結果から，住民同士のつきあいが良好な社会では，地域社会運営の中で，自治会のコミュニティ活動を促進させることを明らかにしている．それは住民力が向上し，人々が結束力を駆使して問題の調整を円滑に行う結果，自治会・町内会の社会サービス活動およびアドヴォカシー活動が促進される（辻中ほか編2009：30-32）.

　また，都市ガバナンスの研究では，住民同士のつきあいに関する効果はソーシャル・キャピタルの近接概念である社会的凝集性（social cohesion）の効果として理解されている.

　双方の概念の関連性に関しては稲葉（2016：61）の整理が参考になり，筆者の理解では，社会的凝集性はコミュニティのまとまりの良さを指していると考えている．そのため，本研究では社会的凝集性とソーシャル・キャピタルのネットワーク（つきあい）は同義の概念である．そのように考えると，ガバナンス研究で述べられている社会的凝集性の効果とは，ソーシャル・キャピタルの文脈では住民同士のつきあい等の結束型ソーシャル・キャピタルの効果として理解できる.

　さらに，前述した効果に加えて，住民同士のつきあいが活発な社会では地域
社会運営における集合行為への協力を促進させる．

　例えば，Kearns and Forrest（2000：996）は，住民同士のつきあいには地域
レベルで決定される事項に対する住民の合意を促すとみている．彼らによれば，
近隣住民の一体感の強い地域では，集合財（共通目的）の達成を目指す地方政
府が掲げる政策目標に対して協力的であるという．この知見から，住民同士の
つきあいは政府と住民・組織の間に生じる集合行為の問題が最小限に抑えられ，
協働に正の効果を持つと考えられる．さらに，このような知見はシカゴの犯罪
分析にコミュニティ・レベルのソーシャル・キャピタルを適用した Sampson
et al.（1997）の研究結果からも明らかである．

　それによれば，住民同士のつきあいを高く評価する人々は窃盗率および個々
の犯罪被害を受ける割合が低下する．その原因としては住民同士のつきあいが
良好な社会では，「集合的効力感」が強いことが作用している．彼らはそれを
「相互信頼が作られているつながりと集合利益に介入する意思」（Sampson et al.
1997：997，筆者訳）と定義している．すなわち，近隣の住民同士が互いに信頼
しあい，集団内で一致した行動に期待しているとき，コミュニティの中で監視
の役割が働くと考えられる．

　さらに，Lelieveldt（2008）は Sampson の議論を援用してコミュニティのソー
シャル・キャピタルから「Neighborhood politics」について考察する．そして，
住民同士のつきあいには「集合的効力感」が働くので，人々はコミュニティに
対して愛着を持ち，コミュニティ成員の中で，問題が起こった場合には自分た
ちで解決しようとする動きにつながるので，ひいてはコミュニティの中で生じ
る公的な問題に対しての自発的な協力を得られやすいと考察している．

　この理論は実証的にも支持されている．小山（2013）が世田谷区の住民を対
象として調査した「住民力」に関する分析によれば，住民力が高ければコミュ
ニティの中で生じる生活課題（災害時の炊き出しや子供の安全を守る活動，または独居
高齢者に対する支援，乳幼児の預かり，並木道の清掃など）に対して，「住民たちで処
理」すると回答した割合が男女を問わず上昇する傾向を示している[35]．

　以上より，コミュニティの結束型の性質を有する構造的ソーシャル・キャピ
タル（つきあい）のうち，「住民同士つきあい」は住民間で問題化された課題に
対して自分たちで対応するという「集合的効力感」を働かせ，ガバナンスの要
素である「協働」に効果を持つと考えられる．なお，日本の都市レベルでは，

コミュニティの意見集約機能は自治会が担っている．辻中ほか編（2009）の研究が示しているように，「自治会活動」もコミュニティの結束型ソーシャル・キャピタルとして「協働」に効果があると考えられる．

　加えて，自治会または非営利組織が行うモニタリングは前述した集合的効力感と関係している．議論がやや異なるかもしれないが，Ostrom が示したコモンズの運営制度のあり方が参考になる．Ostrom は運営制度（8つの原理）の一つに，「④モニタリングする者は資源の利用者に説明責任を果たせるものないしは資源の利用者自身であること」を挙げている（稲葉 2016：55）．モニタリングは自治会や非営利組織が行政から役割を受けて行う協働の一つのケースであるが，Ostrom の原理を踏まえるならば，事業評価を行うためには主体者が請け負う事業に対する管理責任を自分たちが認識する必要がある．

　すなわち，行政が自治会や非営利組織から自発的協力を得られなければ，そもそも委任の依頼をしたとしても，市民社会組織の受諾を得られないであろう．他人事ではなくて，我々事として地域社会運営を考えるようなコミュニティを必要としているのである．そうでなければ，地域社会運営のモニタリングをしようと考えることは難しいと考えられる．

　したがって，組織内部の活動が活発化されることで，構成員の間の集合的効力感を増やし，コミュニティに起きる問題を我々事として考える動機を喚起させられるのではないか．それがモニタリングへの動機を促すのであろう．

　以上のことから，コミュニティのソーシャル・キャピタルの要素である「団体活動」は「協働」に正の効果を持つと考えられる．

4．ま　と　め——本研究の主要な6つの仮説を導出

　筆者はガバナンスとソーシャル・キャピタルの関係を整理してソーシャル・キャピタルの効果に関する考察を行った．

　筆者の理解によれば，市民社会組織と行政の協働関係によってガバナンスが成立しているならば，その関係行動を促進する潤滑油として期待される概念がソーシャル・キャピタルである．

　そして，ソーシャル・キャピタルはガバナンスにおいては共通目的と構成員の間に生じる集合行為問題に対してソフトな解決を促す非制度的要因として作用すると考えられる．ソーシャル・キャピタルが地域特性と関係していること

表3-3　ソーシャル・キャピタルの構成要素とガバナンスの関係

ソーシャル・キャピタル			ガバナンス		仮説
			協働	ネットワーク管理	
認知的 （信頼）	連結型 橋渡し型 結束型	【自治体に対する信頼】	＋	（＋）	仮説2
		【一般的信頼・組織信頼】	（＋）		
		【特定化信頼】	（＋）		
構造的	橋渡し型	【スポーツ・祭り（活動）】	（＋）		仮説3
		【シンポジウム・イベント】	＋		
	結束型	【自治会活動】	＋		仮説4
		【組織内部のつきあい】	＋		
		【住民同士つきあい】	＋		仮説5

注）（　）は先行研究から言及されておらず，筆者の考察から予測した傾向を示している．
出所）筆者作成．

を踏まえると，協働の地域条件としても作用していると考えられる[36]．

　以上の先行研究を整理した結果，本章では**表3-3**に示すようなソーシャル・キャピタルからガバナンスを説明する仮説が4つ（仮説2～仮説5），そして市民に効果的な地域社会運営を説明する仮説（仮説6）が導出されよう．

　　仮説1　地方政府を下支えする市民社会組織の「協働」が活発で，自治体が協働型政府として「ネットワーク管理」を積極的に行うほど，政策満足度が向上し，市民に効果的な地域社会運営が実現される．

　　仮説2　認知的ソーシャル・キャピタルのうち，連結型の性質を有する自治体信頼および橋渡し型の性質を有する組織信頼は，市民社会組織の自発的協力を促すので，自治体との協調行動を活発にさせる．

　　仮説3　認知的ソーシャル・キャピタルのうち自治体信頼および組織信頼が高いほど，調整に伴うコンフリクトが減るので自治体のメタ・ガバナンス（ネットワーク管理）が促進される．

　　仮説4　コミュニティの中で，構造的ソーシャル・キャピタルのネットワーク（つきあい）に富んでいるほど，市民社会組織は地域の問題に対する関心が高まり，自治体との協働に積極的である．

　　仮説5　コミュニティの中で，構造的ソーシャル・キャピタルのネットワーク（団体活動）に富んでいるほど，自治体は市民社会組織の協力が得られやすいので協働が活発である．

　仮説6　ソーシャル・キャピタル（自治体信頼，組織信頼，ネットワーク（つき
　　　　あい・団体（自治会）活動）に富んでいる地域であるほど，ガバナン
　　　　ス（協働，ネットワーク管理）を促進させるので，市民に効果的な地
　　　　域社会運営（高水準の政策満足度）を促進させる．

　仮説2と仮説3は認知的ソーシャル・キャピタルの効果を仮説立てしたもの
である．自治体信頼や橋渡し型の要素を持つ信頼性は組織間の協調行動を促す
ので，協働および自治体のネットワーク管理に対して正の効果を持つと考えら
れる．また，仮説4と仮説5は構造的ソーシャル・キャピタルの効果を仮説立
てしたものである．住民同士のつきあいが集合的効力感を高める結果，協働を
促進させると考えられる．さらに団体活動も同様に組織間の協調行動の下支え
となって協働を促進させると考えられる．

　以上により，協働とネットワーク管理はガバナンスにおいて重要な要素であ
るといえる．つまり，ソーシャル・キャピタルはガバナンスを促進させて，市
民に効果的な地域社会運営を導出させると考えられることから，仮説6が導出
される．

　では，上述した仮説は東京23区のQOL格差を生じさせる東京問題に対し，
どれだけ妥当するのであろうか．次章以降は本論の仮説の検証を行うが，その
前段階として実証研究に使用するデータ状況を確認する．

　注
1）　自治基本条例等は市民社会組織や住民を主体とした地域社会運営のルールを定めた
　　基本的な制度的枠組みである（日高 2004：65；吉田 2003a：234；辻山 2004：79；中
　　林 2007：247；中谷 2008：204；平井 2015）．
2）　この点に関して，新川（2011a：4-5）は，ガバメントを中心に「政策やその過程あ
　　るいはその成果を考えることができるかどうかということへの疑問」を呈し，「いまや，
　　政府の機能それ自体ではなくてそのガバナンス状況を考える事が求められる」としてい
　　る．
3）　ガバナンス論において市民社会組織は「自分たちの利益を認識し，自分たちを組織
　　し，その主張を支持するように他者を説得し，政府担当者に接近し，決定作成に影響
　　力を及ぼし，そして政府政策の執行を監視する」存在として理解されている（森脇
　　2010：33）．
4）　例えば，岩崎（2011：3）はガバナンス論の背景には1970年代から1980年代の先進民
　　主主義国家に共通した国家の統治能力（governability）の危機があると述べている．

加えて若尾（2003：145-146）は政府のモラルハザードの問題が，市民の心理的要因に起因して政府に対する信頼を損なわせたこと，さらには市民のニーズの多様化に伴い，国家の財政難という問題を受けて政策運営が難しくなったことを，戸政（2000：311）は行政改革等の制度変化を経た政府が役割を縮小させ市民社会への依存度を増したことを要因として挙げている．

5）　NPM改革に対して，新川（2011：26）は，「ネットワーク型ガバナンスの視点，つまりは政府も一つの経営体であり，ガバナンスのネットワークを構成する一主体だという視点」を提供させたとして公的ガバナンスを大きく変化させるためにはきわめて重大であったとしている．

6）　長谷川（2003a：183-184）は協働を「複数の主体が台頭な資格で，具体的な課題達成のために行う，非制度的で限定的な協力関係ないし共同作業」とも定義している一方で，長谷川（2003b：12）は，協働を「〈① 対等で，② 領域横断的で，③ プロジェクト限定的で，④ 透明で開かれた協働作業・協働関係〉」とも定義しており，その統合を稲生（2010：45-47）は行っている．

7）　ネットワークとは，基本的には社会ネットワーク分析の構造に依拠している（Koliba et al. 2011）．抽象的なネットワークの概念としては原始的には二つのノードからなる一組の二項関係（dyadic variables）を指す（Kenis 2016：150）．つまり，ガバナンスのネットワークは政府と市民社会組織の関係から形成される．さらに，Pierre and Peters（2000：14）は歴史的に整理して，ヒエラルキー，市場に次ぐ第三のガバナンスの構造としてネットワークを捉えている．

8）　社会と政治（行政）の接点に関し，団体 - 行政の関係様式として，実証的に明らかにするJIGS研究では，例えば行政と何等かの関係を有していると仮定して団体分類の中に「行政関係団体」という設問項目を設定して日本の行政に関する外延状況を分析している（森・辻中 2002）．また，行政との関係に対する設問を個別に設けて，団体に対して認知的な側面としての「信頼関係」および意識レベルでの「協調―対立関係」の程度や団体の「情報取得源としての行政との関係」を尋ねている．さらに行政関係の実態について，「許認可」，「法的規制」，「行政指導」，「政策決定・予算活動への協力，支持」，「意見交換」，「審議会委員派遣」，「ポスト提供」を尋ね，さらに，関係行動（相談接触・直接的働きかけ・間接的働きかけ）から，団体 - 行政関係のネットワークの濃淡を把握している（辻中編 2002：350-361）．それ故，筆者は，ネットワークの概念について何をネットワークとして定めて用いるか，明示すれば分析可能な概念であるという立場を採っている．

9）　ガバナンスは語源に「steering」という語意を含んでいる．安（2009：66）は，ガバナンスの語源を辿り，ギリシャ語の「Kuvernan」に行き当たるとしている．それは英語で「steer（舵を取る）」を意味しており，語源は航海の方向を定め，調整するという意味を表している．ガバナンスの語源に関する解釈についてはPierre and Peters（2000：23）も参照．

10)　ローズによれば，政府から相当程度自律的な組織間のネットワークを自己組織的ネットワークと捉えている（Rhodes 1993：15，59-60）.

11)　「災害時の活動を通じて得られた知識・情報などは構成団体間で共有される」（前田2017：122）としており，地域情報を保有する上では政府も社会アクターに依存していると考えられる．前田（2017）の事例では，災害ボランティアに関する活動が当初の目的を達成する上で，区内の地縁組織やNPO・ボランティア団体が媒介すると小学校区単位で啓発活動の場が増え，活動が徐々に地域に浸透するようになったとしている（前田 2017：126）．活動が伝播するかどうかは「どのような組織や団体と接続できるかに規定される面がある」としている（前田 2017：129）．それによれば，ネットワークとしての自治会・NPO等の社会アクターが自己組織的ネットワークを自己強化し，政府を介さずとも問題を解消する社会アクターの調整機能も確認されている.

12)　しかしながら市町村合併を経験した市では，市に対する区域問題が伴う．それは，行政に対する地域社会の近接性（心理的距離）が遠ざけてしまい，調整機能が難しいことを指摘する（前田 2017：164）.

13)　稲生（2010：80）は公共領域を市民社会組織と地方政府の組織間関係の相互作用として捉え，協働を捉えるために，公共空間という概念を用いている．本研究では稲生（2010）が捉えている公共空間という概念は，地方政府と市民社会組織の相互作用によって行われる地域社会運営と関係していると考えられる．よって，ネットワークと同義であると解釈する.

14)　ガバナンス論が登場する以前から，Darl（1961）をはじめとして政治学では政策決定過程に政府以外の社会組織が影響力を持つとする多元主義的な利益集団論（辻中1988）が成立し，政府を一枚岩のハイアラーキーと理解し，明確なガバメント・システムの制度・機構と社会組織の関係によって捉えられるシステムが「伝統的ガバナンス」を意味している．その特徴として佐川（2003：75-76）は，① 政府という権力的制度と国家の市場介入が積極的に受け入れられ，国家は選挙民の政治的意思を反映していること，② ガバメントは管轄権内の権限を行使するが故，制度の内部は一枚岩となっており，統制が効くこと，③ 国家の権力や能力が法令の範囲内に及び絶対であること，④ 憲法という枠組みに行為が規定されているという特徴をしている.

15)　市民社会組織が政策決定過程に留まらず，政策執行や評価に及ぶ過程まで関与し，政府と社会アクターの関係が深化した今日のガバナンス論を，「新しいガバナンス」と表記されている．それは従来の中央政府と利益集団の伝統的ガバナンスに対峙している.

16)　阿部（2016：19）は，経済学の効率性の概念を踏まえ，パレート効率性を「「ある人（々）を利すると同時に誰も傷つけない」ことができない状態」としている．それはゼロ・サム的なゲームにおいて戦略を持つプレイヤーの片方が利益を独占したとしてもそれが社会的配分にとって効率的であるときにパレート効率的であることを意味している.

17)　ガバナンスによる解決が志向され「ガヴァーンされている状態」，「それが成立していることで公共財が提供される状態」が「状態としてのガバナンス」である（河野2006：2，10）.

18)　小山（2018：181）の事例では，新旧住民の違いは，例えば総論としては他人事で無関心な住民であることが多い．しかし，各論では道路整備の話となると懸案道路の問題には積極的になるとしており，このような認識の違いが話し合いの対立の要因であると指摘し，問題が発生する前に既に住民同士の協力関係が構築される必要があると述べ，それが行政と協力関係をつくるためには必要であるとしている.

19)　Goss（2001：44）は協議会等に参加する人々の特徴として「コミュニティは同じ地域に人々が住んでいる」，「それは共通した関心が共有されている」，「コミュニティという考えは，フットボール・クラブや教会等の余暇活動の間で育まれる」（筆者訳）と答える人々が多いことを挙げ，協働が推し進められる背景として，それはコミュニティに多様な人々が居住しアイデンティティが多様で，重層的でありながらも，我々という所属意識が階級や人種や性別を超えた単純な関心や生活スタイルにおける共有された経験を作り出すとしている（Goss 2001：45）.

20)　集団目的は組織の成員が共有（消費）しても，他の成員が共有（利用）できなくなるわけではないため，それは「公共財」にあたり，「集合財」と呼ばれる（森脇 2000：6）．つまり，集合財が供給されないことは，集団目的が達成されないことを意味する.

21)　それは「ある一集団内の個人の数が少数でない場合，あるいは共通の利益のために個人を行為させる強制もしくは他の特別の工夫がない場合，合理的で利己的個人は，その共通のあるいは集団的利益の達成を目指して行為しないであろう」（Olson 1965＝1996：2）及び「諸集団はその利益を増進しようとするというこの広く行きわたった考え方は，社会科学を通じてよくみられるが，少なくともそれが個人を利己主義的に行為するが故に集団としてもそうするという（しばしば暗黙の）前提に基づくとき，この考え方は必ずしも正当化されない」（Olson 1965＝1996：3）と批判している.

22)　囚人のジレンマ問題に関しては森脇（2000：37-39）を参照．囚人のジレンマゲームとは，非協力的ゲームとして集合行為問題との関連をゲーム論的に説明するために挙げた2人の囚人の寓話から始まっている．2人の囚人は独房の中で，警察から自白を求められ，囚人の戦略としては黙秘（協力）と自白（裏切り）が設定されており，お互いが協力して黙秘を行うことが，お互いが自白して減刑されるよりも最もお互いにとって都合の良い結果であることから，お互いのプレイヤーが協力の選択をすることが望ましい結果（集合財）を手にすることができるが，利己的動機に基づいて自身の利益を追求することを選択してしまう結果，両者にとって望ましくないという選択をしてしまうという状況を示している.

23)　Ostrom and Ahn（2003：xvi-xvii）は，「信頼性（trustworthiness）」と「信頼（trust）」を分けており，信頼は信頼性としてのソーシャル・キャピタルの結果であり，信頼が集合行為とソーシャル・キャピタルの関係をつなぐ中核的概念として役割を果たす因

果モデルを提示している.

24) 一方で,利己的市民にとっては他人と協力して得られる効用より協調するコストが高い場合には協力せず社会逸脱行動(フリーライダー行動)をとることが合理的となる.

25) 囚人のジレンマモデルのゲームを仮定した場合でも,協力が選択されるケースは二つある.一つのモデルは効用の前提条件を変更した場合である.プレイヤーが利他的市民であることを設定すると,選好は自分の効用に他人の効用を加算し,相手が利得を得ると,その分の利得を自分の利益に転嫁させる.つまり,効用関数に利他的効用が組み込まれるとき,囚人のジレンマゲームから得られる最適戦略は,互いに非協力の選択からむしろ互いに協力を選択する方が望ましくなる(Osborne 2009:27-28).
一方で,二つ目にはゲームの連続性を想定した場合である.山崎(2004:193-194)は囚人のジレンマ状況を設定し,利他的効用とは別に,繰り返し行われるゲーム状況を設定している.その場合,プレイヤーが相手に対して協力を約束するという信頼が得られるので,プレイヤーの最適戦略が非協調ゲームとは変化するとして,繰り返しゲームの有効性を指摘する.これは山崎(2004)によれば,いわゆる「フォーク定理」を指している.「自分が最低限確保できる水準以上の利得が得られる」と分かっていた時,「固定されたメンバーで繰り返し行われる取引」では,「全員の協調行動が生じやすい」としている(山崎 2004:194).

26) ソーシャル・キャピタルを構成する要素として「制度」を重要視する考え方はOstrom(1992:19, 24, 38)によるものである.オストロムは灌漑施設の持続的な運営を可能にするには政府によってつくられる公式な制度ではなく人々が長い歴史の中で築き上げたルールの集合が重要であるとした.そして,制度は公式的な制度だけではなく,繰り返して行う活動を可能とするソーシャル・キャピタルは制度であり,市場のパフォーマンスはソーシャル・キャピタルによって補完できると言及する.

27) 稲葉(2005:19-20)によれば,ソーシャル・キャピタルの定義は財の性質から分類できる.主に個人に属する「私的財」,そして社会に属する「公共財」,さらに私的財のソーシャル・キャピタルが特定のグループ,クラブに属する場合,それは「クラブ財」としてのソーシャル・キャピタルに整理される.それぞれが意味する概念について,稲葉(2005:19)によれば私的財は,ソーシャル・キャピタルのうちミクロレベルな個人間ないしは組織間のネットワークを指す.そして,特定の集団やネットワークは「構成員の間の信頼・規範を伴うものが多い」ために,クラブ財の性質を有する.これは「ある特定のグループ内における信頼・規範(含む互酬性)」と定義づけられる.加えて,マクロと価値観で形付けられるソーシャル・キャピタルは公共財という財の性質を表しているため「社会全般への信頼,規範」と定義される(稲葉 2005:19-20).公共財は非排除性と非競合性の性質を持ち合わせるため,誰でもアクセス可能で,誰かが使っても減ることはないという特徴を持つ.またクラブ財としてのソーシャル・キャピタルは,特定のメンバーの間だけで消費の非競合性を持つ準公共財としての性

質をもつ.

28)　しかしながら, 内部の結束が強く, 他者を排除するコミュニティでは, 新しい情報やイノベーション, また異質な人々とのつながりが難しく, かえってグループ内部の行動に逸脱してしまう者がいれば, グループから制裁を受けてしまい, 社会にとっては負の外部性を生じる可能性もある.

29)　ただし, ガバナンスによって形成されるネットワークでは, 市民社会組織が特定の政策課題を有して利害を政府と共有し, 互いに資源を交換しているので, 比較的水平的関係とも考えられる.

30)　分析アプローチとしては, Shih（2010）は, 台湾における省の腐敗防止に関するグループに着目し, コンピューター支援に基づく電子インタビュー調査と, 腐敗防止ネットワークのインタビューを行い, 電話調査はn＝3,600のデータが取れており, また非政府組織やニュース, 記者, 地方公務員等の代表を招き参加させた4つのグループの34人の参加者からインタビューした結果を基に分析を行っている. 詳しくはShih（2010：100）を参照されたい.

31)　Edelenbos and Klijn（2007：27）によれば, PPP（public private partnership）とは, 「リスクやコスト, そして利益が共有されている中で行為者が, 相互の財・サービスを開発する永続的な（durable）特徴を伴う公私の間の協力」（筆者訳）と定義している.

32)　Shih（2010：128）のインタビュー調査結果によれば, 信頼が高いほど, 腐敗の度合いが低く, 透明性が高いことと正に対応していることから, 有能性と信頼の議論を結び付けている.

33)　Hatak et al.（2016：1227）も整理した後, 協働関係では合理的選択理論に基づいて, 費用対便益を計算した結果, 信頼したほうが利得を得られるとする信頼性であって, ソーシャル・キャピタルではないという見方を取っている.

34)　Ahn and Ostrom（2008）は「われわれにとっては, 信頼性とは例えネットワークや制度的な誘因が存在しない場合でも受けた厚意を返そうとする個人の選好」（Ahn and Ostrom 2008：88, 訳は稲葉 2016：54による）を信頼性としている.

35)　小山（2013：96）はコミュニティのソーシャル・キャピタルとしては用いておらず, その近接概念として「住民力」を定義し, 構造的ソーシャル・キャピタルのネットワーク（つきあい・団体活動）に関係している指標を住民力に設定している. それは, つきあいを示す指標として「親密なネットワーク（親族・近隣・友人の保有量）」, 「橋渡しネットワーク（町内会・自治会役員や市区町村の首長および商店街の店主などの知人保有量）」を, 団体活動を意味する指標としては「地域参加度（お祭りや公園掃除, 自治会活動, 子供の見守り活動等の参加度）」を設定している. そして, 認知的ソーシャル・キャピタルの近隣住民に対する特定化信頼を意味する指標として「町内信頼度」が「住民力」には含まれている（小山 2013：96）.

36)　これは, ソーシャル・キャピタルの負の側面と関連し, 政策アウトカムの格差を大

きくする可能性があるという見方もある．これはソーシャル・キャピタルが地域に偏在しているから生じる問題とも考えられる（辻・佐藤 2014：2）．

第4章
巨大都市・東京の地域社会運営をどのように測るのか
――団体・組織の JIGS 調査研究と
東京23区の都市ガバナンス調査研究データの概要――

1. はじめに――調査研究の実施・二次利用の視点

　本研究は，自治会，非営利組織（NPO，社会団体）と特別区の相互作用からガバナンスを捉えた上で，「市民社会組織―特別区関係」を自治会，非営利組織，地方政府，そして市民の意識調査の視点から総合的に特別区の地域社会運営を測ることを目的の一つとしている．

　では，どのようにして様々な視点から地域社会運営の実態を把握することができるのだろうか．本章は，本研究に使用する研究データを詳述することによって，この問いを明確にしたい．

2. JIGS2プロジェクトに基づく
日本の市民社会組織に関する郵送調査

　筑波大学（代表：辻中豊）は JIGS（Japan Interest Group Study）研究を立ち上げて，2006年から2007年に JIGS 研究の第2波調査（以下，JIGS2 と表記）を行った[1]．これは文部科学省特別推進研究の一環として行った，日本で初となる全国規模の市民社会組織調査である．3レベルの市民社会組織の存立様式および行動様式と地方政府の体系的な実態調査が行われた．データは**表4-1**に示す①「社会団体調査（「団体基礎構造に関する調査」，以下社会団体調査と表記)」，②「自治会調査（「町内会・自治会など近隣住民組織に関する全国調査」，以下自治会調査と表記)」，③「NPO 調査」および，地方政府についても体系的に調査した④「市区町村調査」である（辻中・森編 2010：17）．本研究はこの4調査データを扱い，以下では，4調査の概要を記述し，東京・特別区のデータ状況を概観する[2]．

表4-1　分析に用いるデータ

辻中（2006）― JIGS2 プロジェクトによる日本の市民社会組織に関する調査（郵送法）

区分	自治会調査	社会団体調査	NPO 調査	市区町村調査
調査機関	2006.8～2007.2	2006.12～2007.3	2006.12～2007.3	2007.8～2007.12
対象	自治会の長	団体のリーダー	団体のリーダー	4 部署の行政職員
規模	日本全国	日本全国	日本全国	日本全国
母集団数（a）	296,770[1] 協力自治体（890）	91,101[2] タウンページ	23,403[3] 内閣府・都道府県 HP	1827[4]
調査票配布数（b）	33,438	91,101	23,403	7,308
回収数（c）	18,404	15,791	5,127	4,550
回収率（c/b）	55.0	17.3	21.9	62.2
調査内容	団体の概要，活動内容，行政・政党との関係，他団体との関係，組織の課題・意見，行政の政策評価，リーダーの特徴など			市区町村の概要，住民自治制度，行政サービス，各種団体との関係，政策形成過程，自治体運営への意見など

(1)総務省自治行政局行政課：地録による団体の認可事務の状況等に関する調査結果，2003年7月.
(2)NTT 番号情報（株）i タウンページ．URL：http://itp.ne.jp/servlet/jp.ne.itp.sear.SCMSVTop（2005年12月アクセス）.
(3)内閣府および各都道府県のホームページから NPO 法人数をカウントしている（2006年1月～5月）.
(4)4 部署の総回収数.
出所）辻中・森（2010：18）を一部修正し，引用.

2.1　母集団情報

　日本の市民社会領域における自治会などの近隣住民組織は，総務省の推計によれば，2008年時点において認可地縁団体として法人格を取得した団体（35,564団体）も含めて全国におよそ30万団体（294,359団体）あるとされている[3].

　自治会調査の母集団は，2006年を調査時点としているので，総務省自治行政局行政課が推計した2003年時点の『地縁による団体の許可事務の状況等に関する調査結果』によれば，296,770団体となっている．本調査の自治会調査とは2003年に推計された近隣住民組織の数，およそ30万団体を母集団として行われた調査となっている．

　社会団体調査の母集団とは，職業別電話帳（タウンページ）の「組合・団体」（ただし，重複して記載された団体，解散された団体，団体本体と認められない登録情報

（団体の店舗，工場，診療所などの施設類）は除く）を指し，それを「社会団体」と呼んでいる．その数は，最終的にはN＝91,101団体となっている[4]．

　社会団体も自治会調査と同様に台帳が存在しないので，タウンページを代理的に使用している．つまり，JIGS2調査の社会団体調査の母集団とは「電話番号を公開している活動団体」であり，1997年の第一回調査（JIGS1）から一貫している（辻中・森編 2010：18）．

　そして，NPO調査の母集団は，NPO法人として認定された団体N＝23,403（2006年12月時点）を対象にしたものである[5]．

　JIGS2プロジェクトにおいては電話帳に登録している団体を母集団とした社会団体調査とは別に，NPO調査を実施している（辻中ほか編 2012：35）．NPO調査の母集団および調査設計のプロセスについては辻中ほか編（2012：287-292）の「付録1　NPO調査の設計と実施」が参考になる．

　加えて，市区町村調査では，日本の全市区町村を対象として，複数の部署（市民活動，環境，福祉，産業振興）の課長級以上の職員を対象に調査を行った[6]．2007年3月時点の市区町村数は1,827団体となっており，2007年8月から12月にかけて4部署に7,808票の配票を行った．

2.2　調査方法・プロセス・郵送結果

　調査方法・プロセス・郵送結果は次のとおりである．自治会調査の方法は辻中ほか編（2009：223-228）が詳しい．そして，「付表1　調査実施のプロセス」によると，現在の政府の公表状況では，自治会数は住民基本台帳や有権者名簿のように正確で包括的な台帳が存在しない．したがって，自治会と密接な関係が既に構築されていると考えられる市区町村の担当課を通じて，個々の自治会に関する連絡情報を得ることから調査プロセスは始まる．

　そのため，JIGS研究の自治会調査は「市区町村の調査協力」を依頼することから開始されている（辻中ほか編 2009：223）．そして，調査サンプル数を確定させるために「原則として市区町村ごとの自治会数を比例配分する」方法を採っている．

　加えて，市区町村内の自治会については，無作為抽出という方法が採用された（辻中ほか編 2009：35）．配布サンプル数は第3章の**図3-1**に示しているとおりである．N＝33,438（回収数N＝18,404，回収率55.0％）の調査票が配布され，過半数の有効回答数が得られた．

　社会団体調査の方法としては，辻中・崔・山本（2010：343）の「付録1　JIGS2調査の設計と実施」が参考になる．2005年12月時点の「iタウンページ」を使用し，母集団数を特定し，2006年11月から2007年3月にかけて，全数サンプルを対象に，郵送によって配布した．

　配布数はN＝91,101（回収数N＝15,791，回収率17.3%），回収率は自治会調査結果より大きく下がる．しかし，それでも約1万5千以上のサンプル数を回収できており，大変に大規模で他に類をみない有効回答結果である．

　NPO調査は社会団体調査の枠組みを踏襲したNPO法人の実態を調査したものである．主に内閣府・都道府県で認定されたNPO法人を対象に調査を行った．配票数は，N＝23,403（回収数N＝5,127，回収率21.9%）となっており，2割程度の回収率であるが，約5千以上の有効回答数が得られている．

　市区町村調査は主に市区町村への協力依頼をし，調査票の配布を行った．回収結果としては，市民活動部署からはN＝1,179（回収率64.5%，以下同様）のサンプル数，環境部署ではN＝1,139（62.3%），産業振興部署ではN＝1,121（61.4%）を得ている．

　なお，4調査の回収サンプルの妥当性は既に確認されている．社会団体調査で得られた回収サンプルを団体分類別の母集団分布と比較してみると「大きくても1ポイント程度の差」しか生じていないため，調査サンプルの代表性は満たされている（辻中・崔・山本 2010：351）．また，以下同様に，NPO調査の回収サンプルは，都道府県別のNPO法人数分布および認定された活動分野の都道府県別状況との分布の比較を行っている．それによれば，全体の分布の推移が母集団と変わらないという傾向が得られている．

　そして市区町村調査は市区町村の人口規模，地域分布，産業構成（第一・二・三次産業就業者比率），行政職員数の分布と比較し，いずれも母集団の分布状況とほとんど違いが確認されないために調査結果の代表性は十分満たされている（辻中 2009b：ix-xiii）．

2.3　調査項目の内容

　調査項目の内容を以下のように示す．それは調査票の大設問の順序に応じて設問内容を羅列したものを示す．4調査は総じて，市民社会組織の存立様式から始まり，次に他団体関係に関する組織・団体の活動状況を尋ねている．本調査では他組織との関係行動に関する体系的な調査が行われているので，地方政

府と市民社会組織の相互作用を分析するのには十分なデータ・セットである.

1）自治会調査

① 自治会・町内会の基礎情報（発足年数，加入世帯比率，役員の選出の方法等，収入内訳，支出内訳），② 地域の状況，③ 自治会活動状況，④ 自治会―地方政府関係（協調・行政媒介等），⑤ 自治会―他団体関係，⑥ 地域課題の状況と地方政府の取り組み満足度，⑦ 政策満足度，⑧ 自治会長の基礎情報（年齢，性別，交際関係，組織信頼など）について尋ねている.

2）社会団体調査

調査項目および内容は以下のとおりである．社会団体調査では，① 団体の概要（設立年数，会員・職員数，会員条件，団体分類，政策関心，活動目的，法人格の有無，活動範囲，主観的影響力認知，意見に対する認識など），② 他団体関係（設立援助の有無，情報源，行政・政治接触の有無，要望・働きかけ（直接），要望・働きかけ（間接），政党・働きかけ（直接），行政・政党相談接触，信頼性，政策満足度，全国団体の有無，全国団体の影響力認知，日本政治に対する他団体の主観的影響力，協調・対立関係），③ 団体の活動（メディア登場回数，一般人向けの活動，政党支持経験，政党からの選挙・働きかけ，選挙活動，予算編成働きかけ，要望・要求手段，政策実施・成功・阻止経験），④ 団体の存立様式（一般会員の活動内容，会員同士の交流，組織内部の運営，会員の学歴，職業，団体収入，回答者のプロフィール（学歴，交際関係，イデオロギー））を尋ねている（辻中森編 2010：354-366）.

3）NPO 調査

NPO 調査は社会団体調査の枠組みを踏襲して NPO 法人の実態を把握した調査であるので，その設問項目は社会団体調査とほぼ同様の設問を尋ねている．そのため，設問項目は対応関係にある.

① 団体の概要情報には「法人格取得日（登記日）」，「所轄官庁の所在（内閣府かもしくは都道府県の選択）」，「団体設立理由」，「活動目的（利益代表）」，「NPO 法で定められた活動分野」が，② 他団体関係の情報には「自治会・町内会との関係（連携理由を含む）」が，③ 団体の考えとしては「NPO の有意な点」，「行政との関係」，「政策策定への関与」，「意見・立場」に関する調査票が新たに追加されている（辻中 2009c：93-104）.

4）市区町村調査

市区町村調査は，主に4部署共通設問と各部署に固有の設問が調査票に組み込まれている．詳しくは辻中（2009b：vi）を参照されたいが，設問項目は以下のとおりである．

4部署に共通してA）回答者の属性（部署名，役職，在籍期間），E）各種団体とのかかわり（NPO・市民団体との関わり，諸団体との関係，諸団体の参加，自治会・NPO・諸団体との接触内容，NPO・市民団体についての意見，行政と団体の接触についての意見），F）政策形成（情報源，接触の頻度，接触の方向，政策立案の際に時間をかける事柄，政策執行の際に樹脂する事柄，政策形成における各アクターの影響力），G）職員意識（地方自治・社会状況についての意見，市民参加の望ましい方法）を尋ねている．

市民活動部署に限っては，前述した設問項目に加えて，B）住民自治（自治会に関する条例・要綱，自治会よりも大きな住民自治組織，自治会への業務委託，自治会への支援・施策，自治会等への補助金交付・資材提供先，自治会等と市町村の望ましい関係，自治会等の現状・今後についての意見），C）行政サービスの状況（市民参加制度等への取り組み・導入年度，行政サービスへの取り組み，外部委託，財政政策への取り組み），D）政治状況等（市町村合併，首長支持議員割合，首長への政党支援，革新首長経験，議会実議員定数，職員数，議員割合，大企業の有無）を尋ねている．

3部署固有の設問としては，F）政策形成の大設問の中で，環境部署では「廃棄物収集・処理施策の立案・決定手続き」を，産業振興部署では「産業施設誘致・設置の際の手続き」を追加して尋ねている．

5）本研究に用いるデータの加工作業

（1）観察対象

筆者は，分析を行う前に，幾つかの加工作業を行っている．JIGS2データは前述したように，全国の市区町村を対象としている．そのうち，本研究に使用するデータは東京23区のデータ・セットに限定し，特別区の団体・組織の情報のみを抽出作業して，東京23区を分析するためのデータ・セットの作成を行った．そのプロセスを経て，観察可能な特別区の状況は表4-2のとおりである．

自治会調査では都心（千代田区，中央区，港区）の状況は分からないが，墨田区や江東区，大田区，北区，足立区，葛飾区等の大都市・東京の下町地域や杉並区や中野区，目黒区，そして世田谷区などの山の手地域の自治会状況を把握できる．

表4‑2　分析対象地域の一覧

分析対象地域一覧

特別区＼調査	自治会	非営利組織	自治体	特別区＼調査	自治会	非営利組織	自治体
千代田区		○	○	渋谷区		○	
中央区		○		中野区	○	○	○
港区		○		杉並区	○	○	○
新宿区		○	○	豊島区		○	○
文京区	○	○	○	北区	○	○	○
台東区		○	○	荒川区		○	
墨田区	○	○	○	板橋区		○	○
江東区	○	○	○	練馬区		○	
品川区		○	○	足立区	○	○	○
目黒区	○	○	○	葛飾区	○	○	○
大田区	○	○	○	江戸川区		○	○
世田谷区	○	○	○				
				合計	12	23	17

出所）「団体基礎構造に関する調査」(2006年),「町内会・自治会など近隣住民組織に関する全国調査」
(2006年)を基に筆者作成.

　一方で，後述する新たに作成した非営利組織データ（NPO調査＋社会団体調査
データの統合，以下非営利組織データ）は，東京23区の全体像を把握することが可
能である．

　市区町村調査は17区の状況についてデータ・セットが整えられている．この
ように JIGS2 データでは観察対象に偏りがあることに留意する必要があるが，
大規模なデータだからこそ，ここまで網羅されている．

　また，そもそも都市のデータ・セットを整えて，地域そのものを理解するに
は限界がある．本研究の団体・組織レベルの実証分析は定性的な事例研究では
なく，定量研究のデザインを主に採用している．本データによって分析するこ
とが可能な東京・特別区の状況から，東京23区の QOL 格差の実態，ソーシャ
ル・キャピタルとガバナンスに関する知見を明らかにする．

（2）非営利組織データの作成方法

　次に，非営利組織データの作成方法（NPO調査と社会団体調査データの加工作業）
を説明する．JIGS2 調査では NPO と社会団体のリーダーを対象にした調査票
の内容がほとんど類似しており，同様の設問項目は対応関係にあることは既に
説明したとおりである．

　現実社会では，NPO も社会団体も第三セクターとして同様の領域で活動していると判断し，本研究では社会団体と NPO を同一の領域で活動する組織と解釈し，「非営利組織」と呼んでいる[7]．具体的には，尋ね方が一致している設問項目を基準とし，リッカート・スケールの設問に関しては選択の順序を整え，社会団体データに NPO データを追加のケースとして縦に挿入する形で統合作業を行った[8]．

　その詳細は戸川（2019a：217-226）の付表 1 を参照されたい．主に対応関係のある設問のみを統合しているので，それぞれのデータに固有の設問は分析に用いられていないという限界がある．

（3）分析する標本集団の代表性の検討

　筆者は東京・特別区の状況を指し示す回収サンプルが，母集団の分布を反映しているのかを把握するために，標本集団の分布状況の確認を行った．それは加工作業を実施した妥当性を確認するためである．表 4 - 3 および表 4 - 4 は母集団と回収サンプルの分布を比較したものである．非営利組織の「4：回収サンプル数」を代表する母集団には内閣府の「NPO 法人リスト」から得られた「1：NPO 法人数（母集団）」を，「2：社会団体（母集団）」には「*i* タウンページ」の「組合・団体数（分析対象外は除外）」を用いている．

　NPO 法人数の母集団は，組織が都心に集中する．また，非営利組織の回収サンプルをみると，下町地域の台東区（4.7）にある程度の組織が分布している．3 と 4 の割合（パーセント，以下 % と表記）を比較してみると，大きくても千代田区の割合の差が 4 ポイント（以下，pt と表記）程度であり，分布状況は概ね一致している．その結果より非営利組織として得られた回収サンプルの東京・特別区の代表性は満たされている．

　自治会データは，そもそも 23 区全体が調査されていないため，特別区の状況は十分に反映されていない．主に山の手地域と下町地域の状況を反映しており，都心の状況が反映されていない．したがって，表 4 - 4 には別に観察可能な対象特別区（12 区）のみの分布状況も並べている．

　それをみる限り，分布の割合に大きな差異はない．都心の状況は反映されていないが，本研究に使用する回収サンプルが 12 の特別区の自治会を反映していることは確認された．あくまでも，本研究は地域研究が目的ではないので，本研究では観察可能な特別区を対象に，東京・特別区のガバナンスの状況を分析

表4-3　非営利組織・自治会数の分布（東京・特別区）

	1	2	3		4		5		6	
	NPO法人（母集団）	社会団体（母集団）	NPO法人＋社会団体（母集団）		非営利組織（回収サンプル）		自治会数（母集団）		自治会（回収サンプル）	
	2005	2005	2005		2006-07		2018		2006-07	
	度数	度数	度数	%	度数	%	度数	%	度数	%
千代田区	355	1603	1958	14.5	412	18.5	109	2.6	–	–
中央区	257	1026	1283	9.5	264	11.9	176	4.2	–	–
港区	434	1390	1824	13.5	359	16.1	230	5.4	–	–
新宿区	434	916	1350	10.0	225	10.1	–	–	–	–
文京区	181	481	662	4.9	132	5.9	154	3.6	27	7.3
台東区	104	487	591	4.4	104	4.7	199	4.7	–	–
墨田区	41	178	219	1.6	29	1.3	167	3.9	30	8.1
江東区	84	260	344	2.5	39	1.8	278	6.6	42	11.4
品川区	115	282	397	2.9	59	2.7	203	4.8	–	–
目黒区	97	135	232	1.7	37	1.7	82	1.9	9	2.4
大田区	109	305	414	3.1	40	1.8	217	5.1	43	11.7
世田谷区	231	274	505	3.7	53	2.4	197	4.6	32	8.7
渋谷区	311	590	901	6.7	134	6	105	2.5	–	–
中野区	113	156	269	2.0	29	1.3	112	2.6	12	3.3
杉並区	186	203	389	2.9	48	2.2	161	3.8	21	5.7
豊島区	161	350	511	3.8	66	3	129	3.0	–	–
北区	72	153	225	1.7	21	0.9	182	4.3	19	5.1
荒川区	42	134	176	1.3	16	0.7	120	2.8	—	–
板橋区	99	184	283	2.1	32	1.4	220	5.2	27	7.3
練馬区	142	163	305	2.3	44	2	250	5.9	–	–
足立区	90	180	270	2.0	34	1.5	434	10.2	73	19.8
葛飾区	42	129	171	1.3	20	0.9	238	5.6	34	9.2
江戸川区	77	167	244	1.8	29	1.3	276	6.5	–	–
合計	3777	9746	13523	100.0	2226	100	4239	100	369	

出所)　1：内閣府および東京都のホームページからNPO法人数をカウントすることによって得られている（辻中・森編 2010：18）．2005年12月時点 2：NTT番号情報（株）iタウンページから「組合・団体数（重複記載団体，解散団体，認められない登録情報を除く）」をカウントすることによって得られている（辻中・森編 2010：18）．4：「団体基礎構造に関する調査」（2007年），6：「町内会・自治会など近隣住民組織に関する全国調査」（2006年），ただし，5：各自治体HPから自治会数をカウントした（2018年時点）．

表4-4　観察可能な自治会の分布状況（東京・特別区）

	自治会数（母集団）		自治会（回収サンプル）	
	2018		2006-07	
	度数	％	度数	％
文京区	154	6.3	27	7.3
墨田区	167	6.8	30	8.1
江東区	278	11.4	42	11.4
目黒区	82	3.4	9	2.4
大田区	217	8.9	43	11.7
世田谷区	197	8.1	32	8.7
中野区	112	4.6	12	3.3
杉並区	161	6.6	21	5.7
北区	182	7.5	19	5.1
板橋区	220	9.0	27	7.3
足立区	434	17.8	73	19.8
葛飾区	238	9.7	34	9.2
合計	2442		369	

出所）　表4-2と同じ.

する.

3．地域を紡ぐ信頼，社会参加，暮らしの政策に関する
　　住民意識を調査する

　筆者は「研究費番号：MHF2020-A006，ソーシャル・キャピタルの世代間継承が及ぼす都市ガバナンスのQOL改善に関する研究」（前川ヒトづくり財団2020年度（一般枠））の助成を得て，さらには「21世紀・首都東京のQOLを持続的に向上しうる都市ガバナンスの実証研究」（千葉商科大学　戸川和成（政策情報学部　助教））に基づいて，2020年11月には「地域を紡ぐ信頼，社会参加，暮らしの政策に関する調査」および，ヒアリング調査を含んだ混合研究法に基づく研究を実施している．それは東京23区のソーシャル・キャピタルを世代間継承と都市ガバナンスの観点から調査している[9].

　とりわけ，東京23区のガバナンスを住民の視点から把握することができるよう，ソーシャル・キャピタル，都市ガバナンス，QOLの枠組みに沿った設問表を作成している．本研究では本データも併用することで，東京23区の地域社会運営の実態を体系的に把握しようとしている．本節では，その研究デザインに基づく調査概要について詳述する．

3.1 「地域を紡ぐ信頼，社会参加，暮らしの政策に関する調査」(2020年) の実施概要

1）調査の目的

　社会関係資本は「心の外部性を伴う信頼・規範・ネットワーク」(稲葉 2005：17-18) と定義される．本研究は稲葉 (2005) の定義に基づいて，外部性を伴う信頼・規範・ネットワークの社会関係資本が，地方政府と市民社会組織の協働による地域社会運営に対してどのような影響を及ぼすのかについて，都市ガバナンス，QOL，社会関係資本の世代間継承に関する考察を含めて考えることにしたい．なお，本調査はコロナ禍以前と緊急事態宣言下の意識・活動状況への変化を把握し，自粛行動 (外出抑制・感染防止行動など) との関連も調査している．

2）調査実施期間ほか

　本調査の概要は表 4 - 5 のとおりである．2020年 (令和 2 年) 11月 2 日 (月) 〜11月 9 日 (月) にかけて Web 登録モニターを対象に，「地域を紡ぐ信頼，社会参加，暮らしの政策に関する調査」を行った．調査対象者は東京都23区在住の市民とし，20歳以上男女ウェブ調査登録モニターの26,382人が母集団となっている．そのうち，各区部100人を回収希望数に設定しつつ，住民基本台帳に記載された住民の人口分布に基づいて，さらに性別×年齢階層 (6 階層) に応じて有効回答数を収集するように調査を設計した (抽出方法：人口構成比割付に基づく無作為抽出)．その結果として得られた都市別の有効回答数は表 4 - 5 のとおりである．

3）調査項目・設問

　本調査の調査項目の概要は以下のとおりである．(1)居住地域の環境について，① その状況に対する評価 (不満度)，② 住民づきあいの状況変化，③ まちづくりの活発さ，④ 自治会活動の必要性とその理由，⑤ 一般的信頼，⑥ 一般的互酬性，⑦ 地域資源を守る取り組みへの意見，(2)日常的な生活・活動について，① 日常的なつきあい (近所，友人・知人，親戚・親類，職場の同僚)，② 健康評価，③ 自治会加入状況・役員経験，④ 団体参加 (自治会活動)，⑤ 自治会や地域活動の様子，⑥ 世代間交流，(3)子どものころの経験について，① 人助けの経験，② 地域活動の参加経験など，(4)区政運営への評価について，① 首長・行政の

表 4-5　調査の概要

区分	内容
調査日	令和2年11月2日（月）～11月9日（月）
調査対象地域	東京都特別区部
調査対象者	20歳以上男女ウェブ調査登録モニター26,382人 （令和2年8月現在, 楽天インサイト株式会社のパネルデータ）
調査方法	ウェブ調査
抽出方法	人口構成比割付 （令和2年1月時点の住民基本台帳に記載された人口に基づく[注1]）
都市均等割り付け（目標） サンプル数	N＝2,300人（各100人×特別区23都市）
有効回収サンプル数	N＝2,300，名（内訳／千代田区97人，中央区101人，港区101人，新宿区101人，文京区101人，台東区101人，墨田区100人，江東区100人，品川区99人，目黒区100人，大田区100人，世田谷区100人，渋谷区101人，中野区100人，杉並区101人，豊島区99人，北区99人，荒川区98人，板橋区100人，練馬区99人，足立区102人，葛飾区101人，江戸川区99人）

注）　1：データの出所＝東京都（2019）「第7表　区市町村，年齢（5歳階級），日本人，外国人及び男女別人口」，『住民基本台帳による東京都の世帯と人口（町丁別・年齢別）／令和2年1月』．

取り組み評価，②政策満足度，③アクターの影響力，④組織への信頼，⑤区政や財政への意見，⑥自治会・町内会と行政の協働，(5)回答者の属性の以上が設問である．

　なお，本調査の設問は基本的には辻中豊氏が2017年に実施した「行政と市民意識に関する調査」の枠組みに依拠しつつも，社会関係資本に関する設問は稲葉陽二氏が2013年に実施した「暮らしの安心・信頼・社会参加に関するアンケート調査」（2013）を参考にし，さらに大幅な改定を行って調査票を作成した[10]．また，本調査の内容・形式については，千葉商科大学研究倫理委員会の審査を受審し，研究計画の承認を得ている（令和2年10月29日付承認番号20-01）．

4）回答結果の記述統計——母集団情報との比較

　住民基本台帳に記載された人口分布と比べてみた，戸川（2020）調査の回収結果は表4-6～表4-9のとおりである．表は母集団の統計情報と，Web登録モニターの回答者結果を男女別年齢階層（6階層）に分けている．本調査結果は住民基本台帳に基づく母集団の分布と比べてみて，人口の構成比に大きな偏りが少ないことがみて取れる．

表4-6　調査対象のサンプル分布(a)

		N 母集団（R2.1.1住民基本台帳）			N 回収サンプル			% 母集団（R2.1.1住民基本台帳）			% 回収サンプル		
		計(a)	男	女	計(b)	男	女	計(a)	男	女	計(b)	男	女
計	計	7,484,425	3,738,858	3,745,567	2300	1150	1150	100.0	100.0	100.0	100.0	100.0	100.0
	20代	1,269,767	632,565	637,202	391	193	198	17.0	16.9	17.0	17.0	16.8	17.2
	30代	1,468,783	745,856	722,927	468	239	229	19.6	19.9	19.3	20.3	20.8	19.9
	40代	1,595,576	806,420	789,156	496	250	246	21.3	21.6	21.1	21.6	21.7	21.4
	50代	1,294,183	662,907	631,276	391	199	192	17.3	17.7	16.9	17.0	17.3	16.7
	60代	926,945	466,120	460,825	285	142	143	12.4	12.5	12.3	12.4	12.3	12.4
	70代	929,171	424,990	504,181	269	127	142	12.4	11.4	13.5	11.7	11.0	12.3
千代田区	計	51,221	26,312	24,909	97	49	48	100.0	100.0	100.0	100.0	100.0	100.0
	20代	8,707	4,727	3,980	16	7	9	17.0	18.0	16.0	16.5	14.3	18.8
	30代	11,789	6,293	5,496	23	12	11	23.0	23.9	22.1	23.7	24.5	22.9
	40代	11,890	6,019	5,871	23	12	11	23.2	22.9	23.6	23.7	24.5	22.9
	50代	8,707	4,416	4,291	17	9	8	17.0	16.8	17.2	17.5	18.4	16.7
	60代	5,169	2,591	2,578	15	6	9	10.1	9.8	10.3	15.5	12.2	18.8
	70代	4,959	2,266	2,693	3	3	0	9.7	8.6	10.8	3.1	6.1	0.0
中央区	計	133,508	63,839	69,669	101	48	53	100.0	100.0	100.0	100.0	100.0	100.0
	20代	17,855	8,599	9,256	13	6	7	13.4	13.5	13.3	12.9	12.5	13.2
	30代	33,272	15,828	17,444	25	12	13	24.9	24.8	25.0	24.8	25.0	24.5
	40代	34,725	16,487	18,238	26	12	14	26.0	25.8	26.2	25.7	25.0	26.4
	50代	23,797	11,742	12,055	18	9	9	17.8	18.4	17.3	17.8	18.8	17.0
	60代	12,488	6,207	6,281	11	5	6	9.4	9.7	9.0	10.9	10.4	11.3
	70代	11,371	4,976	6,395	8	4	4	8.5	7.8	9.2	7.9	8.3	7.5
港区	計	203,412	96,298	107,114	101	48	53	100.0	100.0	100.0	100.0	100.0	100.0
	20代	27,681	13,603	14,078	14	7	7	13.6	14.1	13.1	13.9	14.6	13.2
	30代	45,860	21,472	24,388	23	11	12	22.5	22.3	22.8	22.8	22.9	22.6
	40代	50,712	23,939	26,773	25	12	13	24.9	24.9	25.0	24.8	25.0	24.5
	50代	37,429	18,319	19,110	18	9	9	18.4	19.0	17.8	17.8	18.8	17.0
	60代	21,804	10,375	11,429	11	5	6	10.7	10.8	10.7	10.9	10.4	11.3
	70代	19,926	8,590	11,336	10	4	6	9.8	8.9	10.6	9.9	8.3	11.3
新宿区	計	284,006	145,625	138,381	101	52	49	100.0	100.0	100.0	100.0	100.0	100.0
	20代	60,581	31,104	29,477	21	11	10	21.3	21.4	21.3	20.8	21.2	20.4
	30代	61,112	32,680	28,432	22	12	10	21.5	22.4	20.5	21.8	23.1	20.4
	40代	56,988	29,609	27,379	20	10	10	20.1	20.3	19.8	19.8	19.2	20.4
	50代	43,942	22,529	21,413	16	8	8	15.5	15.5	15.5	15.8	15.4	16.3
	60代	30,963	15,676	15,287	11	6	5	10.9	10.8	11.0	10.9	11.5	10.2
	70代	30,420	14,027	16,393	11	5	6	10.7	9.6	11.8	10.9	9.6	12.2
文京区	計	175,779	84,552	91,227	101	48	53	100.0	100.0	100.0	100.0	100.0	100.0
	20代	31,612	15,824	15,788	18	9	9	18.0	18.7	17.3	17.8	18.8	17.0
	30代	36,674	18,040	18,634	21	10	11	20.9	21.3	20.4	20.8	20.8	20.8
	40代	38,546	18,322	20,224	22	10	12	21.9	21.7	22.2	21.8	20.8	22.6
	50代	29,587	14,118	15,469	17	8	9	16.8	16.7	17.0	16.8	16.7	17.0
	60代	20,400	9,777	10,623	12	6	6	11.6	11.6	11.6	11.9	12.5	11.3
	70代	18,960	8,471	10,489	11	5	6	10.8	10.0	11.5	10.9	10.4	11.3

出所）　表4-4と同じ.

表4-7　調査対象のサンプル分布(b)

		N						%					
		母集団（R2.1.1住民基本台帳）			回収サンプル			母集団（R2.1.1住民基本台帳）			回収サンプル		
		計(a)	男	女	計(b)	男	女	計(a)	男	女	計(b)	男	女
台東区	計	163,618	85,796	77,822	101	52	49	100.0	100.0	100.0	100.0	100.0	100.0
	20代	26,107	13,650	12,457	16	8	8	16.0	15.9	16.0	15.8	15.4	16.3
	30代	33,580	17,866	15,714	21	11	10	20.5	20.8	20.2	20.8	21.2	20.4
	40代	35,086	18,413	16,673	21	11	10	21.4	21.5	21.4	20.8	21.2	20.4
	50代	27,247	14,525	12,722	17	9	8	16.7	16.9	16.3	16.8	17.3	16.3
	60代	20,440	10,971	9,469	13	7	6	12.5	12.8	12.2	12.9	13.5	12.2
	70代	21,158	10,371	10,787	13	6	7	12.9	12.1	13.9	12.9	11.5	14.3
墨田区	計	218,367	110,023	108,344	100	52	48	100.0	100.0	100.0	100.0	100.0	100.0
	20代	37,071	18,310	18,761	17	8	9	17.0	16.6	17.3	17.0	15.4	18.8
	30代	45,758	23,390	22,368	21	11	10	21.0	21.3	20.6	21.0	21.2	20.8
	40代	45,084	23,168	21,916	21	11	10	20.6	21.1	20.2	21.0	21.2	20.8
	50代	35,222	18,204	17,018	16	8	8	16.1	16.5	15.7	16.0	15.4	16.7
	60代	27,202	13,882	13,320	12	6	6	12.5	12.6	12.3	12.0	11.5	12.5
	70代	28,030	13,069	14,961	13	8	5	12.8	11.9	13.8	13.0	15.4	10.4
江東区	計	404,020	201,613	202,407	100	50	50	100.0	100.0	100.0	100.0	100.0	100.0
	20代	56,335	28,513	27,822	14	7	7	13.9	14.1	13.7	14.0	14.0	14.0
	30代	78,607	39,296	39,311	20	10	10	19.5	19.5	19.4	20.0	20.0	20.0
	40代	93,722	47,270	46,452	23	12	11	23.2	23.4	22.9	23.0	24.0	22.0
	50代	70,033	36,333	33,700	17	9	8	17.3	18.0	16.6	17.0	18.0	16.0
	60代	51,934	25,640	26,294	13	6	7	12.9	12.7	13.0	13.0	12.0	14.0
	70代	53,389	24,561	28,828	13	6	7	13.2	12.2	14.2	13.0	12.0	14.0
品川区	計	316,852	158,240	158,612	99	49	50	100.0	100.0	100.0	100.0	100.0	100.0
	20代	50,165	25,546	24,619	16	8	8	15.8	16.1	15.5	16.2	16.3	16.0
	30代	70,575	35,850	34,725	22	11	11	22.3	22.7	21.9	22.2	22.4	22.0
	40代	69,891	34,949	34,942	22	11	11	22.1	22.1	22.0	22.2	22.4	22.0
	50代	51,790	26,494	25,296	16	8	8	16.3	16.7	15.9	16.2	16.3	16.0
	60代	37,042	18,311	18,731	12	6	6	11.7	11.6	11.8	12.1	12.2	12.0
	70代	37,389	17,090	20,299	11	5	6	11.8	10.8	12.8	11.1	10.2	12.0
目黒区	計	222,725	106,260	116,465	100	48	52	100.0	100.0	100.0	100.0	100.0	100.0
	20代	35,660	17,479	18,181	16	8	8	16.0	16.4	15.6	16.0	16.7	15.4
	30代	48,935	23,604	25,331	22	11	11	22.0	22.2	21.7	22.0	22.9	21.2
	40代	50,024	23,723	26,301	23	11	12	22.5	22.3	22.6	23.0	22.9	23.1
	50代	38,715	18,698	20,017	17	8	9	17.4	17.6	17.2	17.0	16.7	17.3
	60代	24,708	11,821	12,887	11	5	6	11.1	11.1	11.1	11.0	10.4	11.5
	70代	24,683	10,935	13,748	11	5	6	11.1	10.3	11.8	11.0	10.4	11.5
大田区	計	576,107	291,933	284,174	100	51	49	100.0	100.0	100.0	100.0	100.0	100.0
	20代	101,069	49,738	51,331	18	9	9	17.5	17.0	18.1	18.0	17.6	18.4
	30代	105,863	54,693	51,170	18	9	9	18.4	18.7	18.0	18.0	17.6	18.4
	40代	117,884	60,590	57,294	21	11	10	20.5	20.8	20.2	21.0	21.6	20.4
	50代	99,722	52,461	47,261	17	9	8	17.3	18.0	16.6	17.0	17.6	16.3
	60代	74,878	38,414	36,464	13	7	6	13.0	13.2	12.8	13.0	13.7	12.2
	70代	76,691	36,037	40,654	13	6	7	13.3	12.3	14.3	13.0	11.8	14.3

出所）　表4-4と同じ.

表4-8　調査対象のサンプル分布(c)

		N						%					
		母集団（R2.1.1住民基本台帳）			回収サンプル			母集団（R2.1.1住民基本台帳）			回収サンプル		
		計(a)	男	女	計(b)	男	女	計(a)	男	女	計(b)	男	女
世田谷区	計	712,117	339,718	372,399	100	48	52	100.0	100.0	100.0	100.0	100.0	100.0
	20代	116,474	55,785	60,689	17	8	9	16.4	16.4	16.3	17.0	16.7	17.3
	30代	136,692	65,405	71,287	19	9	10	19.2	19.3	19.1	19.0	18.8	19.2
	40代	158,748	75,272	83,476	23	11	12	22.3	22.2	22.4	23.0	22.9	23.1
	50代	132,258	65,213	67,045	18	9	9	18.6	19.2	18.0	18.0	18.8	17.3
	60代	86,821	42,079	44,742	12	6	6	12.2	12.4	12.0	12.0	12.5	11.5
	70代	81,124	35,964	45,160	11	5	6	11.4	10.6	12.1	11.0	10.4	11.5
渋谷区	計	184,998	90,198	94,800	101	49	52	100.0	100.0	100.0	100.0	100.0	100.0
	20代	28,893	13,997	14,896	16	8	8	15.6	15.5	15.7	15.8	16.3	15.4
	30代	43,098	21,877	21,221	23	12	11	23.3	24.2	22.4	22.8	24.5	21.2
	40代	42,399	20,774	21,625	23	11	12	22.9	23.0	22.8	22.8	22.4	23.1
	50代	31,488	15,437	16,051	17	8	9	17.0	17.1	16.9	16.8	16.3	17.3
	60代	20,262	9,823	10,439	11	5	6	11.0	10.9	11.0	10.9	10.2	11.5
	70代	18,858	8,340	10,518	11	5	6	10.2	9.2	11.1	10.9	10.2	11.5
中野区	計	272,479	141,006	131,473	100	52	48	100.0	100.0	100.0	100.0	100.0	100.0
	20代	55,515	28,568	26,947	20	10	10	20.4	20.3	20.5	20.0	19.2	20.8
	30代	59,746	32,394	27,352	22	12	10	21.9	23.0	20.8	22.0	23.1	20.8
	40代	54,440	29,083	25,357	20	11	9	20.0	20.6	19.3	20.0	21.2	18.8
	50代	42,522	22,167	20,355	15	8	7	15.6	15.7	15.5	15.0	15.4	14.6
	60代	30,494	15,227	15,267	12	6	6	11.2	10.8	11.6	12.0	11.5	12.5
	70代	29,762	13,567	16,195	11	5	6	10.9	9.6	12.3	11.0	9.6	12.5
杉並区	計	453,639	220,908	232,731	101	49	52	100.0	100.0	100.0	100.0	100.0	100.0
	20代	82,327	39,217	43,110	19	9	10	18.1	17.8	18.5	18.8	18.4	19.2
	30代	92,754	46,324	46,430	20	10	10	20.4	21.0	20.0	19.8	20.4	19.2
	40代	94,105	46,431	47,674	21	10	11	20.7	21.0	20.5	20.8	20.4	21.2
	50代	77,344	38,615	38,729	18	9	9	17.0	17.5	16.6	17.8	18.4	17.3
	60代	54,878	26,830	28,048	12	6	6	12.1	12.1	12.1	11.9	12.2	11.5
	70代	52,231	23,491	28,740	11	5	6	11.5	10.6	12.3	10.9	10.2	11.5
豊島区	計	236,484	121,518	114,966	99	51	48	100.0	100.0	100.0	100.0	100.0	100.0
	20代	50,817	25,625	25,192	22	11	11	21.5	21.1	21.9	22.2	21.6	22.9
	30代	50,232	26,618	23,614	21	11	10	21.2	21.9	20.5	21.2	21.6	20.8
	40代	46,675	24,687	21,988	19	10	9	19.7	20.3	19.1	19.2	19.6	18.8
	50代	36,216	18,891	17,325	15	8	7	15.3	15.5	15.1	15.2	15.7	14.6
	60代	26,682	13,706	12,976	11	6	5	11.3	11.3	11.3	11.1	11.8	10.4
	70代	25,862	11,991	13,871	11	5	6	10.9	9.9	12.1	11.1	9.8	12.5
北区	計	276,663	141,032	135,631	99	51	48	100.0	100.0	100.0	100.0	100.0	100.0
	20代	48,214	24,472	23,742	18	9	9	17.4	17.4	17.5	18.2	17.6	18.8
	30代	54,823	28,799	26,024	19	10	9	19.8	20.4	19.2	19.2	19.6	18.8
	40代	54,537	28,688	25,849	19	10	9	19.7	20.3	19.1	19.2	19.6	18.8
	50代	43,069	22,382	20,687	15	8	7	15.6	15.9	15.3	15.2	15.7	14.6
	60代	36,447	18,595	17,852	13	7	6	13.2	13.2	13.2	13.1	13.7	12.5
	70代	39,573	18,096	21,477	15	7	8	14.3	12.8	15.8	15.2	13.7	16.7

出所）表4-4と同じ.

表4-9　調査対象のサンプル分布(d)

		N						%					
		母集団（R2.1.1住民基本台帳）			回収サンプル			母集団（R2.1.1住民基本台帳）			回収サンプル		
		計(a)	男	女	計(b)	男	女	計(a)	男	女	計(b)	男	女
荒川区	計	168,401	85,414	82,987	98	50	48	100.0	100.0	100.0	100.0	100.0	100.0
	20代	28,343	14,309	14,034	16	8	8	16.8	16.8	16.9	16.3	16.0	16.7
	30代	32,163	16,519	15,644	19	10	9	19.1	19.3	18.9	19.4	20.0	18.8
	40代	35,214	18,007	17,207	21	11	10	20.9	21.1	20.7	21.4	22.0	20.8
	50代	27,607	14,312	13,295	16	8	8	16.4	16.8	16.0	16.3	16.0	16.7
	60代	22,276	11,407	10,869	13	7	6	13.2	13.4	13.1	13.3	14.0	12.5
	70代	22,798	10,860	11,938	13	6	7	13.5	12.7	14.4	13.3	12.0	14.6
板橋区	計	446,820	223,571	223,249	100	50	50	100.0	100.0	100.0	100.0	100.0	100.0
	20代	80,975	38,835	42,140	18	9	9	18.1	17.4	18.9	18.0	18.0	18.0
	30代	82,558	42,009	40,549	18	9	9	18.5	18.8	18.2	18.0	18.0	18.0
	40代	89,880	46,447	43,433	20	10	10	20.1	20.8	19.5	20.0	20.0	20.0
	50代	73,940	38,332	35,608	17	9	8	16.5	17.1	15.9	17.0	18.0	16.0
	60代	59,432	30,120	29,312	14	7	7	13.3	13.5	13.1	14.0	14.0	14.0
	70代	60,035	27,828	32,207	13	6	7	13.4	12.4	14.4	13.0	12.0	14.0
練馬区	計	564,546	277,779	286,767	99	49	50	100.0	100.0	100.0	100.0	100.0	100.0
	20代	97,199	46,683	50,516	17	8	9	17.2	16.8	17.6	17.2	16.3	18.0
	30代	103,227	51,267	51,960	18	9	9	18.3	18.5	18.1	18.2	18.4	18.0
	40代	116,675	58,748	57,927	20	10	10	20.7	21.1	20.2	20.2	20.4	20.0
	50代	104,161	52,929	51,232	18	9	9	18.5	19.1	17.9	18.2	18.4	18.0
	60代	73,146	36,718	36,428	13	7	6	13.0	13.2	12.7	13.1	14.3	12.0
	70代	70,138	31,434	38,704	13	6	7	12.4	11.3	13.5	13.1	12.2	14.0
足立区	計	530,113	271,714	258,399	102	52	50	100.0	100.0	100.0	100.0	100.0	100.0
	20代	83,196	43,346	39,850	16	8	8	15.7	16.0	15.4	15.7	15.4	16.0
	30代	87,314	45,520	41,794	17	9	8	16.5	16.8	16.2	16.7	17.3	16.0
	40代	110,382	57,892	52,490	21	11	10	20.8	21.3	20.3	20.6	21.2	20.0
	50代	95,911	50,487	45,424	19	10	9	18.1	18.6	17.6	18.6	19.2	18.0
	60代	72,749	37,529	35,220	14	7	7	13.7	13.8	13.6	13.7	13.5	14.0
	70代	80,561	36,940	43,621	15	7	8	15.2	13.6	16.9	14.7	13.5	16.0
葛飾区	計	355,310	181,499	173,811	101	51	50	100.0	100.0	100.0	100.0	100.0	100.0
	20代	55,295	28,275	27,020	16	8	8	15.6	15.6	15.5	15.8	15.7	16.0
	30代	60,454	31,404	29,050	17	9	8	17.0	17.3	16.7	16.8	17.6	16.0
	40代	72,848	38,037	34,811	21	11	10	20.5	21.0	20.0	20.8	21.6	20.0
	50代	64,663	33,722	30,941	18	9	9	18.2	18.6	17.8	17.8	17.6	18.0
	60代	50,518	26,114	24,404	14	7	7	14.2	14.4	14.0	13.9	13.7	14.0
	70代	51,532	23,947	27,585	15	7	8	14.5	13.2	15.9	14.9	13.7	16.0
江戸川区	計	533,240	274,010	259,230	99	51	48	100.0	100.0	100.0	100.0	100.0	100.0
	20代	89,676	46,360	43,316	17	9	8	16.8	16.9	16.7	17.2	17.6	16.7
	30代	93,697	48,758	44,939	17	9	8	17.6	17.8	17.3	17.2	17.6	16.7
	40代	115,121	59,865	55,256	21	11	10	21.6	21.8	21.3	21.2	21.6	20.8
	50代	98,813	52,581	46,232	19	10	9	18.5	19.2	17.8	19.2	19.6	18.8
	60代	66,212	34,307	31,905	12	6	6	12.4	12.5	12.3	12.1	11.8	12.5
	70代	69,721	32,139	37,582	13	6	7	13.1	11.7	14.5	13.1	11.8	14.6

出所）表4-4と同じ.

　例えば，特別区全体（表4-7では「計」）の母集団は性別にかかわらず，最頻値は40代（男性：21.6%，女性：21.1）である．その傾向は回収サンプルをみても変わらない．この傾向は区別の集計結果からも同様である．それを踏まえれば，本調査結果を基にして東京区部在住の住民意識や行動様式を推し量ることには一定の妥当性を得られよう．

　本調査実施に係る作業を受託した楽天インサイト株式会社はWeb調査登録モニターの回答者の特性を把握するために，母集団に相当する国勢調査の統計調査結果と比べた上で，発生するデータの偏り（バイアス）を検討している[11]．「モニター特性調査（2015年7月実施結果）」によれば，「全国47都道府県15〜79歳男女個人（2,000名抽出）」の回答結果は，日本国内の全ての居住者を対象とした国勢調査（2010年10月）値は，15〜79歳のデータで再集計して比べてみると，「居住地」が国勢調査（15〜79歳）に比べて，「関東地方居住」が4.0%程度高くなる程度で，分布の形状に大きな差異は発生していない．また，回答者属性のうち，「世帯構成」の「1世代世帯（夫婦だけ）」が8.0%とややデータの偏りが生じるのみであった．そして，国勢調査と比較して，男性の「就業状況」の「有職者」の割合が3%程度高い程度である．つまり，それを除く「有配偶状況」，「世帯構成」，「住居の種類」の回答者分布の形状に大きな差異は生じていないので，Web調査のパネルデータを利用して，サンプリングすることによって生じるデータの偏りは小さいと考えられる．

　しかし，本調査にはサンプリングに問題があることを否定できない．とりわけ，表4-6の千代田区の回答者分布が母集団と比べてやや異なる．それは「女性・60代」，「女性・70代」のサンプル数（%）に違いが生じている．60代が10.4pt（18.8-10.4）多く，70代の回答については得られていない．これは千代田区民の数が他の特別区と比べて少ないことに起因している可能性がある．それによって，Web調査モニターの登録数が少なくなる結果，想定していた回答期日までにその世代の回答者からは十分に有効回答を得られなかった可能性がある．本調査結果を解釈する場合には，この点を留意すべきであろう．

　加えて，本調査の各都市別の回答者数は100人前後であるから，サンプルサイズに起因する標本誤差には注意を要する．とりわけ，本調査結果は区部の社会関係資本と世代間継承，都市ガバナンス，QOLの関係を把握するための参考値として考えることにしたい．

　なお，本調査は区部の政策運営を評価すべく，各都市に等しく回答者数を集

め，100人前後の収集を計画した経緯がある．都市研究では，野田（2009）があるなど，市民の意識を居住人口のウェイトに応じて過大／過小に評価しないように比較する手法がある．よって，都市比較研究を行う上で本調査の研究デザインには一定の理解が得られよう．

5）回答者の属性

　回答者の性別はいずれの特別区においても，男女比がほぼ1：1の割合で構成されている．表4-10を参照し，男女計に基づく年齢階層別の回収結果（％）によれば，「20歳代」は17.0％，「30歳代」は20.3％，「40歳代」は21.6％，「50歳代」は17.0％，「60歳代」は12.4％，「70歳代」は11.7％である．また，表4-10の記述統計に基づくと，平均年齢は46.7歳の働き世代の回答者が多い．

　世帯年収をみると「400万円以上600万円未満」の割合が21.1％（最頻値）になっている．累積比率でみると，その世帯年収の前後が特別区部の中央値である．なお，特別区部（計）の回答分布によれば1,000万円以上の高所得者が2割を占めている中で，とくに練馬区（10.2）が最も少なく，港区（39.6）が最も多い．居住する区の間の世帯収入には大きな格差が存在している．

　居住年数をみると，「5年未満」の28.3％が最頻値となっており，中央値は「5〜10年未満」（17.0）と「10〜20年未満」（19.0）の前後である．既に先行研究では，池田（2017：32, 63）によって，都心部と山の手地域では転入率と転出率の入れ替わりが激しく起きていることや，下町地域に住む住民の定住率が高いことが示されているが，本調査結果もそれに整合している[12]．「住みたい区ランキング（2021年度版）」を調査すると，1位〜3位には首位が渋谷区，2位：港区，3位：新宿区と，都心部を中心とした特別区が並ぶのに対して，住む人々が定住する場所を選ぶとなると，下町地域に住まう住民の定住性は落ち着いているようである[13]．

　最終学歴をみると，「大学（大卒者）」の55.3％が最頻値となっており，「小・中学校」は0.9％，「高等学校」は15.7％，「短大・専門学校」は19.0％である．Web調査の登録モニターを対象とした調査では高学歴の回答者に偏る傾向があることを留意しておきたい．

　居住形態をみると，「住み込み，寄宿舎，独身寮」の住む「間借り」の1.7％を除いて，回答者分布はほぼ持ち家と借家で1：1の構成比で回答者が分布している．「持ち家」の回答者の内訳は「一戸建」が24.2％，「集合住宅」が26.7

表4-10　記述統計—回答者の属性

指標		東京都特別区部	
		N	%
性別			
	男性	1150	50.0
	女性	1150	50.0
年齢	平均値	2300	46.7
世帯収入（万円）			
	200＞	220	9.6
	200-400＞	447	19.4
	400-600＞	486	21.1
	600-800＞	368	16.0
	800-1,000＞	296	12.9
	1,000-1,200＞	195	8.5
	1200≦	288	12.5
居住年数			
	5年未満	652	28.3
	5～10年未満	392	17.0
	10～20年未満	436	19.0
	20～30年未満	309	13.4
	30～50年未満	331	14.4
	50～60年未満	90	3.9
	60年以上	90	3.9
最終学歴			
	小・中学校	21	0.9
	高等学校	362	15.7
	短大・専門学校	436	19.0
	大学	1271	55.3
	大学院	207	9.0
	その他	3	0.1
居住形態			
	持ち家　一戸建て	556	24.2
	持ち家　集合住宅	614	26.7
	賃貸　　一戸建て	42	1.8
	賃貸　　集合住宅	1049	45.6
	住み込み，寄宿舎，独身寮	39	1.7

出所）　筆者作成.

％である．それに対して，「賃貸」住まいの回答者のほとんどは「集合住宅」に住んでいる．その割合は45.6％である．

6）区部の地帯（エリア）に基づく記述統計

　では，回答者傾向にはどのような地域特性があるのだろうか．23の特別区に分けて，回答者傾向の違いをみることは議論が煩雑になってしまうため，ここでは和田（2006）が都市社会学の視点から過去の研究蓄積を基にして，東京の全体構造を把握するために開発した「地帯」を用いることにしたい（以下，エリアと表記する）．それは区部に特有な市街地開発の歴史と似通った住民属性によって分けられる6つの都市地域コミュニティから構成されている．具体的には千代田区，中央区，港区は「都心」エリア，新宿区，文京区，渋谷区，豊島区，中野区，目黒区は「副都心：インナー城西」エリア，品川区と大田区は「インナー城南」エリア，台東区，墨田区，荒川区，北区は「インナー城東」エリア，世田谷区，杉並区，練馬区は「アウター西」エリア，板橋区，足立区，葛飾区，江戸川区，江東区は「アウター北・東」エリアに分けられる．

　それによって，区部に住まう住民の違いをみると，回答者の傾向（記述統計）は6エリアに分けて把握することが可能になり，**表4-11**のような違いが確認された．

　とりわけ，世帯収入の格差が著しいことが回答者分布から読み取れる．都心部では「1,200万円以上」の割合が25.8％と高く，それが最頻値であることは他のエリアとも大きく異なる特徴である．「インナー城西」エリアや「インナー城東」エリアの最頻値が「400万円以上600万円未満」前後であるのに対し，インナーエリアの「城南エリア」やアウターエリアの「西エリア」は「200万円以上400万円未満」が最頻値になっており，地域間の収入格差が著しい．これは橋本・浅川（2020）が分析した東京研究と同様に，貧困層と富裕層の関係を単なる階層間の関係として捉えるのではなく，地域差の問題にまで現れている結果と整合的である．経済格差が都市空間をどのように変容させて都市ガバナンスに深刻な影響をもたらすのかは，注視すべき今後の課題であろう．

　それに対して，最終学歴をみると，ほとんどのエリアの回答者は「大学」卒業者の回答割合が過半数を占める．しかし，「アウター北・東」エリアの住民には当てはまらず，そのエリアの住民は「高等学校」卒業者が他のエリアに比べて22.5％と高いのが特徴的である．

表4-11　区部のエリア別にみた回答者属性

	指標	都心 n	都心 %	副都心 インナー城西 n	副都心 インナー城西 %	インナー城南 n	インナー城南 %	インナー城東 n	インナー城東 %	アウター西 n	アウター西 %	アウター北・東 n	アウター北・東 %
	計	299	100.0	602	100.0	199	100.0	398	100.0	300	100.0	502	100.0
性別	男性	145	48.5	300	49.8	100	50.3	205	51.5	146	48.7	254	50.6
	女性	154	51.5	302	50.2	99	49.7	193	48.5	154	51.3	248	49.4
年齢	平均値	46.0		45.6		47.0		47.1		46.7		47.9	
世帯収入（万円）	200>	18	6.0	60	10.0	12	6.0	51	12.8	35	11.7	44	8.8
	200-400>	39	13.0	114	18.9	46	23.1	59	14.8	79	26.3	110	21.9
	400-600>	45	15.1	141	23.4	42	21.1	87	21.9	60	20.0	111	22.1
	600-800>	44	14.7	88	14.6	38	19.1	74	18.6	37	12.3	87	17.3
	800-1,000>	46	15.4	63	10.5	24	12.1	52	13.1	43	14.3	68	13.5
	1,000-1,200>	30	10.0	58	9.6	20	10.1	27	6.8	22	7.3	38	7.6
	1200≦	77	25.8	78	13.0	17	8.5	48	12.1	24	8.0	44	8.8
居住年数	5年未満	101	33.8	184	30.6	54	27.1	114	28.6	75	25.0	124	24.7
	5～10年未満	68	22.7	103	17.1	30	15.1	67	16.8	49	16.3	75	14.9
	10～20年未満	58	19.4	112	18.6	44	22.1	70	17.6	60	20.0	92	18.3
	20～30年未満	32	10.7	86	14.3	16	8.0	42	10.6	54	18.0	79	15.7
	30～50年未満	29	9.7	72	12.0	40	20.1	51	12.8	45	15.0	94	18.7
	50～60年未満	5	1.7	18	3.0	9	4.5	24	6.0	11	3.7	23	4.6
	60年以上	6	2.0	27	4.5	6	3.0	30	7.5	6	2.0	15	3.0
最終学歴	小・中学校	1	0.3	2	0.3	2	1.0	5	1.3	2	0.7	9	1.8
	高等学校	28	9.4	74	12.3	31	15.6	76	19.1	40	13.3	113	22.5
	短大・専門学校	47	15.7	109	18.1	43	21.6	76	19.1	62	20.7	99	19.7
	大学	186	62.2	359	59.6	108	54.3	204	51.3	167	55.7	247	49.2
	大学院	37	12.4	57	9.5	15	7.5	37	9.3	29	9.7	32	6.4
	その他	0	0.0	1	0.2	0	0.0	0	0.0	0	0.0	2	0.4
居住形態	持ち家　一戸建て	24	8.0	146	24.3	52	26.1	109	27.4	92	30.7	133	26.5
	持ち家　集合住宅	112	37.5	143	23.8	57	28.6	113	28.4	49	16.3	140	27.9
	賃貸　一戸建て	3	1.0	13	2.2	4	2.0	4	1.0	10	3.3	8	1.6
	賃貸　集合住宅	151	50.5	287	47.7	80	40.2	168	42.2	147	49.0	216	43.0
	住み込み、寄宿舎、独身寮	9	3.0	13	2.2	6	3.0	4	1.0	2	0.7	5	1.0

出所）筆者作成。

また，居住形態の特徴は地域によってばらつきがある．都心部では「持ち家（集合住宅）」が37.5％と多く，「賃貸（集合住宅）」も50.5％と同様である．一方で，都心部を除くエリアでは「賃貸（集合住宅）」の割合が多く，「持ち家（一戸建て）」の割合も高くなる．中でも「アウター西」エリアでは「持ち家（一戸建て）」を持つ住民も30.7％に増えており，都市空間の住居構造の違いがエリアによってばらついているのは特徴的である．住居構造の違いが及ぼす都市のまちづくりとソーシャル・キャピタルへの影響を考えるには，今後の検討すべき課題である．

3.2　行政，自治会，社会福祉協議会へのヒアリング調査研究

さらに，定量的調査研究に加えて，定性的調査研究手法の一つとして，団体・組織を対象としたヒアリング調査を実施した．これは「ソーシャル・キャピタルがどのようにして都市ガバナンスと好循環することで，市民にとってより良い政策を導出できるのか」に関する示唆を得るためである．

しかしながら，コロナ禍においては倫理委員会への諮問を受ける都合上，感染状況の収束が見込めない中では，対面接触を通じた「ヒアリング調査」を基調とした研究を進めることが難しく，規模を縮小せざるを得なかった．よって，当初予定したとおりに計画を進めることができなかった．調査は行政職員および団体・組織リーダーに対して，研究戦略上可能な対象を中心に実施した．

そうした社会状況の結果を受けて，本研究では葛飾区の担当課2名，葛飾区新小岩第四自治会町会役員の副会長1名，葛飾区社会福祉協議会役員の代表2名，および墨田区の担当課3名の計8名を対象にヒアリング調査を行った．筆者が実施したヒアリング調査概要は次の**表4-12**のとおりである．

第1回ヒアリング調査は，まちづくりの主要な担い手である自治会を対象として，葛飾区新小岩第四自治会の活動状況と活動への住民の協力状況，行政との協働状況について調査した．第2回は行政側の意見を調査すべく，葛飾区地域振興部地域振興課を対象に，第3回はNPO・社会団体の活動状況の観点から協働の状況を把握するために，葛飾区社会福祉協議会を対象に実施した．第4回には，墨田区地域力支援部地域活動推進課に対して，ヒアリング調査を実施した．よって，葛飾区に関しては自治会，NPO・社会団体，行政の視点を踏まえた多次元的な都市ガバナンスの状況について把握することが可能である．

表 4-12　ヒアリング調査の概要

	日　時	対　象	場　所
第1回	2020年 4月16日	葛飾区新小岩第四自治会 副会長 O 氏の計1名	新小岩第四自治会会館内
第2回	2021年 3月16日	葛飾区地域振興部 地域振興課 M 氏，O 氏の計2名	葛飾区庁舎内
第3回	2021年 3月31日	葛飾区社会福祉協議会 K 氏，T 氏の計2名	ウェルピアかつしか内1F 体育館
第4回	2021年 4月15日	墨田区地域力支援部 地域活動推進課 O 氏，S 氏，I 氏の計3名	墨田区庁舎内

出所）　筆者作成.

表 4-13　ヒアリング調査の項目

		自治会	NPO・ 社会団体	行政
社会変化・組織内外 に関する運営の課題	活動状況の課題について① （高齢化・担い手不足（加入率低下）・世代間交流）	○	○	○
	活動状況の課題について② 人手不足を理由とした受託事業への負担	○	○	○
協働・他組織との かかわり状況	運営における区／団体・組織との協働・かかわりの状況 受託関係，パブリック・コメント，審議会への参加の状況	○	○	○
	運営における区／団体組織の他組織とのかかわりの状況 NPO・社会団体と自治会の間の関係	○	○	○
行政の支援体制	団体・組織をサポートする行政の支援体制について① 情報共有（発信／受信），活動の許認可，活動拠点の整備， 補助金・助成金の状況など	○	○	○
	団体・組織をサポートする行政の支援体制について② 行政の協働を仲介する働きかけについて （他組織を橋渡しするネットワークの構築の状況など）	○	○	○
関わりを通じた 要望・相談による 働きかけ	団体・組織の要望の働きかけと相談接触，行政の接触につ いて 団体・組織からの要望と行政からの相談・働きかけの状況	○	○	○
	区政運営への評価について 既存調査による「政策満足度」評価について	○	○	○

出所）　筆者作成.

1）調査目的・調査項目

　調査は，町内会・自治会，NPO・市民団体の活動当事者および団体・組織と協働関係を構築して地域社会運営を管理する「行政」主体を対象としている．

　質問紙の構成については表4-13のとおりである．「自治会」を対象とした調査では，① 自治会運営への地域住民のかかわり状況（およびその課題，運営への住民の協力について），② 自治会運営への区のかかわり（協働の取り組み）について，③ 区の政策への評価について，④ これまでの自治会の運営・取り組みに関する設問事項を作成して半構造化インタビューに基づく質問用紙を作成した．

　「NPO・社会団体」を対象とした調査では，① 自治会とのかかわり方，② 他のNPOや社会団体とのかかわり方，③ 協働に対する区の考え方・見解について尋ね，「行政」には① 自治会の支援体制・自治会との情報共有・自治会との政策上のかかわり方，② NPO・社会団体への支援体制，団体・組織との情報共有，団体・組織との政策上のかかわり方に対する認識と見解について尋ねている．

　本ヒアリングの調査項目から得られた証言をソーシャル・キャピタル，ガバナンス（協働・ネットワーク管理）の観点から，有用な知見を整理することで，本研究で構築している6つの仮説が妥当しうる事例への示唆を得られよう．

4．NPO団体を手始めとした　市民社会組織の存立／行動様式に関する調査研究

　筆者は市民意識調査研究に加えて，市民社会組織の実態を把握する混合研究法に基づく研究デザインも本書を執筆するにあたって，計画している．それはこれまでの研究計画の限界性に起因している．

4.1　研究目的

　戸川（2019a）はソーシャル・キャピタルとガバナンスという理論的概念を用いて，東京の特別区ごとに異なる市民に効果的な政策運営の在り方（政策満足度という主観的なデータを操作化された尺度）の差異とその因果メカニズムを説明しようとし，実証研究を展開している．

　一方で，定量的研究から統計的に有意であるメカニズムを明確にしている一方で，各区の定性的知見を踏まえた研究設計を構築できていないという限界があった．東京23区のQOL格差の問題には特別区と自治会や非営利組織の協働

によるガバナンスが関係しているとすれば，それは既に発生している東京問題を背景として，それぞれの団体・組織が地域住民と協力しながら地域を単位として取り組んでいる活動を観察する必要がある．それによって，都市問題が改善されるしくみの検討が求められるだろう．本来であれば，団体・組織を対象に，アンケート調査だけでなく，どのようにして住民の生活空間をより良くしているのかを究明するために，定性的知見を検討する必要があった．

　そこで，本書を執筆するにあたって，「混合研究法に基づく首都・東京の都市ガバナンスと QOL に関する実証研究」（千葉商科大学　戸川和成（政策情報学部助教））の計画（個人研究）を立て，NPO リーダーの意識調査を基にした研究を実施することに至った．本研究は第一段階として，① 日常生活における住民同士の交流の特徴や状況（若者と高齢者の世代間交流や新旧住民の交流など）があるか，② 団体は地域住民のためにどのような活動を行っているか，③ 団体からみた暮らしを支える区の政策への評価に関する状況調査（郵送法）を計画している．

　さらに，第二団体階としてはアンケート調査を実施後，それに続く団体・組織へのヒアリング調査への協力を回答団体に依頼し，快諾を得た団体・組織に対して，活動地域の状況や取り組み事例を把握するという計画を立てた．

　以上より，本調査研究は当初から目的としていた2019年に実施した博士学位請求論文のフォロー・アップを目的としており，市民社会組織を対象とした説明的デザインによる混合研究法のアプローチを採用している．半構造化インタビューによるヒアリング調査までを計画し，一連の量／質的研究を統合させて，操作可能な変数を基に，東京問題を改善する地域社会運営のしくみを可視化しようとしている．

　本節は，上述の目的に沿って計画した調査研究の概要を詳述する．

4.2　調査研究の実施概要

　実施概要および調査の実施プロセスは以下のとおりである．**表4-14**によれば，調査は東京都生活文化局が管理する NPO 法人ポータルサイトの法人情報を参照して実施している．主に，令和3年2月時点で登録されている7,565団体のうち，1,300団体に郵送法にもとづくアンケート調査の配布・回収を行った（抽出率＝17.2％）．抽出方法は無作為に行い，調査は令和3年5月末〜令和3年7月末にかけて実施した．

表 4 - 14　調査概要

調査名	「地域を紡ぐ信頼と社会参加，暮らしの政策に関する調査」
調査目的	都市ガバナンスとまちづくりに関する分析・ヒアリング調査
調査対象	認証 NPO 法人および認定 NPO 法人
調査実施日	令和 3 年 5 月末〜令和 3 年 7 月末
調査方法	郵送法（配布・回収）
抽出方法	無作為抽出
母集団	東京23区に所在する認証 NPO 法人および認定 NPO 法人（令和 3 年 2 月現在）
母集団数	7,565
配布数	1,300
抽出率	17.2
回収数	148
有効回収数（回収率）	11.4
ヒアリング調査協力意向団体数	44
ヒアリング調査実施団体数	9（令和 4 年 7 月現在）
ヒアリング調査実施率	20.5

出所）　筆者作成.

　その結果，148団体の回答を得られている（有効回収割合＝11.4％）．さらに，ヒアリング調査への協力意向を示した団体は44団体存在し，現在調査を遂行しえている団体数は 9 団体（完遂率＝20.5％）である．

　なお，ヒアリング調査の本数値は令和 4 年 7 月現在の数値であり，今後も継続して行うことを予定している．そのため，ヒアリング調査を分析する際は，中間報告という位置付けである．

　アンケート調査の回収状況については，以下の**表 4 -15**および**図 4 - 1** もあわせて参照されたい．調査は約 1 か月半をかけて実施しており，令和 3 年 6 月10日から令和 3 年 6 月28日にかけて 9 割近くを回収し，それ以降は緩やかにアンケート調査票の回収を行った．およそ期日として当初より設定した 3 週間以内に調査対象者からの回答を得られている[14]．

表4-15 令和3年6月から7月にかけた回収状況の推移

	回収数	回収率	累積回収率				
6月10日	45	30.4	30.4	7月1日	1	0.7	90.5
6月11日	14	9.5	39.9	7月2日	2	1.4	91.9
6月14日	25	16.9	56.8	7月5日	1	0.7	92.6
6月15日	4	2.7	59.5	7月6日	1	0.7	93.2
6月16日	7	4.7	64.2	7月7日	2	1.4	94.6
6月17日	9	6.1	70.3	7月12日	1	0.7	95.3
6月18日	2	1.4	71.6	7月15日	1	0.7	95.9
6月21日	7	4.7	76.4	7月20日	1	0.7	96.6
6月22日	2	1.4	77.7	7月21日	1	0.7	97.3
6月23日	6	4.1	81.8	7月22日	1	0.7	98.0
6月24日	2	1.4	83.1	7月23日	1	0.7	98.6
6月25日	1	0.7	83.8	7月29日	2	1.4	100.0
6月28日	4	2.7	86.5				
6月29日	2	1.4	87.8				
6月30日	3	2.0	89.9				
				合計	148	100.0	

出所) 筆者作成.

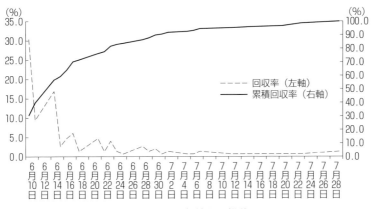

図4-1 回収結果の推移

出所) 筆者作成.

4.3 アンケート調査の設問項目

調査内容と設問項目は次のような構成となっている.

問1　団体所在地の情報（郵便番号）

問2　団体の設立年（数値を記入，自由回答）

問3　法人格の取得年（同上）

問4　団体会員数について
　　　設立時／現在の「個人会員数」，「団体会員の会員数（団体数と人数）」

問5　職員・スタッフの人数
　　　「常勤スタッフ」，「非常勤スタッフ」，「ボランティアスタッフ」の人数

問6　団体の設立理由
　　　1．自発的な市民活動が発展した，2．政策に対して不満があった，3．公的サービスへの不満があった，4．特定の問題（災害や犯罪等）が発生した，5．行政の勧めがあった，6．NPO法が制定された，7．その他

問7　活動の範囲
　　　1．市町村レベル，2．都道府県レベル，3．複数県にまたがる広域圏レベル，4．日本全国レベル，5．世界レベル

問8　主観的影響力（5段階回答）

問9　活動分野（主たる分野・従たる分野）
　　　1．保健，医療・福祉増進，2．社会教育の推進，3．まちづくりの推進，4．観光の振興，5．農村漁村，中山間地域の振興，6．学術，文化，芸術，スポーツの振興，7．環境保全，8．災害救援，9．地域安全活動，10．人権擁護・平和推進，11．国際協力，12．男女共同参画社会の形成，13．子どもの健全育成，14．情報化社会の発展，15．科学技術の振興，16．経済活動の活性化，17．職業能力の開発又は雇用機会の拡充，18．消費者の保護

問10　活動目的（複数回答）
　　　1．情報提供，2．生活や権利の防衛，3．教育・訓練・研修，4．補助金の斡旋，5．許認可や行政上の便宜，6．行政への主張・要求，7．情報の提供（会員外），8．政策提言，9．啓蒙活動，10．資金の助成，11．サービス提供（有償），12．サービス提供（無償），13．その他

問11　活動利益の実現主体（複数回答）
　　　1．地域住民，2．顧客・サービス受益者，3．団体メンバー，4．寄付者・援助者，5．日本中の人々，6．特定の国や地域の人々，7．世界中の人々

問12　活動・取り組みについて
　（1）政策分野（複数回答）
　　　1．住環境の整備，2．コミュニティ・文化活動の活性化，3．生活安

全の確保，4．公共施設の整備，5．福祉・医療の整備，6．学校教育・社会教育の充実，7．工業・企業の誘致，活性化，8．まちづくり・まちおこし，9．観光の活性化，10．その他

（2）具体的取り組みの内容（自由記述），活動頻度（4件回答）

活動の成果（自由記述），会員外の人々とのかかわり（自由記述）

（3）行政と一緒に活動する取り組みの有無・具体的内容（自由記述）

活動頻度（4件解答），活動の成果（自由記述）

問13　国・自治体との関係（単一回答）

「国」，「東京都」，「特別区」と以下のかかわりの有無について

1．行政に政策提言，2．有償の業務委託，3．フォーラム・イベントの共同，4．予算活動への支持・協力，5．政策執行への援助・協力，6．モニタリング，7．審議会・諮問機会への委員派遣，8．上記以外の無償の行政支援

問14　「他のNPO／ボランティア団体」，「地域団体」との連携・協力について（3件回答）

1．活動の趣旨・目的が共通し，一体化して活動，2．独自性を保ちながら，活動面で連携・協力，3．独自性を保ちながら，人材面での交流を行う，4．独自性を保ちながら，情報面での交流を行う，5．必要に応じて連携・協力を行う，6．連携して活動することで行政からの依頼を応諾しやすい，7．他の団体の機関誌を利用して，支援者募集の呼びかけを行う，8．活動場所を共有して自分たちの活動を行う，9．他の団体情報を会員へ提供する協力をしている．

問15　団体メンバーに関する意見（5件回答）

1．活動はほぼ同じ世代（年齢層）が参加している，2．様々な世代が参加している（年齢差が20歳以上），3．役員同士のつきあい・交流が盛んである，4．役員と一般のメンバーのつきあい・交流が盛んである，5．一般のメンバー同士のつきあい・交流が盛んである，6．活動内容に関する意思決定が行いやすい，7．活動内容が円滑に周知されている，8．活動内容に他のメンバーが関心を持っている，9．活動内容が世の中の変化に応じて変わっている，10．活動内容に子供が興味を持ちやすいものである，11．初めての人も活動に参加しやすい

問16　団体メンバーの健康状態（5件回答）

1．明るく，楽しい気分で過ごした，2．落ち着いた，リラックスした気分で過ごした，3．意欲的で，活動的に過ごした，4．ぐっすりと休め，気持ちよくめざめた，5．日常生活の中に，興味のあることがたく

さんあった

問17　活動を通じた地域住民とのかかわり（5件回答）

　　　1．スタッフとして協力，2．ボランティアとして協力，3．イベント
　　　などの際に参加，4．PRを協力，5．会員になってもらう，6．寄付な
　　　どの支援者として

問18　団体の意見について（5件回答）

　　　1．活動を行うにあたって，様々な世代の住民から協力が得られやすい

　　　2．活動を通じて，地域住民から要望の相談を受けることがある

　　　3．活動を通じて，行政から相談を受ける

　　　4．活動を住民と協力することで，行政よりも先進的なサービスを提供
　　　　できる

　　　5．地域住民の協力が得られることで，活動を継続的に行うことができ
　　　　る

　　　6．活動することで，区行政の人手不足の問題を補っている

　　　7．区行政だけでは足りないサービスを，活動を通じて住民に提供して
　　　　いる

　　　8．地域住民の後の世代を考えて活動している

問19　活動への住民の協力の程度（5件回答）

問20　同上設問に対する回答の理由と住民の状況について（自由記述）

問21　特別区の取り組みに対する満足度（5件回答）

　　　1．補助金・助成金，2．行政情報の提供，3．業務の委託，4．要望
　　　への誠実な対応，5．地域問題の協議の場の提供，6．自治会活動への
　　　支援全般

問22　特別区政の評価（5件回答）

　　　1．区の行政サービス（政策）全般，2．住環境の整備，3．コミュニ
　　　ティ・文化活動の活性化，4．生活安全の確保，5．公共施設の整備，
　　　6．福祉・医療の整備，7．学校教育・社会教育の充実，8．工業・企
　　　業の誘致，活性化，9．まちづくり・まちおこし，10．観光の活性化

問23　（1）同上の設問に対する回答理由と区政の評価（自由記述）

　　　（2）行政の対応について（5件回答）

　　　①まちづくりに対する連携・仲介役の取り組み状況

　　　　A：区は自治会・町内会やNPO，企業らによるまちづくりの中で，連携
　　　　　の仲介役を担っている

　　　　B：区は自治会・町内会やNPO，企業らが中心となって行うまちづくり
　　　　　の仲介役を担っていない

② 要望の受け入れの程度について（5件回答）
　　A：全体的にいって，区の政策は，区政モニター，パブリック・コメン
　　　　ト，住民協議会等により住民の意見が丁寧に反映されている
　　B：全体的にいって，区の政策に住民の声が届いているとは言い難い
問24　特別区との交流について（5件回答）
　　1．区や関係機関の機関紙を利用して，支援者募集などの呼びかけを
　　　　行っている
　　2．区立の施設を活動場所として利用している
　　3．区の情報を会員へ提供する協力をしている
問25　特定の政策・方針を〈実施〉させる，または〈修正〉経験の有無（自由記述）
【回答者属性】
問26　最終学歴
問27　公私のつきあい
　　1．町内会・自治会役員　　　　　　6．県や市町村の課長以上
　　2．協同組合理事　　　　　　　　　7．国会議員
　　3．同業者組合の役員　　　　　　　8．地方議員
　　4．NPO や市民活動団体の役員　　　9．マスメディア関係者
　　5．政治団体の役員　　　　　　　　10．学者・専門家

4.4　地域を紡ぐ信頼，社会参加，暮らしの政策に関するヒアリング調査

　コロナ禍の最中に調査研究を計画しているため，必ずしもアンケート調査の
直後にヒアリング調査を実施できておらず，幾度も起こった感染拡大期を避け，
令和4年度から研究を展開している．

　なお，当初は対面方式でのヒアリング調査を検討していたが，コロナ禍にお
いてはオンライン技術の普及が進んだ．そのため，ヒアリング調査の実施への
快諾の旨をアンケート調査によって確認した後，電子メールおよび電話によっ
て，回答団体への再依頼をかけ，オンライン（Zoom を使用）による会話（画面を
使用して資料を共有）によってヒアリング調査を実施した．

　調査票は**表4-16**に示すように，「1．活動全般に対する状況（活動の経緯や目
的，活動分野など）」，「2．各団体と地域住民とのかかわり・つながりの現状（コ
ロナ禍以前／後を分けて把握：NPO や自治会との連携・取り組みなど）」，「3．地域住民
との交流・かかわりについて（交流の手段，協力の程度）」，「4．区政運営の評価
（協働関係に着目して：まちづくりへの区の取り組み度合い，政策実施・阻止の事例など）」

表 4 - 16　ヒアリング調査の項目

		NPO	NPO 協議会
1．活動全般に対する状況			
①	活動の経緯について （例：設立理由・法人化に至る理由）	○	○
②	活動の目的	○	○
③	活動分野（政策問題の関わり・行政との連携） （例：影響力の程度・住民との接点有無など）	○	○
2．各団体と地域住民とのかかわり・つながりの現状			
①	他の NPO 等のボランティア団体との連携状況 （自治会や PTA を含む地縁団体との連携と比べた状況）	○	○
②	目的ごとの他団体（非営利組織・自治会）との連携状況 （例：人材面で交流・情報面）	○	○
③	行政からの依頼に応諾しやすい状況について （例：連携を促す地域状況・連携の仕方など）	○	○
④	地域住民から受ける相談事例について	○	○
3．活動を通じた地域住民の状況（関わり・交流の程度）について			
①	協力の仕方について （例：スタッフ・ボランティア・PR・会員・募金）	○	○ （区の状況含む）
②	地域住民の協力の程度について （例：結束力が強い事例・活動への集まりやすさなど）	○	○ （同上）
4．特別区および国・東京都の運営への参画・評価（協働の観点から）			
①	政策運営に参画する程度 （例：パブリック・コメント，審議会委員参加，モニタリング，社会サービスの提供など）	○	○ （区の状況含む）
②	政策実施・阻止事例の有無および内容	○	○ （区の活動事例含む）
③	自治体の協働への取り組みに対する評価 （例：行政情報の提供・要望への誠実な対応・地域問題の協議の場の用意）	○	○ （区全般的な評価）
④	自治体のまちづくりへの取り組みの評価 （例：まちづくりの仲介役を担っているか）	○	○ （同上）
⑤	住民の意見が区政に反映される状況・事例 （例：自治体（担当部局・担当課）は要望に「聴く耳」を持つ程度など）	○	○ （同上）

出所）　筆者作成.

を中心に設計している.

　なお，事前に回答を得たアンケート調査の結果にもとづいて証言を得る作業を行った.

5. ま　と　め——多面的に東京23区の QOL 格差問題を測る

　以上の調査概要を踏まえると，本研究は自治会，非営利組織（NPO，社会団体）と特別区の相互作用からガバナンスを捉えた上で，「市民社会組織—特別区関係」を団体・組織と行政，そして市民の意識調査の視点から総合的に特別区の地域社会運営を測ろうと試みた．筆者は都市の中で生活するアクターを住民だけではなく，地域のために活動する団体・組織も含め，暮らしの政策の質に生じる東京23区の格差の問題に焦点を当てることを意図していた．団体・組織は地域のために取り組んでいるが，行政と連携し，その結果どのようにして生活都市の再生に結びついているのだろうか.

　行政は，地域振興政策や市民活動政策をとおして，市民社会組織との連携を模索している．これらのコミュニティ政策によって生じるそれぞれの違いは，ソーシャル・キャピタルとガバナンスのパタンによってどのように説明可能なのだろうか．次章からは団体・組織と市民，行政の実証研究を多面的に行うことで，上記の研究課題を究明することにしたい.

注
1）　JIGS 研究プロジェクトとは，日米独韓における地球環境政策ネットワークの比較政治学的実証分析（Global Environmental Policy Network，略称 GEPON，1995-2003）プロジェクトから始め，その団体の基礎構造を把握する研究部門として1996年から始まった「団体基礎構造に関する研究会（代表：辻中豊）」である.

2）　データの概要について，自治会調査の詳細なプロセスは辻中ほか編（2009：32-36）の巻末の付録1「調査実施のプロセス」に依拠し，その調査方法に関する記述を参照している．そして，社会団体調査に関してはコードブック（辻中 2009a）および辻中・森編（2010：17-20）に依拠し，NPO 調査では，辻中・坂本・山本編（2012：37-39），市区町村調査では，コードブック（辻中 2009b）の概要に依拠している.

3）　団体数のデータに関しては，辻中ほか編（2009：23）が引用した総務省自治行政局行政課（2008）による『地縁による団体の認可事務の状況等に関する調査結果』の数値に基づいている．なお，自治会数について，直近の推計値は平成25年4月1日現在の総務省の推計結果が公表されている．URL：http://www.soumu.go.jp/main_content/

000307324.pdf（2018年8月8日アクセス）．それによると，平成25年4月1日現在では，自治会数（許認可地縁団体を含む）は，298,700団体となっている．なお，許認可地縁団体数は同様に平成25年4月1日現在の数値では44,008団体となっている．

4）　母集団数の処理方法については，①iタウンページに登録されている「組合・団体」は平成17年12月現在でN＝199,856団体から，②「団体と認められない登録情報（店舗，工場，診療所などの施設類）」を除外している（辻中・森編 2010：19）．

5）　母集団を確定させるプロセスとしては，辻中ほか編（2012：37-38）を参照されたい．内閣府のNPO法人リストが採択された理由は，① 各市民活動団体が任意であるために，正確な台帳が存在しないこと，②NPOの特徴である「「公益性」，「新興性」，「グラスルーツ性」」（辻中ほか編 2012：37）は，NPO法人を対象として把握できるからだとしている．

6）　4部署を尋ねることは「領域ごとの政策形成過程の相違を把握」できるという利点がある．そして，「政策形成には，資源，権力構造，政治的党派性，社会経済的環境など」の個別の市区町村で異なる諸要因を検討することができるとしている（辻中 2009b：40）庁内組織の構造はそれぞれの自治体によって異なるけれども，それぞれの課に相当する部署への回答を依頼している（辻中 2009b：ix）．

7）　本研究で市民社会組織に位置付けている「社会団体」は「団体の基礎構造に関する調査」の母集団としてタウンページに載っている「組合・団体」である．それは利益の配分と経済活動を中心とした営利活動を行う企業や，データの一部には協同組合など色々な組織が含まれている．営利目的の結社は自発的結社（voluntary association）には含めないという立場からすれば，必ずしもNPOのように非営利性が保証されているわけではないケースがある．しかし，本研究ではすでに説明しているように第三セクターとしてNPOと同様に活動し，市民の利益を媒介して公共性を帯びている可能性があることを鑑みて，本研究では便宜的に非営利組織として総称している．社会団体全般を非営利組織として捉えられるかという問題は本研究の分析アプローチでは検討の余地が残されている．

8）　編集作業の工程については，戸川（2019a）の巻末資料「統合作業の変数一覧」を参照されたい．社会団体調査は主に，「国」および「自治体」の対象に分けた設問項目となっているが，NPO調査では細微に尋ねており，「国」と「都道府県」，「市区町村」に分けて設問を構築している．そのため，統合作業の限界としては，社会団体の「自治体」に合わせてNPO調査の設問のうち「都道府県」と「市区町村」で分けられている項目を統合したことである．そのため，非営利組織データには，「市区町村」に対する情報が「都道府県」と合算されているため，「自治体」として情報が集約されていることに留意されたい．

9）　本研究プロジェクトを採択して頂きました前川ヒトづくり財団および十分な研究環境をご提供して頂いている千葉商科大学には，ここに記して謝意を表する．

10）　本調査の調査票を設計するにあたり，藤原佳典氏（東京都健康長寿医療センター研

究所　社会参加と地域保健研究チーム研究部長）らが調査協力して2016年に実施した「多世代が安心して暮らせる地域づくりに向けた調査」，要藤正任氏（京都大学経営管理大学院　特定教授）が2016年，2017年に実施した「地域活動への参加に対する意識・活動状況に関する調査」，「地域に対する意識，地域活動・活動状況に関する調査」の調査票も参考にして作成している．調査票情報をご提供して頂き，ここに謝意を表する．

11)　本知見は楽天インサイト株式会社（2018）から提供を受けた「モニター特性調査（2015年7月実施結果），2018年8月第2版」に関する報告レポートに依拠している．

12)　都心部の特別区では，居住年数が「10年未満」の回答者は千代田区が63.9％，中央区が53.5％，港区が52.5％であるから転入人口率が高い特徴と整合的である．それに対して，大田区（39.0）や荒川区（39.8）は39％前後の水準になっており，定住人口が多い特徴がある．また，江東区（40.0）では10年未満の新来住民が区部全体に比べて，やや少ないのに対して，墨田区（45.0），江戸川区（44.5），品川区（45.5）は区部全体の結果と同程度の水準である．

13)　「東京23区の住みたい区」に関するランキングは以下のサイトを参照．『RANK1』，URL：https://rank1-media.com/I0003780/&page=1（2021年1月23日アクセス）．

14)　なお，本調査票と研究計画は千葉商科大学研究倫理委員会から承認を得て，実施している（2020年10月29日承認．受付番号20-01）．

第5章
東京23区のQOL格差を改善する
ソーシャル・キャピタルとガバナンス
——自治会と非営利組織からみた
市民社会組織の政策満足度に関する実証分析——

1. はじめに

第3章のソーシャル・キャピタル，ガバナンス，政策満足度の先行研究を整理すると，ガバナンスから政策満足度を説明する1つの仮説（仮説1），ソーシャル・キャピタルとガバナンスに関する4つの仮説（仮説2〜5），そして市民に効果的な地域社会運営に関しては1つの仮説（仮説6）が考えられる．

仮説1　地方政府を下支えする市民社会組織の「協働」が活発で，自治体が協働型政府として「ネットワーク管理」を積極的に行うほど，政策満足度が向上し，市民に効果的な地域社会運営が実現される．

仮説2　認知的ソーシャル・キャピタルのうち，連結型の性質を有する「自治体信頼」および橋渡し型の性質を有する「組織信頼」は，市民社会組織の自発的協力を促すので，自治体との協調行動を活発にさせる．

仮説3　認知的ソーシャル・キャピタルのうち「自治体信頼」および「組織信頼」が高いほど，調整に伴うコンフリクトが減るので自治体のメタ・ガバナンス（ネットワーク管理）が促進される．

仮説4　コミュニティの中で，構造的ソーシャル・キャピタルの「ネットワーク（つきあい）」に富んでいるほど，市民社会組織は地域の問題に対する関心が高まり，自治体との協働に積極的である．

仮説5　コミュニティの中で，構造的ソーシャル・キャピタルの「ネットワーク（団体活動）」に富んでいるほど，自治体は市民社会組織の協力が得られやすいので協働が活発である．

仮説6　「ソーシャル・キャピタル（自治体信頼，組織信頼，ネットワーク（つ
　　　　きあい・団体（自治会）活動））」に富んでいる地域であるほど，「ガ
　　　　バナンス（協働，ネットワーク管理）」を促進させるので，「市民に
　　　　効果的な地域社会運営（高水準の政策満足度）」を促進させる．

　本章では，これらの仮説が東京23区の QOL（政策の質）格差の特徴を説明し
うるのかを個票を単位として，団体・組織の実証分析を行う．

2．分析に用いる変数

2.1　ガバナンス

1）団体・組織の「政策参加」と市民社会への期待

　市民社会組織は様々な行動を通じて自治体と関係を築いている．その中でも
協働関係は多義的な概念である．

　小田切（2014：20-23）によれば，マクロに捉えられる場合と事務事業の協力
作業としてのミクロな意味に限定される場合があるという．政策過程において
協働は政策実施過程に限定して論じる場合と市民社会組織のアドボカシー機能
にまで念頭に置いて，政策形成過程までの市民の参画を含んで考える場合もあ
る．

　本研究では地域社会運営の中で政策を形成する手段として，市民社会組織の
要望を聞き入れるためにも必要な取り組みとして協働を捉えている．また，政
策運営の全体において参画する程度を含めて考えることにしたい．本章では，
戸川（2019a：98）の整理に基づいて，**表5-1**に示す変数を分析に使用する．

　自治会では，政策執行過程において区と連携して社会サービスを供給してい
ること，政策形成過程ではパブリック・コメントないし懇談会への出席が協働
関係として考えられる．政策評価の段階では「モニタリング（政策監視・視察）」
を通した政策参加が協働関係に含まれる．以上の4つの指標が自治会の協働関
係の要素になると考えられる．

　非営利組織は政策執行過程においては「政策執行への協力」，政策形成過程
では「委員派遣」，「法案作成の支援」，「専門知識の提供」，「パブリック・コメ
ント」を通じて，政策評価家庭では「モニタリング（同上）」を通じて特別区と
協働関係を築いている．上述の変数を用いた区部の協働関係の記述統計は**表5**

表5-1　ガバナンスを把握する指標――団体・組織の「政策参加」

協働関係	自治会：①区との社会サービス供給の連携	A. 市町村（特別区に該当）と連携している活動を1位から5位まで測定．少なくとも1位から5位まで回答した選択肢を合算し，「少なくとも一つ以上」の回答を分析に使用．
	②パブリック・コメント	自治会での要望や意見を政策に反映させるための手段として「H. パブリック・コメント・公聴会」がある．「1：頻繁である」，「2：やや頻繁である」，「3：ある程度」を合算して利用．
	③懇親会への出席	上記設問と同様に「F. 市町村との懇談会などに出席」の頻度について，同上のコーディング処理を実施．
	④モニタリング	政策実行に対するモニタリング（日常的な継続的点検を指す政策監視・観察の意味）を行う頻度のうち「1：自治会に関係のあるものだけ行っている」，「2：自治会との関係有無にかかわらず，常に行っている」を合算して利用．
	非営利組織：①政策執行への協力	非営利組織が行政機関（自治体）と「政策執行に対して協力や援助をしている」という選択肢を利用．
	②委員派遣	行政機関（自治体）に対して「審議会や諮問機関に委員を派遣」という選択肢を利用．
	③モニタリング	行政機関（自治体）に対して「行政の政策執行に対してモニタリングしている」という選択肢を利用．
	④法案作成の支援	政治や行政に要求や主張をする際に，「政党や行政の法案作成の支援」を行う頻度のうち「ある程度」，「5：非常に頻繁」，「4：かなり頻繁」，「3：ある程度」を合算して利用．
	⑤専門知識の提供	「技術的，専門的情報や知識の提供」の頻度について，同上のコーディング処理を実施．
	⑥パブリック・コメント	「パブリック・コメント」の頻度について，同上のコーディング処理を実施．

出所）辻中ほか編（2009），辻中・森（2010）を用いて筆者作成．

-2のとおりである．

　自治会にとって協働関係が密な活動は懇談会への出席（75.4），区との社会サービス供給の連携（66.1），モニタリング（49.0），パブリック・コメント（20.4）の順となっている．非営利組織にとっては，専門知識の提供（30.4），委員派遣（21.2），政策執行への協力（19.7），パブリック・コメント（21.5），続い

表 5 - 2　市民社会組織と地方政府の協働関係と行政職員数の関連性

		全体	n	%
自治会				
	① 区との社会サービス供給の連携（問19）	369	244	66.1
	② パブリック・コメント（問27H）	304	62	20.4
	③ 懇談会への出席（問27F）	329	248	75.4
	④ モニタリング（政策監視・観察）（問26）	343	168	49
	少なくとも一つ以上（①〜④：ある程度以上）	369	338	91.6
	高水準（①〜④：2/3以上＝3点以上）	369	115	31.2
非営利組織（社：Q17，NPO：Q18）				
	① 政策執行への協力	604	119	19.7
	② 委員派遣	604	128	21.2
	③ モニタリング	604	52	8.6
	④ 法案作成の支援	495	136	7.3
	⑤ 専門知識の提供	497	151	30.4
	⑥ パブリック・コメント	493	106	21.5
	少なくとも一つ以上（①〜⑥：ある程度以上）	604	287	47.5
	高水準（①〜⑥：2/3以上＝4点以上）	604	36	6.0

出所）　自治会：「町内会・自治会など近隣住民組織に関する全国調査」（2007年）および非営利組織：「団
　　　体基礎構造に関する調査」（2007年）を基に筆者作成.

　てモニタリング（8.6），法案作成の支援（7.3）の順に多い．自治会は7割が行
政と地域課題を話し合う場が確保されている．それは非営利組織の委員派遣や
専門知識の提供と比べて大変多い割合である.
　加えて，特別区が市民社会組織の政策参加を必要としている状況について，
行政の政策課題へのリソース状況から考えることにしたい.
　筆者は第2章で「過大で過密な巨大都市における「東京問題」の複雑性」を
議論しており，過大な人口に対応している行政職員の配置構造は必ずしも過密
さに対しては十分ではないことを指摘している．そして，1万人当たりの行政
職員数が他の都市に比べて少ない状況にある都市においてはローカルで活動す
る社会団体の数が多いこと，行政から社会団体に相談を目的とした接触の頻度
を高めていることを明らかにしている．それを受けて，行政職員数が他の都市
と比べて少ない状況の都市では，かえって団体・組織の政策参加の程度も積極
的になるのであろうか.
　このような問題意識に答えるため，上述の政策参加に関する変数と都市の行
政職員数の関係を把握するクロス集計分析を行った．分析には便宜上，データ
の状況に応じて職員規模を度数や値の幅に応じて5段階に変換する作業を行っ

た.

　自治会調査データに使用した行政職員数の水準は以下のように分けている.
369自治会について,「水準1」(105, 括弧内は団体数. 以下同様) は世田谷区 (32),
足立区 (73) の1万人当たり55人以下の特別区を, 以下同様に,「水準2」(42)
は60人未満の江東区 (42) を,「水準3」(82) は杉並区 (21), 板橋区 (27), 葛
飾区 (34) の65人未満の特別区を,「水準4」(62) は大田区 (43), 北区 (19) の
71人未満の特別区を,「水準5」(78) には文京区 (27), 墨田区 (30), 中野区
(12), 目黒区 (9) によって構成される.

　そして, 非営利組織のデータで使用した行政職数の水準は同様に, 604団体
を「水準1」(112) は江東区 (20), 世田谷区 (29), 杉並区 (26), 足立区 (24),
江戸川区 (13) の61人以下の特別区を,「水準2」(115) には品川区 (26), 大田
区 (22), 北区 (10), 板橋区 (14), 練馬区 (31), 葛飾区 (12) の62人以上75人以
下の特別区を,「水準3」(133) には新宿区 (45), 文京区 (26), 墨田区 (20),
目黒区 (15), 中野区 (14), 荒川区 (13) の83人以下の特別区を,「水準4」(83)
には台東区 (33), 渋谷区 (26), 豊島区 (24) の100人以下の特別区を,「水準
5」(161) には千代田区 (66), 中央区 (49), 港区 (46) の都心部に構成される.

　表5-3は上述のクロス集計結果を示している. それをみると, 地方政府へ
の自治会の政策参加は行政職員数の少ない特別区ほど, 参画水準が高くなる.

　自治会の協働関係 (高水準) の割合は水準4 (45.9) が最も高く, 次いで, 行
政職員数が少ない水準3 (32.9), 水準2 (31.7) の順に割合が推移している.

　また, 行政職員数の少ない水準2では区との社会サービス連携 (81.0) の水
準が高い. それを踏まえると, 行政職員数が少ない地域ほど市民社会組織が行
政の足りない部分を補完している可能性が考えられる. しかし, 必ずしも最も
水準の低いところ (水準1) で協働関係が高水準ではない. それは一定の職員
数と政府の役割も必要であることを示唆している.

　非営利組織は行政職員数が少ない水準2であるほど協働関係が高水準である.
行政職員数が少ない地域の方が協働水準の比率が高くなる. 個別の政策参加は
事情に応じて傾向がはっきりとしていないが, 相対的に行政職員数の水準の低
い都市に参画の程度が高い.「協働関係 (少なくとも一つ以上)」も同じようで
あった. 行政職員数の多い水準5 (41.0) で最も低く, 行政職員数が相対的に
少ない水準2 (53.9) において最も高い. 行政職員数が少ない特別区であるほ
ど市民社会組織と協働する接点が多く, 様々な局面で連携している非営利組織

表 5 - 3　行政の人事配置と市民社会組織の政策参加の関係

	全体	政策参加 n	行政職員数				
			水準 1	水準 2	水準 3	水準 4	水準 5
自治会							
① 区との社会サービス供給の連携（問19）	369	244	62.9	81.0	62.2	77.4	57.7
② パブリック・コメント（問 27H）	304	62	17.0	16.7	20.3	24.5	24.2
③ 懇談会への出席（問 27F）	329	248	70.0	74.4	76.4	77.6	80.0
④ モニタリング（政策監視・観察）（問26）	343	168	43.4	41.0	50.6	58.9	51.4
少なくとも一つ以上（①〜④：ある程度以上）	369	338	87.5	92.7	88.6	95.1	96.1
高水準（①〜④＝ 3 点以上）	369	115	22.1	31.7	32.9	45.9	28.6
非営利組織（社：Q17，NPO：Q18）							
① 政策執行への協力	604	117	21.4	16.5	18.8	22.9	19.9
② 委員派遣	604	125	20.5	20.9	24.1	19.3	20.5
③ モニタリング	604	52	11.6	8.7	12.0	6.0	5.0
④ 法案作成の支援	495	34	4.1	7.4	8.2	6.1	9.4
⑤ 専門知識の提供	497	145	23.5	37.9	28.2	35.8	29.1
⑥ パブリック・コメント	493	102	17.5	22.6	15.7	28.8	24.8
少なくとも一つ以上（①〜⑥：ある程度以上）	604	279	49.1	53.9	47.4	49.4	41.0
高水準（①〜⑥：2/3以上＝ 4 点以上）	604	35	5.4	4.4	6.1	7.2	6.8

出所)　自治会：「町内会・自治会など近隣住民組織に関する全国調査」（2007年），非営利組織：「団体基礎構造に関する調査」（2007年）を基に筆者作成.

が多いようである.

　では，特別区の行政職員数が過密さに対して十分ではないという状況を背景として，行政職員数が少ないほど，団体・組織の政策参加の程度が増えていることは何を意味するのであろうか．この問いについては後述する前田（2014）の知見が参考になる.

　前田（2014：3-4）は，公務員の数が少ないということは，公務員が活動的であることが効率的運営を示すのではなく，「公務員ではない主体が公共サービスの供給を担っていること」を意味すると主張している．それを裏付けるように，続けて，前田（2014：19-20）は日本の公的セクターは人事院の年次報告書「公務員の種類と数」に掲載されている公務員数（約339.3万人）では，現実の数

表5-4　地方政府―非営利組織におけるネットワーク管理指標

変数名		N	最小値	最大値	平均	標準偏差	R注1
1.	自治体はNPO・市民団体に無償での行政支援を行う	15	0	4	1.470	1.302	0.630
2.	自治体が行政方針についての説明・説得のために組織に接触する	15	0	2	0.270	0.594	0.405
3.	自治体が相互の意見交換のために組織に接触する	15	0	4	1.470	1.302	0.566
4.	自治体は政策・施策などを立案する際に関係者との調整により多くの時間をつかっている	15	0	6	2.670	1.633	0.197
5.	自治体は政策・施策などを執行する際に社会の利害バランスにより重視している	15	0	6	2.130	1.922	0.506
6.	自治体は諸団体（NPO・市民団体含む）と接触する際に諸団体と同じくらい働きかけることが多い	15	0	10	5.400	3.376	0.720

Cronbach's α係数注2＝0.731，F値＝17.933（p＜0.01）

値　1　：4部署（市民，環境，福祉，産業振興）の回答1＝該当と回答した合計得点.
　　2～3：4部署（市民，環境，福祉，産業振興）の1＝半年に1回以上と回答した合計得点.
　　4～5：3部署（環境，福祉，産業振興）の2＝該当，1＝非該当，0＝無回答・欠損の合計得点.
　　6　：4部署（市民，環境，福祉，産業振興）の諸団体（NPO・市民団体含む）に対する回答の1＝同じくらいの合計得点.
注）　1：項目合計と各項目との相関係数を指している.
　　　2：Cronbach'αは標準化された項目に基づいている.
出所）「自治体調査」（2007年）を基に筆者作成.

を把握できていないとしている.[1]

　以上の論考に依拠するならば，他の都市と比べて公務員数が相対的に少ない状況では，山積する政策課題への人手不足や地域課題の発見・対応に苦慮することが想定される.そのような状況では，行政も自らの資源制約の影響を受けて，地域で活動する団体・組織への相談の機会を増やし，市民社会組織が政策参加する程度を高めるのではないか.

　2）ネットワーク管理

　次に，筆者は分析には「ネットワーク管理」の代理変数として妥当と考えられる指標を使用する（表5-4を参照）.それは主にYsaほか（2014）や落合（2008）が主張するネットワーク管理の考え方に依拠した変数を使用する.その際は久

保（2010）の分析を参考にし，地方政府から市民社会組織に働きかける取り組みに関する変数を分析に採用する．しかしながら，必ずしも自治体のネットワーク管理としての役割の全てを反映しているものではない．代理変数に留まる．

その詳細は**表5-4**および後述するとおりである．JIGS 研究の「市区町村調査」データに依拠し，各都市の4部署（市民，環境，福祉，産業振興に相当する担当課）を対象としたデータを使用する．

分析にはNPO・市民団体と関わる取り組みのうち，「1．NPO・市民団体に対する無償支援」を行うこと（1＝該当，0＝非該当の合算値），「2．行政方針についての説明・説得」のために接触（面会，電話，手紙，Eメール）する程度（1＝「月1回以上」・「半年に1回以上」の回答，0＝半年に1回未満以下の回答の合算値），3．相互の意見交換のために組織への接触」（値コードは項目2と同上）を用いる．それらはあらかじめ特定の政策課題に対する社会団体の利害を認識した上で調整しようとする自治体の取り組みの変数を採用している．それらの変数は政策課題の問題が拡大しないよう相互の意見を取り入れようとする利益調整の試みを知る一つの指標といえる．

さらに，各部署の職員からみた団体・組織と相互に接触する程度について，「1＝あちらからが多い，2＝同じくらい，3＝こちらからが多い」という変数を項目6に使用する．そのうち，選択肢2を採用し，「6．諸団体（NPO・市民団体含む）と接触する際に諸団体と同じくらい働きかけることが多い」という変数を追加した．

そして，各部署の職員が施策・事業を立案／執行する際に多くの時間を使う事柄に関する変数を使用する．「政策等のアイデア探索・立案」よりも「4．関係者との調整により多くの時間を使う」，「所管分野に関する知識・効率性」よりも「5．社会の利害バランスにより重視している」という回答選択肢に重点を置く．本研究では，市民社会組織の利益を視野に入れた全体的な利益調整を目的とする行動を2点とした．さらに，自治体が効率性を重視するならば，調整に時間を割くよりも費用対効果の点から効率的な行動を導くと考えられるので，関係者との調整に時間をかけることは難しいと考えて1点，0点は欠損値・無回答の変数の合計得点を分析に使用する．

本研究では，以上の1〜6の変数によって構成されるネットワーク管理指標の内的一貫性を確認した上で合算し，分析に組み込んだ．これらの変数は利害調整のバランスおよび環境整備，方針の説得等の関係調整を目的とした指標が

含まれている.

これらの変数を使用する際には，自治会や非営利組織の個票データに，都市別の「ネットワーク管理」に関する情報を横付けさせて使用している.

なお，自治会の分析では，地方政府が自治会との関係を重視して，利害を調整させる「要望への誠実な対応」，「協議の場の提供」，「情報の提供」の対応に関する変数（5＝満足している〜1：満足していない）を採用している.

2.2　ソーシャル・キャピタル

1）ガバナンスに関係する地域社会のソーシャル・キャピタル変数の設定

ソーシャル・キャピタル研究は，実証的研究を通じて発展してきた学問である．そのため，どのように捉えるかという問題は実証研究においてしばしば批判される．それはソーシャル・キャピタルの概念が多様で曖昧な概念と指摘されるからである．ただし，稲葉（2016）によれば，論者が設定した問題設定に従って，目的に沿った定義づけを行い，操作化すれば問題はないとされている．また，多くの論者にそれは共有され，指標の操作化も定まってきている.

筆者は地方政府と市民社会組織の組織間関係をみているので，コミュニティの自治会や非営利組織の活動，市民の住民同士のつきあいの中で醸成されるソーシャル・キャピタルが重要となる．Putnam（1993）はソーシャル・キャピタルの概念を広義に捉えており，信頼と規範，ネットワークを構成要素としたソーシャル・キャピタルの効果を考える必要がある.

広義のソーシャル・キャピタルを構成する変数の収集法は稲葉（2016：78）が述べるように，社会調査によって可能である．本研究では市民社会組織調査から得られた変数を整理して，操作可能な変数を用いる.

そこで，戸川（2019：137-141）の整理に基づいて，筆者は市民社会組織調査から得られたソーシャル・キャピタル設問を検討し，後述する**表5-5**の変数を分析に使用する．本変数は自治会長や団体リーダーの主観的評価に基づく活動状況や組織を取り巻くコミュニティ状況を反映している．そのため，基本的には主観的評価に依拠しているという点に注意が必要である．しかし，完全にソーシャル・キャピタルを把握する客観的データは存在しない．これらの内的一貫性を後述する主成分分析によって確認し，**表5-5**の構成枠組みの妥当性を確認することにしたい.

自治会調査からは表に示す13変数を使用する．「信頼」を把握する指標とし

表5-5　分析に用いるソーシャル・キャピタル指標の詳細

(a)自治会に関するソーシャル・キャピタル指標

性質	【結合型】	【橋渡し型】	【結束型】	【結束型】	【橋渡し型】
変数	自治体信頼	組織信頼	ネットワーク（つきあい）	ネットワーク（自治会活動）	ネットワーク（自治会活動）
内容	① 行政機関 ② 地方議員	③ 市民団体 ④ 裁判所	⑤ 住民同士 　つきあい ⑥ つきあい 　（5年前比較） ⑦ 新旧住民交流	⑧ 清掃・美化活動 ⑨ 見回り ⑩ 防災訓練 ⑪ 交通安全	⑫ スポーツ ⑬ お祭り

(b)非営利組織に関するソーシャル・キャピタル指標

性質	【結合型】	【橋渡し型】	【結束型】	【橋渡し型】
変数	自治体信頼	組織信頼	ネットワーク：つきあい	ネットワーク：団体活動
内容	① 首長 ② 自治体 ③ 地方議員	④ 裁判所 ⑤ マスメディア ⑥ 世論 ⑦ 国際機関	⑧ 役員と一般会員 　顔合わせ ⑨ 一般会員同士 　顔合わせ ⑩ 一般会員イベン 　ト参加	一般の人々に対して ⑪ 懇談会・勉強会 　開催 ⑫ シンポジウム・ 　イベント

出所）「団体基礎構造に関する調査」（2007年）および「町内会・自治会など近隣住民組織に関する全国調査」（2007年）を基に筆者作成.

てはアクターに応じた信頼性の変数を利用する．主に，「1＝信頼できる〜5＝全く信頼できない」というリッカート・スケールに基づいた変数である．地方政府との関係を見据えた上で結合型の性質を持つ「自治体信頼（① 行政機関＋② 地方議員）」を採用する．そして，組織間の信頼性を示し，橋渡し型の性質を有する「組織信頼（③ 市民団体＋④ 裁判所）」を採用する．

　ネットワーク（つきあい）には「⑤ 住民同士つきあいの程度（1＝生活面で協力，2＝日常的な立ち話，3＝あいさつ程度の最小限，4＝全くつきあいはない），⑥ 5年前と比べたつきあいの程度（1＝活発になった〜5＝活発になっていない），⑦ 新旧住民交流頻度（1＝円滑である〜5＝円滑ではない）」の合算指標を用いる．

　ネットワーク（団体活動）には自治会活動の参加率（1＝8割以上〜5＝2割以下）に関する変数を「結束型活動（⑧ 清掃・美化＋⑨ 見回り＋⑩ 防災訓練，⑪ 交通安全）」と「橋渡し型活動（⑫ スポーツ＋⑬ お祭り）」に分けて用いる．

　非営利組織データに関しては12変数を設定している．信頼には信頼性の変数を使用し，結合型の性質を持つ変数には「自治体信頼（① 首長＋② 自治体＋地方

議員）」を，橋渡し型の性質を持つ「組織信頼（④ 裁判所＋⑤ マスメディア＋⑥ 世論＋⑦ 国際機関）」を用いる．

ネットワーク（つきあい）には結束型の性質を持つ会員活動の変数（1＝非常に頻繁～5＝全くない）を使用する．それは「組織内部つきあい（⑧ 役員と一般会員顔合わせ＋⑨ 一般会員同士顔合わせ＋⑩ 一般会員イベント参加）」に関する変数と，ネットワーク（団体活動）には「橋渡し型活動（一般人に対する⑪ 懇談会・勉強会＋⑫ シンポジウム・イベント）」に関する変数を使用する．なお，分析を行う際には，全ての変数は賛意を示す態度の値を最大にするように変換している．

2）設定した変数は妥当か——内的一貫性の確認

では，想定した構成要素の枠組みに応じて変数は構成されるのだろうか．筆者は，戸川（2017）の分析と同様に，主成分分析（バリマックス回転）によって，コミュニティのソーシャル・キャピタルに関する状況を分析している．それによれば，表5-6および表5-7のような主成分得点が抽出された．

表5-6は自治会の調査を対象に主成分分析（バリマックス回転）を実行した結果を示す．精度はKMO値が0.809，寄与率が54.0％と当てはまりの良い結果となっている．

第一主成分得点として自治会活動に参加する加入世帯の活動頻度の指標が統合されたので，「ネットワーク（自治会活動）」と命名する．以下同様に，第二主成分得点には信頼性の指標が統合され，「信頼（信頼性）」と命名，第三主成分得点には「ネットワーク（つきあい）」が抽出された．自治会調査ではコミュニティに関わる活動および性質別にソーシャル・キャピタル因子が整理されたことを意味する．

第一主成分得点は自治会に加入する世帯内の活動を指しているので，見回りから清掃・美化活動までは「ネットワーク（自治会活動）」の結束型自治会活動を指している．

一方で，祭りやスポーツ・イベントなどの自治会活動は背景の異なる多様な人々との交流を深めるので，橋渡し型自治会活動を指している．

第二主成分得点は信頼性の変数が集約された．それは市町村議員や行政に対する結合型の性質を持つ信頼性と，そうではない比較的水平的な対組織・制度信頼が統合された．

第三主成分得点は住民同士のつきあいが統合された．「ネットワーク（つきあ

表 5 - 6　自治会の主成分分析結果── SC 変数の統合

精度	N		369	
	KMO 値		0.809	
	累積寄与率		54.0%	

	成分		
区分	1	2	3
	ネットワーク （自治会活動）	信頼	近隣 SC （ネットワーク：つきあい）
加入世帯活動：見回り	0.850	0.058	0.014
加入世帯活動：防災訓練	0.787	0.053	0.220
加入世帯活動：交通安全	0.771	0.054	0.215
加入世帯活動：清掃・美化・リサイクル	0.742	0.065	-0.064
加入世帯活動：スポーツ・レクリエーション	0.605	0.021	0.270
加入世帯活動：お祭り	0.578	0.037	0.417
信頼：市町村議会議員	0.039	0.742	0.138
信頼：裁判所	0.024	0.710	-0.008
信頼：行政機関	0.007	0.687	0.204
信頼：市民団体	0.106	0.635	-0.080
つきあい：住民同士つきあい	0.076	0.006	0.715
つきあい：住民のつきあい（5年前と比較）	0.167	0.028	0.659
つきあい：新旧住民の交流	0.168	0.175	0.646
固有値	3.260	1.977	1.775
負荷量平方和（%）	25.1%	15.2%	13.7%
因子抽出法：主成分分析			

回転後の成分行列：バリマックス回転
因子抽出法：主成分分析
回転法：Kaiser の正規化を伴うバリマックス法
出所）「町内会・自治会など近隣住民組織に関する全国調査」（2007年）を基に筆者作成.

い)」は比較的開放的なコミュニティの状況を反映する新旧住民の交流の頻度も合成された.

　次は，非営利組織のデータから得られるソーシャル・キャピタルの構成をみてみたい．表 5 - 7 によれば，ソーシャル・キャピタルの性質ごとにきれいに分離している．主成分の意味合いを明示しやすい結果である．分析結果は，KMO 値が0.790と精度の高い結果を示しており，累積寄与率も74.2%であるから十分に東京・特別区のソーシャル・キャピタルを説明できている.

　第一主成分得点は首長や自治体，地方議員に対する信頼性が統合されたので「自治体に対する信頼」と命名する．以下同様に，第二主成分得点は「組織・組織信頼（制度に対する信頼と表記)」，第三主成分得点は組織内部の人間関係を

表5-7　非営利組織の主成分分析結果——SC変数の統合

精度	N		594	
	KMO値		0.790	
	累積寄与率		74.2%	

区分	成分			
	1	2	3	4
	自治体信頼	組織信頼	組織内部つきあい（結束型）	団体活動（橋渡し型）
信頼性：首長	0.884	0.191	0.056	0.117
信頼性：自治体	0.821	0.235	0.044	0.105
信頼席：地方議員・政党	0.813	0.232	0.110	0.051
信頼性：世論	0.202	0.851	0.052	0.104
信頼性：マスメディア	0.096	0.841	0.057	0.094
信頼性：国際機関	0.417	0.674	-0.027	0.006
信頼性：裁判所	0.527	0.629	0.012	-0.026
つきあい：役員と一般会員が顔を合わせる	0.020	0.046	0.895	0.060
つきあい：一般会員同士が顔を合わせる	0.015	-0.002	0.890	0.072
つきあい：一般会員のイベント参加	0.184	0.052	0.638	0.361
団体活動：シンポジウム・イベント	0.137	0.048	0.159	0.877
団体活動：懇談会・勉強会	0.034	0.093	0.134	0.875
固有値	2.672	2.444	2.068	1.721
負荷量平方和	22.30%	20.40%	17.20%	14.30%

回転後の成分行列：バリマックス回転
因子抽出法：主成分分析
回転法：Kaiserの正規化を伴うバリマックス法
出所）「団体基礎構造に関する調査」（2007年）を基に筆者作成.

示す「ネットワーク：組織内部つきあい（結束型）」，第四主成分得点は逆に組織外部の人的交流を指す「ネットワーク：団体活動（橋渡し型）」の4つの主成分得点が算出された.

　自治体信頼は，結合型の性質を有しているので，対組織・制度信頼とは異なっていると考えた方が一般的である. また，ネットワーク：つきあい（結束型）に関する非営利組織の人間関係が抽出されたことは，組織内部の社会ネットワークの中で育まれる関係性にソーシャル・キャピタルが埋め込まれていることを意味している.

　一方で，シンポジウムやイベントなどの橋渡し型の活動は懇談会・勉強会等の多様な人々との交流を深める活動と関連性を示している.

表5-8　記述統計(1)ソーシャル・キャピタルに関する変数（非集計）

区分	自治会					非営利組織			
	信頼		ネットワーク			信頼		ネットワーク	
	自治体	制度	つきあい	団体活動（橋渡し型）	団体活動（結束型）	自治体	制度	組織内部つきあい	団体活動（橋渡し型）
全体 N	369	369	369	369	369	604	604	604	604
n	351	269	368	347	354	468	418	573	564
欠損値	18	100	1	22	15	136	186	31	40
平均値	6.89	5.40	10.26	4.73	8.02	7.36	8.85	9.52	4.70
中央値	7	6	10	5	7	8	9	9	5
最頻値	7	6	10	4	4	9	12	9	6
標準偏差	1.76	1.79	2.13	2.05	3.63	2.89	3.41	2.58	2.09
第一四分位	6	4	9	3	5	5	6	8	3
第三四分位	8	7	12	6	10	9	12	11	6

出所）　自治会：「町内会・自治会など近隣住民組織に関する全国調査」（2007年），非営利組織：「団体基礎構造に関する調査」（2007年）を基にして筆者作成.

　以上の分析結果は概して分析に用いる変数の内的一貫性が確認されたことを意味している．しかしながら，主成分分析結果の中には**表5-6**の自治体において，ソーシャル・キャピタルの性質別に分類されないケースも見受けられたので，筆者は多変量解析には主成分得点を使用せず，**表5-5**に示す構成要素別に合算する作業を行った．

3）分析に使用するソーシャル・キャピタル変数の記述統計

　自治会調査から得られた「自治体信頼」の合計得点は最大10点，「組織信頼」は最大10点，「ネットワーク（つきあい）」は最大14点，ネットワーク（自治会活動）の「結束型自治会活動」は最大20点，橋渡し型活動は最大10点である．

　非営利組織データから得られた「自治体信頼」は最大15点，「組織信頼」は最大20点，「ネットワーク（組織内部つきあい）」は最大15点，ネットワーク（団体活動）の「橋渡し型団体活動」は最大10点を示す変数である．

　非集計データの記述統計は以下に示す**表5-8**のとおりである．本章ではその詳細を紙幅の都合上，省略する．戸川（2019a：146-147）によれば，ソーシャル・キャピタル変数（標準化得点）によって，第1章で説明するような「東高西

低」という状況が墨田区や江東区の下町地域に，自治会活動の状況に確認されている．

2.3　統制要因

　本研究では，ガバナンス要因（「協働」と「ネットワーク管理」）を政策満足度に対する主要な要因として位置付けているが，他の要因もあると考えられる．以下では，先行研究から示される「規模・財政的要因」，「サービスの質」，加えて，「政治的要因」を統制要因として取り上げる．

1）規模・財政的要因

　「規模・財政的要因」は人口や財政力から測る政府の対応能力として考えられる（野田 2007：2）．それは規模に着目した Mouritizen（1989）の研究が参考になり，「改革理論（reform theory）」と「政治経済理論（political economy theory）」の二つの仮説が考えられる[2]．改革理論は規模の経済を援用した仮説である．人口規模が拡大するにつれて，税収が増えるので，行政需要に対応するリソースが十分に備わるため，政策の対応能力が向上するとしている（Mouritizen 1989：662）．それは，一人当たりの公共サービスの供給コストを低減させ，財源の確保に結びつく．さらに，市民の一人当たり税負担を軽減させる．政府規模が大きくなることは市民の利益集約機能を政党や利益集団の組織化によって高める．その結果，代議制による決定は，市民への応答性を高める（Mouritizen 1989：663）．

　しかし，政治経済理論は対抗仮説として集合行為問題を指摘する．大きい政府では，都市行政機構の専門化を進める．中央に権限が集中してしまうことで，市民の選好が政策に反映されない可能性を指摘する（Mouritizen 1989：663-664）．

　ティブーの「足による投票」によれば，市民は最も満足度の高い自治体に自由に居住することができる（森脇 2003：29）．そのため，政治経済理論は小さい政府の方が，市民の意見が投票を通じて反映されやすいという立場をとり，人々が比較的，同質的で市民の選好に一致する政策運営ができるとしている（Mouritizen 1989：664）．それを踏まえた，Mouritizen（1989）のデンマークの自治体分析によれば，規模（対数：人口）と政策満足度は負の相関関係にあり，政治経済理論を支持している．

　そこで，筆者は上述の先行研究に示された政策満足度と規模の関係の問題を扱う．政府の規模は財政資源の問題と関係しているため（坂本 2012），財政的

に豊かな都市政府ほど対応能力は高いと考えられる．さらに，改革理論を踏まえると，政策に投入可能な人的資源が多いほど，地方政府の対応能力は高い．日本の行政職員数の国際比較研究によれば，日本は人口規模の割には少ない数で政策のパフォーマンスが維持されている[3]（稲継 1996：59-67）．

　筆者は政策満足度に対して，どちらの傾向が確認されるかを確かめるため，政府の対応能力を測る変数として① 財政力＝一人当たり区民税＋普通交付金（H18）と② 人的リソース＝一万人当たり一般行政職員数（H18）を「政府規模」の変数として採用する[4]．しかし，両者の変数は強く相関しており，分析には「一万人当たり一般行政職員数」のみを使用することにした．

　なお，「職員数」だけによって，政府の対応能力を把握することは個人の質的な側面による違いを反映できていない．金（2006）は行政の効率的運営に及ぼす組織規範の影響を考察しており，政府活動の業績には「受益者負担の原理」や「責任所在の明確化」，「上司に対する忠誠・服従」の意識が関連している（金 2006：162, 163）．そのため，本分析で用いた代理変数だけでは政府の対応能力を十分に推し量れているものではないことに留意する．

2）サービスの質

　居住選択は自由意志であるから，その都市に住まうかどうかは，供給される「サービスの質」によるだろう．市民はサービスへの期待を持っており，質の高いサービスが供給されるほど，市民の政策に対する満足度は向上すると考えられる．つまり，満足度の政策評価には公共サービスの質と関連している（野田 2013：81-82）．

　先行研究では現状の政策に対する満足度と重要度の指標を加工して現状政策の改善方法を考える手段を用いている（野田 2013：26）．

　例えば，「満足度・重要度（高水準・高水準）」はパフォーマンスが高いため「継続」的に進めるべき政策と考えられる．以下同様に，「満足度・重要度（高水準・低水準）は「目的がほぼ達成」している政策，「満足度・重要度（低水準・低水準）」は「見直し」を要する政策，「満足度・重要度（低水準・高水準）」は「今後の重点」に置くべき政策として理解することができる（野田 2013：26）．

　それを踏まえた上で，本研究では「サービスの質」を把握しうる変数として，自治会の分析では「個別の政策への満足度（1＝不満〜5＝満足，値を逆転）」と「重要度（1＝重要ではない〜5＝重要である，値を逆転）」の指標を組み合わせる．

　具体的には重要度と満足度の差分を検討し，サービスの質を測る方法を選択した．この方法により，例えば，コミュニティ・文化活動の政策を重要と認識しているが，実際の政策への満足度評価が低いとする「① サービスの質が低水準」，また重要度を認識しているが，満足度評価と変わらない「② サービスの質：中間程度」，さらに，重要度を認識している分野の満足度評価が高い「③ サービスの質：高水準」の回答者傾向を割り出すことが可能である．

　筆者はこのような主観的評価に基づく「サービスの質（期待から実際の乖離度合い）」指標を分析に採用した．変数は「1：サービスの質（低水準），2：サービスの質（中間程度），3：サービスの質（高水準）」に分類され，「期待から実際の乖離度合い（得点）」を示す．

　作成方法は以下のとおりである．まず，重要度は「サービスに対する期待」，満足度は「実際のサービスの評価」と仮定する．そして，満足度から重要度を差し引いた．

　さらに，得点を調べ，期待（重要度）から満足度が正に乖離する傾向を「高水準（値＝1）」，期待と満足度評価が同程度である傾向を「中程度（値＝2）」，期待から満足が負に乖離するほど「低水準（値＝3）」に分けた．

　とりわけ，「コミュニティ・文化活動」，「生活安全サービスの質」，「公共施設の整備」，「厚生・福祉・医療サービスの質」，「教育サービスの質」，「環境問題に対する取り組み（質）」という6つの政策分野の変数に着目し，合算させた期待から満足度の乖離（サービスの質）変数（合計18点）を分析に利用した．

　一方，非営利組織の調査データでは，政策の重要度および満足度を個別に質問していない．そこで，便宜的に「関心政策（カテゴリ）」を「サービスの質」を測る尺度として代用する．表5-9にカテゴリを示しているが，それは金融や財政また女性政策など多岐にわたる．該当する場合，「1＝該当」，そうでない場合は「0＝非該当」となっている．筆者は各組織に特有で多次元上の構造をした政策関心を主成分分析（バリマックス回転）にかけ，類似した政策分野に次元を縮減させ，情報の集約を行った．関心分類の違いによって生じる満足度の差から，その都市のサービスの質を推し量ることにしたい．[5)]

　表5-9によれば，主に政策関心は6つの因子に縮減される．第一主成分得点は経済利益に関心のある分野が縮減され，「経済利益・特殊利益」と命名する．以下同様に，「国家基本政策」，「地域・環境政策」，「通信・交通・科学政策」，「文化・国際政策」，「福祉・労働政策」を各主成分得点に命名した．

表 5 - 9　政策関心に関する主成分分析結果

回転後の成分行列（バリマックス回転）

精度	N	620
	KMO 値	0.852
	累積寄与率	54.2%

	成分					
	1	2	3	4	5	6
n	108	62	110	71	99	170
%	17.4	10.0	17.7	11.5	16.0	27.4
	経済政策特殊利益	国家基本政策	地域・環境	通信・交通科学	文化・国際	福祉・労働
金融	0.744	-0.041	0.047	0.213	-0.052	0.146
通商	0.693	0.095	-0.030	0.153	0.177	0.015
産業振興	0.678	0.047	0.090	0.109	-0.111	-0.139
消費者	0.643	0.291	0.260	-0.171	0.096	0.001
財政	0.380	0.005	0.299	0.249	-0.023	0.369
平和・安全保障	0.038	0.743	0.125	0.149	0.068	0.129
外交	0.139	0.665	0.073	0.188	0.039	-0.126
司法・人権	0.000	0.610	0.109	0.147	0.161	0.404
女性	0.117	0.600	0.137	-0.031	0.301	0.353
地域開発	0.067	0.087	0.722	0.107	0.117	0.001
地方行政	0.070	0.130	0.660	-0.035	0.117	0.218
環境	0.127	0.141	0.581	0.216	0.172	-0.083
土木・建設・公共事業	0.033	0.105	0.548	0.429	-0.245	-0.036
運輸・交通	0.067	0.207	0.141	0.686	0.033	0.020
通信・情報	0.263	0.099	0.208	0.591	0.270	0.239
科学技術	0.197	0.117	0.039	0.579	0.387	0.074
文教・学術・スポーツ	-0.053	-0.002	0.039	0.159	0.746	-0.108
国際交流・協力・援助	0.171	0.233	0.134	0.108	0.558	0.166
教育	-0.100	0.342	0.268	-0.019	0.550	0.163
厚生・福祉・医療	-0.183	0.133	-0.037	-0.014	0.087	0.731
労働	0.208	0.240	0.064	0.281	-0.094	0.546
団体支援	0.328	-0.081	0.358	-0.053	0.214	0.368
固有値	2.452	2.1980	2.103	1.770	1.752	1.651
負荷量平方和	11.145	9.990	9.560	8.046	7.965	7.505

因子抽出法：主成分分析．回転法：Kaiser の正規化を伴うバリマックス法
出所）「団体基礎構造に関する調査」（2007年）を基にして筆者作成．

3）政治的要因

　市民社会組織は，何等かの利害関心を有し，目的の達成を目指して要望・要求を行政に働きかける．それは利益団体として公的利益の追求を果たすと考えられる．

　とりわけガバナンスでは，市民社会組織は協働を通じて要望・要求（ロビー，ロビイング）を働きかける可能性がある[6]．

　そこで，分析では以下の政治的働きかけに関する変数を用いて，政策過程に

おいて要望・要求を働き掛けて影響を及ぼそうとする非営利組織の行動を把握する.

　非営利組織の分析では,「JIGS2・Q18：あなたの団体が行政に〈直接的〉に働きかけをする場合, 次にあげる役職の方と, どのくらい面会や電話をしますか.」というワーディングから得られた自治体に対する要望・要求の働きかけ（5件法：5＝非常に頻繁〜1＝まったくないのうち, ある程度以上の割合を計算）の変数を用いる.

　そして, 財政難を背景として地方政府から市民社会組織への期待は高まっていると考えられるので, 地方政府からの働きかけも要望・要求手段の一つとして考える.

　そこで, 非営利組織の分析では「JIGS2・Q21：あなたの団体と関連する政策について, 次にあげる人や組織からどのくらい相談を受けますか.」という設問に対する回答（5件法：5＝非常に頻繁〜1＝まったくない）も利用した. とりわけ, 分析には「働きかけ・相談の4類型（1＝一方向：団体, 2＝一方向：自治体, 3＝接触なし, 4＝双方向（団体から・行政から））」を多変量解析に使用した.[7]

　また, 団体が活動する上で, 行政から得る情報を活動の情報源として取得する団体の状況を把握することもしている. それは「あなたの団体は, 活動する上で必要な情報をどこから得ていますか. 次の中から重要な順に3つまでお答えください.」という設問から, 行政と近い距離にある非営利組織かどうかを判別するためである. その質問の「1位」に「自治体」と「地方議員」を選択した場合は「1＝自治体・地方議員」,「NPO・自治会」を選択した場合は「2＝ガバナンス関連団体（NPO・自治会）」,「それ以外（中央省庁・政党・その他団体など）」を選択した場合は「3＝それ以外の団体」という変数を作成し, 地域を中心に情報を得ているかどうかという違いが及ぼす影響を政治要因として分析に利用する.

　なお, 自治会の分析では,「特別区の担当課」への働きかけと協働関係の変数が r＝0.345（N＝320, p＜0.01）,「特別区の課長」への働きかけと協働関係の変数が r＝0.347（N＝320, p＜0.01）程度の相関が認められるので, 協働を独立変数としたモデルには同時に組み込んでいない. また, 他には政治団体役員との交際関係の有無, 業務遂行の円滑さの程度を分析に使用している.

　以上の諸要因をまとめると, 以下のように影響を与えると予測できる.

　「規模・財政要因」：
　　行政職員の数が少ない政府ほど，それを補完させようと市民社会組織へ
　　の相談接触が頻繁に行われる結果，政策満足度が高水準となる（負の関
　　係であるほど＋）．
　「サービスの質」：
　　サービスの質が高い都市ほど政策満足度が高水準である（正の関係である
　　ほど＋）．
　「政治要因」
　　要望・要求を働きかける団体ほど，利害を政策に反映される機会を増や
　　し，政策満足度を高める（正の関係であるほど＋）．

2.4　分析に使用する変数の操作化について

　以下には本章の分析に用いる変数のコーディング処理の方法を示す．筆者は
ソーシャル・キャピタル，ガバナンス，政府規模，サービスの質，政治要因を
主に取り上げ，それらがガバナンスや政策満足度に及ぼす影響を多変量解析に
よって推し量る．分析には各変数が従属変数に影響を及ぼす程度が，独立変数
のカテゴリ数の差異によって偏りが生じないように，二値化ないし離散化した
変数を分析に使用している．

1 ）自治会の分析に用いる変数

　表 5 -10によれば，政策満足度は 3 段階の変数として使用している．「協働」
の変数は各要素の変数をまとめて「 1 ＝低水準， 2 ＝高水準」に変換した変数を
使用する．しかし，協働が政策満足度に及ぼす影響を推し量るためには，それ
ぞれの参画の程度を「 1 ＝ある程度以上， 0 ＝それ以下」に基づく総合得点を二
値化している．各要素が政策満足度に及ぼす影響について，参画の程度によっ
てウェイトをかけていない．コーディングを処理するにあたっては，その効果
を均等に推し量るようにした．そのため，本研究は参画方法によっては政策の
満足度の向上のされ方に違いがあるということを考慮されていない可能性があ
る．
　「ネットワーク管理」の指標は，① 行政情報の提供，② 要望への誠実な対応，
③ 地域問題の協議の場の提供に対する評価を合算した変数を二値化している．
　「ソーシャル・キャピタル」の変数も同様に，自治体信頼，ネットワーク

表5－10　自治会の分析に用いる主要な変数（ソーシャル・キャピタル・ガバナンス）

分析対象	変数		値	変数作成	変数作成の詳細	備考
自治会	政策満足度		1＝不満＋やや不満 2＝ある程度 3＝満足＋やや満足			
	協働	(1)	1＝低水準（0-7点） 2＝高水準（8-12点）	協働関係に関する右記の4変数を合算（最大12得点）	①区との社会サービス供給の連携（3＝やや頻繁＋頻繁、2＝ある程度、1＝それ以下）②パブリック・コメント（同上）③懇談会への出席（同上）④モニタリング（3＝常時、2＝関係あるものだけ、1＝していない）	「従属変数：政策満足度」のモデルでは、(2)の①～④の変数について、「1＝ある程度以上、0＝それ以下」に変換した値の合算値（最大4点）を利用している。
		(2)	1＝低水準（0-3点） 2＝高水準（4点以上）	同上	同上	
	ネットワーク管理		1＝低水準（0-9点） 2＝高水準（10点以上）	右記の3変数を合算（最大15点）	①行政情報の提供（5＝満足～1＝不満である）②要望への誠実な対応（同上）③地域問題の協議の場の提供（同上）	
	自治体信頼		1＝低水準（4点以下） 2＝高水準（5点以上）	右記の2変数を合算（最大10点）	①行政機関に対する信頼（5＝信頼できる～1＝信頼できない）②地方議員に対する信頼（同上）	
	ネットワーク （結束型団体活動）	(1)	1＝低水準（12点以下） 2＝高水準（13点以上）	右記の4変数を合算（最大20点）	①清掃・美化活動の参加人世帯率（5＝0割以上～1＝2割以下）②見回りについて（同上）③防災訓練について（同上）④交通安全（同上）	「従属変数：政策満足度」のモデルでは、(2)の①～④の変数のみを分析に利用している。
		(2)	1＝低水準（ある程度以上） 2＝高水準（それ以下）	右記の変数を利用	④交通安全（同上）	
	ネットワーク （つきあい）		1＝低水準（7点以下） 2＝高水準（8点以上）	右記の3変数を合算（最大10点）	①5年前と比べた地域における住民同士のつきあい（5＝活発になった～1＝活発になっていない）②住民による地域での活動（5＝盛んである～1＝盛んではない）③旧来からの住民と新来の住民の交流（5＝円滑である～1＝円滑ではない）	

出所）筆者作成.

（結束型団体活動），ネットワーク（つきあい）を二値化した変数を利用した．なお，政策満足度を従属変数に設定したモデルにおいては，ネットワーク（結束型団体活動）は探索的に検証した結果，「交通安全」のみを使用した分析の結果を採用している．

「属性要因」として「世帯加入率」を使用している．探索的に使用し，協働を従属変数に設定した分析では「1 ＝80％以上，0 ＝それ未満」とし，政策満足度に対しては「1 ＝66.5％以上，0 ＝それ未満」の変数を分析に採用した．さらに，「他組織の連携」の状況も変数に加えている．自治会連合会や地縁団体，NPO 団体と連携している程度を「1 ＝低水準（0-4点），2 ＝高水準（5 点以上）」として分析に使用した．なお，協働を従属変数に設定したモデルでは，カテゴリの中央値（最大値＝15点）を基準とし，「1 ＝低水準（7 点以下），2 ＝高水準（8 点以上）」を変数に採用した．

また，それと関連する自治会の意識に関する変数（特別区との関係の望ましさ：1 ＝請負のみ，2 ＝仲介役，3 ＝独立関係）も分析に使用した．

「政府規模」は，協働を従属変数に設定した分析では前述したクロス集計に従った方法によって，5 水準に分けた変数を採用している．政策満足度に対しては，散布図を確認し，政策満足度と人口一万人当たりの行政職員数との関係が上に凸の関係にあることを確認した上で，「1 ＝対応能力（変曲点），2 ＝対応能力（小），3 ＝対応能力（大）」を変数に使用した．

「政治要因」は協働を従属変数に設定した分析では，政治団体役員との交際関係（1 ＝なし，2 ＝あり）と業務遂行の円滑さを「2 ＝高水準（ある程度以上），1 ＝低水準（それ以下）」として使用する．なお，政策満足度に対しては，「直接接触（特別職員＋幹部）」を「1 ＝なし，2 ＝どちらか片方接触，3 ＝両方接触」をカテゴリとして分析に利用する．

「サービスの質」に関する変数は「コミュニティ・文化活動」，「生活安全サービスの質」，「公共施設の整備」，「厚生・福祉・医療サービスの質」，「教育サービスの質」，「環境問題に対する取り組み（質）」に対する実際の評価（期待からの乖離度：最大18点）を使用し，「2 ＝高水準（17点以上），1 ＝低水準（それ以下）」に変換した．後掲の**表 5 -12**では平均値±標準偏差が「15.73±2.72」の変数であり，記述統計をみると，最小値が 6 点，中央値が16点（累積％＝約48.3％，n ＝159）である．度数分布では18点を最頻値（29.8％，n ＝110）とする右に歪んだ分布であるので，最頻値以前の17点をしきい値に設定した．

2）非営利組織の分析に用いる変数

　表 5 -11のとおりである．上述の知見と重複するので，詳細に関する説明は省略する．

　「属性要因」には，「1 ＝経済・特殊利益，2 ＝福祉・労働，3 ＝国家基本政策，4 ＝通信・交通・開発，5 ＝文化・国際，6 ＝農林・環境」をカテゴリとしている「関心政策」および，「1 ＝1910年以前，2 ＝1910年代，3 ＝1920年代，4 ＝1930年代，5 ＝1940年代，6 ＝1950年代，7 ＝1960年代，8 ＝1970年代，9 ＝1980年代，10 ＝1990年代，11 ＝2000年代」にカテゴリを整理している「設立年数」を分析に利用した．

　さらに，市民社会組織は，効率的な社会サービスを供給して行政の機能を補完する代わりに行政に接触し，自らの利益を政策過程に反映させる「行政媒介型組織（straddling civic society）」[8]としての特徴を持つ．データ上では，活動目的に「一般向けの無償サービス（有償サービス）」や「会員以外への情報提供」を見込む団体・組織（1 ＝少なくともどちらか一方，0 ＝該当なし）の情報を統制変数に組み込んでいる．

　「政治要因」には「自治体：働きかけと相談」（1 ＝一方向：団体，2 ＝一方向：自治体，3 ＝接触無し，4 ＝双方向），「議員：働きかけと相談」（1 ＝一方向：団体，2 ＝一方向：議員，3 ＝接触無し，4 ＝双方向），「自治体：政策実施・阻止の成功」（2 ＝経験有（実施・阻止両方），1 ＝経験あり（片方），0 ＝なし），「協調関係：特別区」（1 ＝低水準（中立的以下：1-4点），2 ＝（協力的：5-7点））を分析に使用した．

3．実証研究

3.1　記述統計
　　　——地方政府によって市民社会組織のガバナンスは期待されているのか

1）東京23区の概況

　表 5 -12によれば，特別区は首都中枢機能を有し，過大で過密な都市である．筆者の推計によれば，全国市区町村 1 都市当たりの人口に比して，1 特別区あたりの人口は約5.5倍である[9]．一方で，23区部の一般財源は 1 兆円規模である．政府規模は大変大きいが，1 特別区当たりの一般財源は，全国市区町村 1 都市当たりの数字に比べ，2.8倍程度となっている．概観的であり，詳細な検討が求められるが，特別区は人口規模に比して財源規模が十分ではない可能性があ

表 5 - 11　非営利組織の分析に用いる主要な変数（ソーシャル・キャピタル・ガバナンス）

分析対象	変数		値	変数作成	変数作成の詳細	備考
	政策満足度		1＝不満＋非常に不満 2＝ある程度 3＝満足＋非常に満足	5段階尺度を3段階尺度に変換		
	協働	(1)	1＝0点 2＝1-2点 3＝3-6点	右記の6変数を合算（最大6点）	①政策執行への協力の有無（1＝該当、0＝非該当） ②委員派遣（同上） ③モニタリング ④法案作成の支援（1＝ある程度以上、0＝それ以下） ⑤専門知識の提供（同上） ⑥パブリック・コメント（同上）	「従属変数：政策満足度」のモデルでは、(2)の合算変数を利用している。
		(2)	1＝低水準（0-2点） 2＝高水準（3-6点）	同上	同上	
	ネットワーク管理		1＝低水準（17点以下） 2＝高水準（18点以上）	6変数を合算（最大32点）		
非営利組織	自治体信頼		1＝低水準（0-6点） 2＝高水準（7-15点）	3変数を合算（最大15点）	①地方議員・政党（5＝非常に信頼できる〜1＝信頼できない） ②自治体の首長（同上） ③自治体（同上）	
	ネットワーク（橋渡し型活動）	(1)	1＝低水準（0-5点） 2＝高水準（6-10点）	右記の2変数を合算（最大12点）	一般人向けの活動： ①懇談会・勉強会（5＝非常に頻繁〜1＝全くない） ②シンポジウム・イベント（同上）	
	ネットワーク（同上：シンポジウム）	(2)	1＝あまりない＋全く 2＝ある程度 3＝かなり頻繁＋非常に頻繁	右記の変数を利用	②シンポジウム・イベント（同上）	
	ネットワーク（組織内のつきあい）		1＝低水準（0-7点） 2＝高水準（8-15点）	右記の3変数を利用（最大15点）	会員同士の交流： ①一般の会員同士顔をあわせて話をする（5＝非常に頻繁〜1＝全くない） ②役員と一般会員が顔をあわせて話をする（同上） ③イベントなど実地活動に参加する（同上）	

出所）　筆者作成.

表5-12　分析データ：東京・特別区の状況

変数名		N	代表値 (平均値±SD, %)
政府／都市規模			
経済規模（付加価値総生産額）（単位：百万円）（市区町村）		23	54,861,321
人口（市区町村）		23	9,272,740
人口密度/km²（市区町村）		23	14,796
人口集中地区人口密度/km²		23	14,796
一般財源（単位：百万円）（市区町村）		23	1,027,154
歳出決算総額（単位：百万円）（市区町村）		23	3,504,316
非営利組織		604	
政策満足度	不満＋非常に不満	213	43.4
	ある程度	245	49.9
	満足＋非常に満足	33	6.3
関心政策	経済・特殊利益	108	17.4
	福祉・労働	62	10
	国家基本政策	110	17.7
	通信・交通開発	71	11.5
	文化・国際	99	16
	農林・環境	170	27.4
設立年数			
目的	行政媒介型組織	300	49.7
情報源	自治体・地方議員	162	26.8
	LG関連団体	19	3.1
	それ以外の組織	311	51.5
	その他・欠損	12	2
働きかけ・相談	一方向：団体	76	14.1
	一方向：自治体	122	22.6
	双方向	217	23.1
	接触無し	125	40.2
協働水準	0点	317	52.5
	1-2点	199	32.9
	3-4点	80	13.2
	5-6点	8	1.4
ネットワーク管理		417	11.46±6.25
自治会		369	
政策満足度	やや不満＋不満	44	14.8
	ある程度	172	57.9
	満足＋やや満足	81	27.3
政府規模	低水準	139	38.6
	中水準	133	36.9
	高水準	88	24.4
他組織との連携	低水準	221	59.9
	高水準	148	40.1
協働	0点	31	8.4
	1-2点	223	60.4
	3-4点	115	31.2
ネットワーク管理		330	9.35±2.37
サービスの質		329	15.73±2.72

注)　自治会に示す，「政府規模」は一万人当たり行政職員数（H18）を3スケールに分類した結果を示す．
　　それは，低水準（世田谷区，足立区，江東区．範囲：52.76-55.49），中水準（杉並区，葛飾区，板橋
　　区，大田区．範囲：60.97-66.06），高水準（北区，中野区，目黒区，文京区，墨田区．範囲：70.62-
　　79.49）となっている．

出所)　都市データは総務省（2015），「都道府県・市区町村のすがた（社会・人口統計体系）」，「e-Stat
　　（政府統計の総合窓口）」のデータを利用．非営利組織，自治会のデータは「町内会・自治会など近
　　隣住民組織に関する全国調査」（2007年）および，「団体基礎構造に関する調査」（2007年），「自治体
　　調査」（2007年）を基に筆者作成．

る.

　なお，戸川（2019：90-92）の推計によれば，人口一万人当たり行政職員数と
非営利組織の政策満足度は，r ＝ − 0.422（N ＝ 23，p＜0.01）と負に相関している.
また，自治会に対しても，そのような傾向を支持し，戸川（2018）の結果によ
れば，上に凸の関係を示し，12の特別区に限り，政策満足度にとって行政職員
数には最適な点がありうる. これは，人的リソースが政策満足度に効果がない
という意味ではなく，人的リソースが多いからといって，必ずしも政策満足度
の向上につながるわけではないことを示す.

　表 5 -12の非営利組織のデータをみると，その知見と関連して働きかけ・相
談の一方向：自治体の比率は22.6％である. それは一方向：団体の14.1％より
大きい. つまり，特別区の地域社会運営では，自治体から市民社会の期待が大
きいという特徴をしている.

　その中で，活動する非営利組織は，他の組織に比べ，自治体・地方議員
（26.8）から情報を獲得しながら活動する団体が多く，協働水準は47.5％程度の
団体に該当する. そして，福祉・労働（27.4）に関心を寄せる組織が全体の 3
割程度である.

　協働水準は自治会の方が 9 割以上と高い. さらに，自治会のネットワークに
対する管理得点は最大15点であり，平均が9.4点程度であるとすると，中位程
度の得点より平均点が高い水準である.

　まとめると，粗集計ではあるが，人口規模に比して財源規模は小さい可能性
がある. さらに行政の人的リソースが比較的少ない状況ほど市民社会組織に
とって満足する政策運営を可能にしている. その傾向と関連して，自治体から
非営利組織への期待が一定程度大きいという特徴があり，自治会との協働およ
び地方政府のネットワーク管理が非営利組織よりも進んでいる.

3.2　ソーシャル・キャピタルがガバナンスに及ぼす影響

　筆者は多変量解析を実施する手法として，カテゴリカル回帰分析を使用して
いる. それは従属変数の値を質的変数のカテゴリによって，線形に最もよく近
似するように各カテゴリに数量を与える方法（最適尺度化）によるものである.

　SPSS では，いくつか準備されている最適尺度化の基準のうち，二値化変数
および離散化した変数は名義尺度である. 得点化された「協働」，「サービスの
質」，「ネットワーク管理」得点は得点化される以前の変数がリッカート・ス

表5‒13　Model 1：自治会──「協働」に及ぼすカテゴリカル回帰分析結果

区分	N	296
	R²	0.145
	Adj. R²	0.118
	判別率	85.8%

従属変数		Model1
		Y＝協働

独立変数		β係数
属性要因	世帯加入率	0.115
政治要因	協調関係：特別区	0.064
	交際関係：政治団体役員	0.115
ガバナンス要因	ネットワーク管理	0.113
ネットワーク要因	他団体・連携	0.216
SC要因	自治体信頼	0.048
	ネットワーク：つきあい	0.065
	ネットワーク：自治会活動（結束型）	0.140

値：β係数（漸近有意確率（両側）5％水準で有意）
出所）自治会：「町内会・自治会など近隣住民組織に関する全国調査」(2007年)，「団体基礎構造に関する調査」(2007年)，「自治体調査」(2007年) を用いて筆者作成．なお，政府規模は「一般行政職員数」＝H18『都道府県・市区町村のすがた（社会・人口統計体系）』，「人口（住民基本台帳）」＝H18『総務省自治行政局市町村課』(URL：http://www.soumu.go.jp/main_sosiki/jichi_gyousei/c-gyousei/020918.html　2017年8月6日アクセス)．

ケールのものである．そのため，連続変数としてみなすよりもカテゴリカルな変数としてみなした方が適当である．例えば，量的変数の「ネットワーク管理」得点は二値化しているので「名義」を選択している．

　しかし，一部，結果の解釈を行う都合上，「順序」を最適尺度化の基準にしている．なお，カテゴリカル回帰分析ではカテゴリに付与された数量化スコアから傾向を推し量る事が可能である．本章では紙幅から，その結果を省略しているが詳しくは戸川 (2019) を参照されたい．なお，統制要因として「政府規模」を組み込んだモデルは，自治会のネットワーク管理を除き，統計的に有意な関連性が確認されなかった．

1）自治会の結束型ネットワークと協働型政府に寄せる信頼効果

　筆者は自治会と行政の協働とネットワーク管理に及ぼす影響を推し量るために，カテゴリ回帰分析を実施した．その結果は後掲の**表5-13**と**表5-14**のとおりである．

表5-14 Model 2：自治会──「ネットワーク管理」に及ぼすカテゴリカル回帰分析結果

区分	N	304
	R^2	0.124
	Adj. R^2	0.098
	判別率	62.2%

		Model2
従属変数		Y＝ネットワーク管理
独立変数		β 係数
政府要因	政府規模	0.092
政治要因	直接接触：職員＋幹部	0.18
ガバナンス要因	協働	0.151
SC要因	自治体信頼	0.170
	ネットワーク：つきあい	0.224

値：β 係数（漸近有意確率（両側）5％水準で有意）
出所）自治会：「町内会・自治会など近隣住民組織に関する全国調査」（2007年）を元にして筆者作成．なお，
政府規模は「一般行政職員数」＝H18『都道府県・市区町村のすがた（社会・人口統計体系）』，「人口
（住民基本台帳）」＝H18『総務省自治行政局市町村課』（URL：http://www.soumu.go.jp/main_
sosiki/jichi_gyousei/c-gyousei/020918.html 2017年8月6日アクセス）．

　主に属性要因，そして政治要因が与える影響を統制した上で，ソーシャル・
キャピタルが及ぼす効果を分析している．地方政府と自治会の協働とネット
ワークを従属変数とした分析結果はそれぞれ漸近有意確率（両側）5％水準で
総じて有意な変数のみをモデルに組み込んだ結果を示す．

　分析結果から示されるモデルの精度をみると，**表5-13**に示す回帰式は R^2＝
0.145（Adj. R^2＝0.118）と説明力は1割程度である．

　しかし，本分析では従属変数を2値化しているので，判別率を別に計算して
予測値と実測値の的中率を出している．それによると85.8％の結果が的中して
いるので良好なモデルとして解釈される．

　では，各変数の影響度については β 係数（標準化係数）からみると次のことが
読み取れる．Model 1（従属変数：協働）によれば，最も影響度の高い変数は他
団体・連携（0.216）となっており，次いで，結束型自治会活動（0.140），世帯
加入率（0.115），政治団体役員との公開関係（0.115）の順に関連している．

　他団体・連携は自治会と他の近隣住民組織と連携して活動する社会サービス
の供給活動を指している．自治会と近隣住民組織との連携関係は自治会ネット

ワークとしての意義がある．このようなネットワークを駆使して自治会は特別区との協働活動を高めていることが読み取れる．

　次に，ソーシャル・キャピタル要因の結束型自治会活動が有意に関連している．これは自治会が常日頃から地域課題の解決を目的とした活動と特別区の職員と連携して行う社会サービスの供給活動が密接に関連していることを示している．

　なお，自治体信頼（0.048），住民同士つきあい（0.065）との関連性は有意な結果として示されているが，関連度が小さくなっている．集計データに基づく分析では信頼やつきあいの効果は大きいことが示されていた．個別の自治会を単位とした分析結果ではむしろ日ごろの住民自治に関連する活動と協働が密接に関係しているといえる．また，活動頻度と協働の関係性が比較的強いので，住民がどれだけ，地域に加わっているかを示す世帯加入率との関連性も比較的高く示されている．

　自治体との協働は政治団体との交際関係も関係している．これは協働の場を通じて，自治体職員や他の政治団体の役員との関係を築いていることが関係していると考えられる．特別区との協調関係（0.064）は協働に大きな影響を与えていない．

　さらに，協働に対してソーシャル・キャピタル要因の橋渡し型活動は統計的に有意な影響を認められなかった．スポーツやイベントを行うかどうかという問題が自治体と協働する程度の違いに直接影響を及ぼすとは限らない．

　加えて，従属変数にネットワーク管理を設定したモデルではどのような変数が影響を与えているのであろうか．**表5-14**に基づいて，分析した結果を記述する．

　その精度は$R^2=0.124$（Adj. $R^2=0.098$）であるが，判別率は62.2％が的中しているため，良好な分析結果を示す．特徴として，協働を従属変数に設定したモデルに比べて統計的に有意な変数が減少している．つまり，自治体の対応を自治会の意識・行動指標から推し量れる変数が減っていることを意味する．

　しかしながら，ソーシャル・キャピタルを要因とする住民同士つきあい指標（0.224）の関連性が最も高い．帰属意識と自治体の対応は密接に関わっている．次いで，政治要因である直接接触：職員＋幹部（0.180），自治体信頼（0.170），協働（0.150），政府規模（0.092）の順に関連している．

　分析結果では，ソーシャル・キャピタルの構成要素として住民同士つきあい

に加えて自治体信頼の影響が統計的に有意である．また，協働を従属変数に設定した効果よりも関連度が高い．これは，自治体信頼が協働だけでなくネットワーク管理の役割に対しても影響があることを明らかにしている．

　ソーシャル・キャピタルとガバナンスの研究では，ソーシャル・キャピタルが協働を促進させるという経路は一般的に支持される傾向にあるが，ガバナンスに向けた自治体の対応に与える影響を明らかにした研究は少ない．その意味で本分析結果は意義がある．

　協働水準の違いはネットワーク管理と関連し，協働水準が高いほど，自治体は協働型政府として変化している．

　政府規模は統計的に有意である．行政の人的リソースが乏しいかどうかという問題は，地方政府がネットワーク管理の役割を積極的に果たすかどうかという問題に関係している．

　したがって，カテゴリ別の傾向については次のことがいえる．自治会との協働を従属変数とした分析結果によれば，協働のカテゴリ（数量化スコア）は高水準であるほど正の値を示している．それを踏まえると，協調関係は仲介役＋協働ないし独立の方が，政治団体役員との交際関係があるほど，世帯加入率は高いほど，自治体のネットワーク管理は積極的であるほど，また自治体信頼に篤く，住民同士のつきあいが活発であり，自治会活動が活発であるほど，地方政府と自治会の協働水準は統計的に有意に上昇することが明らかとなった．

　これは，ソーシャル・キャピタルが協働の促進に寄与する仮説を支持している．自治体に対する信頼が篤いほど，自治会から地方政府は容易に協力を得られやすく，協働が盛んである．自治体信頼は協働に対して仮説 2 を支持している．

　住民同士のつきあいが良好なコミュニティでは帰属意識が高く，協働を促進させる．ネットワーク（つきあい）は協働に対して仮説 4 を支持している．

　さらに，自治会の見回り活動や防災訓練，交通安全活動などの暮らしの生活・安全にかかわる自発的な問題処理行動が活発であるほど協働が進んでいる．しかし，スポーツ・イベントは協働に対して効果がない．これは結束型自治会活動のみ，仮説 5 を支持している．

　協働とネットワーク管理は正の対応にある．協働を通じて自治会が要望を働きかけるほど，地方政府は調整者として役割を果たす．

　ネットワーク管理を従属変数に設定した Model 2 のカテゴリをみると，ネットワーク管理の水準は数量化スコア値が大きくなるほど高水準になる傾向

にある.

　本章で着目している変数をみると，政府規模の水準が低いほど，自治会の政治的働きかけが多いほど，協働が活発であるほど，ネットワーク管理の水準は上昇する.

　さらに，自治体に対して信頼が篤く，住民同士のつきあいが盛んであるほど，自治体のネットワーク管理は上昇する.

　つまり，ネットワーク管理に対する仮説3は自治体信頼について認められる.また，住民同士つきあいはネットワーク管理に正の影響を及ぼす.これは仮説立てしていない結果であり，コミュニティのまとまりの良さがガバナンスに向けた自治体の対応を変化させる.

2）非営利組織のネットワークと自治体信頼の効果

　次は，非営利組織の分析結果を表5-15および表5-16に基づいて記述する.表5-15に示す，Model 3（従属変数：協働）の精度は $R^2 = 0.352$（Adj. $R^2 = 0.294$）と分散の3割程度の説明力を持つ.また，判別率を計算したところ予測値は実測値の7割（71.4）を的中しているので良好な分析結果として判断される.

　標準化係数をみると，非営利組織の「協働」は政治要因の自治体：働きかけ・相談（0.264）との関連度が最も高い.次いで，要望の受け入れ：政策実施・成功の経験（0.169）との関連度が高い.属性要因の設立年数（0.222）との関連度も高い.非営利組織が地方政府のステイクホルダーとして協働することと，政策課題への非営利組織の利益追求活動は密接に関連している.

　ソーシャル・キャピタル要因であるネットワークの橋渡し型団体活動（0.187），属性要因である関心政策（0.144），同上の結束型団体活動（0.122）の順に関連性が高い.一般人に向けたシンポジウム，懇談会・勉強会，そして組織内部のつきあいが密であるかどうかは協働水準と関係がある.

　しかし，自治会の分析結果と同様に自治体信頼の影響度（0.093）が小さい.また，関心政策の影響が有意に示されている.協働水準の進展度合いは関心政策によって異なることを意味している.

　次に，ネットワーク管理を従属変数に設定した表5-16の分析結果によれば $R^2 = 0.088$（0.039）であった.しかしながら，判別率は8割（80.4）的中しているので，本分析の精度は一定の基準を満たしている.

　それによれば，自治体信頼（0.167）の関連度が他の要因に比べて高い.とり

表 5‐15　Model 3：非営利組織——「協働」に及ぼすカテゴリカル回帰分析結果

区分		N	309
		R²	0.352
		Adj. R²	0.294
		判別率	71.4%

		Model3
従属変数		Y＝協働
独立変数		β 係数
属性要因	関心政策	0.144
	設立年数	0.222
政治要因	協調関係：特別区	0.094
	自治体：働きかけ・相談	0.264
	要望の受け入れ ：政策実施・成功	0.169
SC 要因	自治体信頼	0.093
	ネットワーク（団体活動）（結束型）	0.122
	ネットワーク（団体活動）（橋渡し型）	0.187

値：β 係数（漸近有意確率（両側）5％水準で有意）
出所）「団体基礎構造に関する調査」（2007年）および「自治体調査」（2007年）を基にして筆者作成.

わけ，非営利組織に対する自治体のネットワーク管理には自治体信頼のみが有効であった.

　次いで，ガバナンス要因の協働：法案作成支援（0.150），政治要因の自治体・働きかけ・相談（0.141）との関連性が高い. 政策運営の中でも政策形成の場で連携することによって，自治体の協働に向けた対応を積極的にさせる可能性がある.

　さらに，非営利組織と地方政府の関係の中で行われる 4 類型の働きかけに関する水準の違いがガバナンスに対する地方政府の対応に影響を与える. また，活動目的のうち「行政媒介型組織（0.103）」の特徴が有意である. サービスの供給を活動目的にすることはガバナンスと関係している.

　表 5‐15および**表 5‐16**の分析結果から得られた数量化スコアの傾向は以下のとおりである. 自治体との関係パタンの特徴は直接的な働きかけや相談を受けない組織よりも自治体から相談され，双方向の関係を築いている組織ほど協働が活発となっている. 非営利組織と地方政府の協働が活発であることは双方向

表5-16　Model 4：非営利組織——「ネットワーク管理」に及ぼすカテゴリカル回帰分析結果

区分	N	271
	R²	0.088
	Adj. R²	0.039
	判別率	80.4%

		Model4
従属変数		Y＝ネットワーク管理
独立変数		β係数
属性要因	関心政策	0.131
	目的：行政媒介型	0.103
政治要因	自治体：働きかけ・相談	0.141
	議員：働きかけ・相談	0.080
ガバナンス要因	協働：法案作成支援	0.150
SC要因	自治体信頼	0.167

値：β係数（漸近有意確率（両側）5％水準で有意）
出所）「団体基礎構造に関する調査」（2007年）および「自治体調査」（2007年）を基にして筆者作成.

の関係が築かれていることと正に対応し，要望が受け入れられる経験を増やす可能性がある.

　ソーシャル・キャピタルは，自治体信頼と団体活動が協働と正に対応している．また，団体活動は組織信頼よりも効果を有する．組織内部のまとまりが良いほど帰属意識が高くなる結果，自治体との協働に向けたリソースが整うと予想される．そして，団体が一般人に行うシンポジウムや勉強会も協働と正に対応する．以上より自治体信頼は協働に対して仮説2を支持し，団体活動は総じて，仮説5を支持している.

　ネットワーク管理に対しては，ガバナンス要因の協働（法案作成）の支援を行う非営利組織が多いほど地方政府は利害調整のバランスに努めている．これは協働のウェイトを均一にせず，市民に効果的な地域社会運営への影響を考慮した方が良いことを意味している.

　非営利組織から信頼されている自治体は非営利組織の協力を得られやすく，ネットワーク管理として利害調整を行いやすい．また，団体活動や組織内部のまとまりの良さは他の要因を統制すると，ネットワーク管理に対して間接的に効果がある.

以上より，ネットワーク管理に対する仮説 3 は自治体信頼について支持された．

3.3　ソーシャル・キャピタルとガバナンスが QOL に及ぼす影響

では，自治会（非営利組織）の政策満足度にはソーシャル・キャピタルとガバナンスは他の要因を調整しても効果が認められるのであろうか．前項の分析と同様の手法を用いた分析結果（**表 5 -17**および**表 5 -18**）を参照し，ガバナンスとソーシャル・キャピタルの効果を推し量る．

1 ）自治会の政策満足度に及ぼすソーシャル・キャピタルとガバナンスの影響

表 5 -17に示したモデルの精度は $R^2 = 0.322$（Adj. $R^2 = 0.285$）と分散の 3 割程度を説明できており判別率は62.5％が的中している．

それに依拠すると，自治会の分析結果ではガバナンス要因の影響が統計的に認められる．すなわち，協働（0.103）よりもネットワーク管理（0.295）の影響力が最も高い．

ソーシャル・キャピタル要因は自治体信頼（0.161），住民同士つきあい（0.134），結束型自治会活動の交通安全（0.117）の順に関連している．自治体に対する信頼性と政策満足度には一定の関係性があり，自治体信頼や住民同士つきあいは協働やネットワーク管理を促進させて，政策満足度に効果があると考えられる．

また，サービスの質（0.139）よりも自治体信頼の影響度が高い．政策満足度に関してソーシャル・キャピタルは重要な要因であるといえよう．また，結束型自治会活動の全体が政策満足度と関連しているわけではなく，中でもとりわけ交通安全に関する活動頻度との関係が有意であった．

2 ）非営利組織の政策満足度に及ぼすソーシャル・キャピタルとガバナンスの影響

表 5 -18の分析結果も同様，統計的に一定の妥当性が得られよう．Model 6 は非営利組織の分析結果を示し，$R^2 = 0.270$（Adj. $R^2 = 0.191$），判別率は約 6 割程度（58.4）が的中している．分析結果をみると，標準化係数は設立年数（0.285）との関連性が最も高い．次いでネットワーク管理（0.246），自治体信頼（0.198）の関連度が高い．関心政策（0.179），協働（0.137）の順に影響を与えている．

加えて，シンポジウム・イベント（0.096）とも一定の関連性が有意であった．

表5-17　Model 5：自治会──「政策満足度」に及ぼすカテゴリカル回帰分析結果

区分	N	216
	R²	0.322
	Adj. R²	0.285
	判別率	62.5%

		Model5
従属変数		Y＝政策満足度
独立変数		β係数
政府要因	政府規模	0.105
属性要因	世帯加入率	0.145
政治要因	業務遂行	0.152
ガバナンス要因	協働	0.103
	ネットワーク管理	0.295
ネットワーク要因	他団体・連携	0.129
アウトプット要因	サービスの質	0.139
SC要因	自治体信頼	0.161
	ネットワーク：つきあい	0.134
	ネットワーク：自治会活動（結束型）交通安全	0.117

値：β係数（漸近有意確率（両側）5％水準で有意）
出所）「町内会・自治会など近隣住民組織に関する全国調査」（2007年）を基にして筆者作成.

　また，ガバナンスと政策満足度に与える組織信頼の影響を分析したところ，他の要因を統制した場合，組織信頼の効果は有意ではない．本分析からは十分にその効果が確認されなかった．
　構造的ソーシャル・キャピタルは自治会では結束型自治会活動が，非営利組織では一般人に対する橋渡し型団体活動が政策満足度と関連している．
　カテゴリの傾向について概要は以下のとおりである．数量化スコアによれば，自治会の政策満足度は満足しているほど，数量化スコアの値が正に対応している．それに準じて，政府規模が中位程度であるほど，サービスの質は高いほど，住民の自治会加入率が多いほど，自治会の業務が円滑に遂行されるほど，他団体の連携が活発で，協働が促進されているほど，地方政府がネットワーク管理者として積極的であるほど，政策満足度は上昇する傾向がある．さらに，自治体信頼が高いほど満足度は向上する．住民同士の交流が盛んで，交通安全に関

表 5‐18　Model 6：非営利組織——「政策満足度」に及ぼすカテゴリカル回帰分析結果

区分	N	267
	R²	0.270
	Adj. R²	0.191
	判別率	58.4%

		Model6
	従属変数	Y＝政策満足度
	独立変数	β係数
属性要因	関心政策	0.179
	設立年数	0.285
政治要因	自治体：働きかけ・相談	0.119
	情報源	0.187
ガバナンス要因	協働	0.137
	ネットワーク管理	0.246
SC 要因	自治体信頼	0.198
	ネットワーク：団体活動（橋渡し型）シンポジウム・イベント	0.096

値：β係数（漸近有意確率（両側）5％水準で有意）
出所）「団体基礎構造に関する調査」（2007年）および「自治体調査」（2007年）を基にして筆者作成.

する加入世帯の参加頻度が高いほど，政策満足度は高い.

　ソーシャル・キャピタルからみた政策満足度に影響を与える仮説としては，自治体信頼および住民同士つきあい，結束型自治会活動のうち交通安全活動に関して妥当する.

　橋渡し型自治会活動のスポーツやイベントが政策満足度に及ぼす影響はデータからは確認されなかった. コミュニティの生活・安全が交通安全活動によって支えられている結果が政策満足度に反映されている可能性がある.

　また，自治体信頼はガバナンスの中で自治会の協力を促進させることで政策満足度を押し上げている.

　以上の分析結果を考慮すると政策満足度に対し，自治体信頼，住民同士つきあいは協働とネットワーク管理双方への効果を経て仮説 6 を支持する. 結束型団体活動，橋渡し型団体活動は協働のみに対する効果を経て仮説 6 を支持する.

　次は，非営利組織政策満足度の傾向であるが，「満足」というカテゴリほど数量化スコアは正の値を示す. 関心政策は「農林・環境」，「通信・交通・開

発」政策に関心のある組織ほど，自治体：働きかけ・相談では「双方向」の関係を築いているほど，「自治体・地方議員」や「LG関連団体」から情報を得ている組織ほど，協働が活発であるほど，ネットワーク管理が充実しているほど，自治体信頼に篤いほど，橋渡し型団体活動のうちシンポジウム・イベントの水準が高水準（頻繁＋やや頻繁）であるほど，政策満足度は「満足」と対応している．

関心政策は経済・特殊利益などの政治的働きかけを志向する組織やサービス提供団体の多い福祉・労働分野の組織ほど，不満傾向を示す．

自治体接触は双方向の関係をもつことが重要である．それが非営利組織の要求を政策に入力させやすく，出力された政策への満足につながる．

自治体信頼の効果は集計結果からも確認されており，信頼される都市ほど非営利組織の協力を得られやすい[10]．

団体活動の橋渡し型の活動について，集計分析からは活動水準の高い都市は自治体から相談される機会も多い傾向が示されている[11]．以上の知見より，自治体信頼は政策満足度に対して協働，ネットワーク管理を経て仮説6を支持している．そして，橋渡し型団体活動は協働を経て仮説6を支持している．

4．ま　と　め——政策パフォーマンスの向上を導く
ミッシング・リンクの解明

これまでの分析結果をまとめると，表5-19のように考えられる．

1）地域振興政策の満足度を向上させるには

仮説2および仮説3の信頼の効果は「自治体信頼」について該当し，「組織信頼」には該当しない[12]．

地方政府—自治会関係において自治体に対する信頼が篤いほど，地方政府は自治会から協力を得られやすい．自治会に関わる利害調整のバランスに積極的であるためか，自治会は地方政府から要望を受け入れられる度合いが増している[13]．実証分析から明らかであるように自治体に対する信頼は，自治会の協働を促進させる．

本研究からは結束型ソーシャル・キャピタルの効果が，ガバナンスに対して重要であることを示唆している．これまでのPutnamの研究をはじめとした先行研究では，水平的ネットワークの中で醸成されるソーシャル・キャピタル

表 5‑19　本章における仮説の検証結果

| | | データ分析結果 | | QOL（政策の質） |
| | | ガバナンス要因 | | |
		協働	ネットワーク管理	政策満足度
自治会	自治体信頼	○	○	○
	組織信頼	-	-	-
	住民同士つきあい	○	○	○
	自治会活動（結束型）	○	-	-
	自治会活動（橋渡し型）	-	-	-
非営利組織	自治体信頼	○	○	○
	組織信頼	-	-	-
	組織内部つきあい（結束型）	○	-	-
	団体活動（橋渡し型）	○		○

注）○＝カテゴリカル回帰分析：漸近有意確率（両側）5％水準有意
　　―＝非有意
　　自治会活動の結束型＝「⑧清掃・美化，⑨見回り，⑩防災訓練，⑪交通安全の活動頻度」
　　自治会活動の橋渡し型＝「⑫スポーツ，⑬お祭りの活動頻度」
　　非営利組織の組織内部つきあい＝「⑧役員・一般会員顔合わせ，⑨会員同士顔合わせ，⑩一般会員イベント参加
　　自治会活動の橋渡し型団体活動＝「一般人に対する⑪懇談会・勉強会開催，⑫シンポジウム・イベントの活動頻度」
出所）「団体基礎構造に関する調査」（2007年），「町内会・自治会など近隣住民組織」（2006年）および，「自治体調査」（2007年）を基にして筆者作成.

　の効果を明らかにする研究が多かった．しかし，本研究によると，結束型のソーシャル・キャピタルにも着目する必要があるといえる．
　ネットワーク：つきあいの効果もガバナンスに対して有効である．それは仮説4を支持している．新来の住民と旧来の住民との交流が盛んであるほど，政策の現場では自治会と近隣住民組織の関係が密になりやすい．その方が，特別区との連携も活発になりやすく，コミュニティの仲間内から支持される自治会とは行政も協働を促進させる.[14]
　さらに，自治体のネットワーク管理も促進させる．住民同士のつきあいが活発であると，集合的効力感が増すと考えられる．政策に対する関心の高い住民が増えることで，自治会活動への参加頻度も高くなることが予想される．このような活動が活発な自治会から出てくる要望は，数の上でも住民の民意を反映

していると判断されやすいのではないだろうか. 地方政府にとっても, 多数の合意が形成できている自治会の要望には, 聞く耳を持ち, できることならば利害を調整しようと取り組みやすいことを示唆しているのではないか.[15]

また, 仮説5は結束型自治会活動に妥当し, 橋渡し型自治会活動には妥当しないという結果は重要である. Putnam のソーシャル・キャピタル論では自発的結社のうちスポーツ・文化団体を強調されやすい. Putnam はイタリア州政府のパフォーマンスを説明する要因として, 他者との自発的「協力の社会構造」である自発的結社を取り上げる[16] (Putnam 1993 = 2001 : 107). Putnam によれば水平的なアクターの間柄の中で市民性が育まれ, 「責任を共有する感覚」を養うことができる (Putnam 1993 : 108). つまり, スポーツや文化団体などの水平的な自発的結社への加入の有無の違いが信頼の社会構造の違いを生み, 制度パフォーマンスの違いをもたらすと結論付けている.

しかしながら, この点は後にその因果関係が曖昧であるという批判がされている (井戸 2000 : 157). 本研究を踏まえると, 結束型の団体参加の有効性を示唆しており, そのネットワークもガバナンスには重要である.

地域社会運営に着目してみると, ガバナンスには住民と日頃からコミュニティの課題に対して対処している自治会の防災訓練や交通安全, また近隣の見回りや清掃・美化リサイクル活動などの活動を基礎とした住民間の自発的な協力が有効である可能性がある. 本研究はむしろ近隣住民組織と自治会の結束型のソーシャル・キャピタルがスポーツ・イベントに比べて意味のある変数であった.

仮説6については, 自治体信頼, ネットワーク：つきあい, そして自治会活動 (結束型) がローカル・ガバナンスを機能させ, 政策満足度に影響を与えることを支持している.

2）市民活動政策を向上させるには

非営利組織の分析では二つの知見が得られた. まずは仮説2および仮説3に対して自治体信頼が有効であることを示している.

つまり, 自治体信頼が育まれている状況では, 地方政府も市民社会組織から協力が得られやすく, 協働の関係を構築されやすい. それが地方政府の利害調整へのインセンティブを高め, 要求が反映されやすい施策・事業の検討が可能なのではないだろうか.

　次に，仮説 5 は非営利組織の団体活動（結束型），団体活動（橋渡し型）の双方が協働にポジティブな効果をもたらす．しかし，政策満足度に影響を及ぼす（仮説 6 を支持する）のは団体活動（橋渡し型）のみであった．すなわち，シンポジウム・イベントなどの一般人を対象とした催しは政策課題を共有する場としても機能する可能性がある．

　以上の知見が示していることは，地域振興政策と市民活動政策の水準によって生じる地域社会運営の特徴が，ソーシャル・キャピタルとガバナンスの実態によってもたらされることを示唆している．すなわち，「地域振興政策・高水準型」，「市民活動政策・高評価型」，「市民活動政策均衡型」のパタンを説明する要因として考えられるだけでなく，山積した東京問題を改善するしくみとしても，ソーシャル・キャピタルの知見をガバナンスに応用させることには重要な意味を持つ．

　では，暮らしの生活空間に問題があれば，団体・組織が住民と一丸となって，行政と連携する取り組みはどうして，住民にとっても受け入れやすい生活空間を提供しえるのか．次章は住民の視点から明らかとなる実証分析の結果を示す．

注

1 ）　ただし，国税庁の源泉所得税の納税状況によると，政府部門の就労者に指定される規模とは実際には893万人にも上るとされているが，前田（2014：23）は，それはやや実態からかけ離れている数字であるとしている．また，前田（2014：29）は，野村総研が調査した「公務員数の国際比較に関する調査」の数（約538万）に，87.5万人の公益法人職員を合わせて，公務員の定義を広げると600万人ぐらいとなることを推計している．

2 ）　原著をそのまま訳すと「改革理論」となるが，その含意は大きな政府に関する規模の経済を支持する仮説となっている．日本の文脈では小規模の町村を合併させ，行政能力を引き上げようという地方分権改革を行い行政需要に応えるよう改革を行った経緯がある．それを踏まえるならば，reform theory という訳には「大きな政府論」という意味合いが含意されていると考えても良いだろう．

3 ）　村松（1994）は，日本の官僚制には，自分たちの少ないリソースで最大限の効果を得るために，組織の外延に組織化を進めようとする「最大動員システム」が働いていることを指摘している．

4 ）　算術に用いた変数は以下のとおり．「一般行政職員数」＝H18『都道府県・市区町村のすがた（社会・人口統計体系）』，「人口（住民基本台帳）」＝H18『総務省自治行政局市

町村課』URL：http://www.soumu.go.jp/main_sosiki/jichi_gyousei/c-gyousei/020918.html
（2017年8月6日アクセス）．

5） 本主成分分析結果の精度に関しては，KMO値が0.852となっており，固有値は総じて1以上の主成分因子が抽出されており，回転後の負荷量平方和より分散の約54.2%が説明されている．

6） ロビー活動は「政策アクター（政治家・官僚）の政策決定・執行に何らかの影響を与えるために行われる利益団体の意図的活動全てを意味する」と定義される（石生 2002：164）．

7） 理論的に考えられる働きかけと相談接触の4パタンの整理は森・足立（2002）の分析手法に準拠している．

8） 行政媒介型組織とは「行政と市民を媒介する市民社会組織」（Read and Pekkanen 2009）である．それは「政府と市民・住民の二つの世界に両属しており，一方で団体のメンバーである市民のために活動しつつ，他方で行政と連携しつつ円滑な政策遂行に協力し，自らの主張を伝達」する市民社会組織を指している（辻中ほか編 2009：29）．

9） 市区町村全体（N＝1,741）の人口は127,094,745人，一般財源（単位：百万円）は27,993,63500万円となっている．推計方法は（23区の推計値/23)/市区町村全体の推計値/1,741）により倍率を計算している．

10） 本文中には結果を示していないが，自治体信頼が高いほど，自治体からの相談接触（ある程度以上の割合）が多く（r＝0.507, N＝23, p＜0.05），さらに特別区との協調関係に対し，協力的（5点以上）という認識が増える傾向（r＝0.652, N＝23, p＜0.05）にある．

11） ネットワーク：団体活動（橋渡し型）の活動頻度が多い特別区ほど，自治体から相談接触が多くなる傾向にある（r＝0.516, N＝23, p＜0.05）．

12） 本研究で代替させた協働とネットワーク管理の指標に対する組織信頼の効果は認められない．しかし，ガバナンス要因と関連性がないとは言い切れない．別の経路を通じて，区が供給するサービスの質を高める可能性がある．組織信頼（2段階）とサービスの質（2段階）は正に対応しており，組織信頼が高いほど，サービスの質が向上する関係が統計的に有意である（ピアソンのχ^2＝6.181, N＝260, p＜0.05）．

13） 自治会の自治体信頼（2段階）と要望の受け入れ（5段階）は正に対応し，要望に受け入れられるほど，自治体信頼は上昇する（ピアソンのχ^2＝10.197, N＝334, p＜0.05）．

14）「ネットワーク：つきあい（2段階）」と社会サービス活動のうち「親睦（4段階）」の関係が統計的に有意である．つきあいの指標が低水準であるよりも高水準の方が，自治会と近隣住民組織との連携ないし，区と近隣住民組織両方が連携して行う親睦に関する社会サービスの供給が活発である（ピアソンのχ^2＝7.941, N＝245, p＜0.05）．同様に，地域の諸問題の中で，安全に関する問題対処の活動も区や近隣住民組織と連

携して行う社会サービス活動の水準が増加する（ピアソンの $\chi^2 = 7.929$, N $= 263$, p$<$ 0.05）.

15)　一連の傾向について，以下の分析結果が有意であることが示された．「ネットワーク：つきあい（2段階）」と政策への重要度（5段階）は，「まちづくり（ピアソンの $\chi^2 = 10.358$, N $= 315$, p$<$0.05）」と「観光（ピアソンの $\chi^2 = 10.142$, N $= 257$, p$<$ 0.05）」の政策と有意に関連している．住民同士のつきあいが活発であるほど，政策に対する重要認識が増している．また，「ネットワーク：自治会活動（結束型）」への加入世帯の活動頻度と有意に関連しており，つきあいが活発であるほど住民の交通安全や防犯活動また見回りや清掃美化・リサイクル活動に対しての自治会活動への参加率が高い（ピアソンの $\chi^2 = 9.076$, N $= 353$, p$<$0.05）．そして，「ネットワーク：つきあい」と「要望の働きかけ」は有意に関連し，正に対応している（ピアソンの $\chi^2 = 20.685$, N $= 346$, p$<$0.05）.

16)　Putnam（1993 $=$ 2001：215）は「近隣集団，合唱団，協同組合，スポーツ・クラブ，大衆政党」を自発的結社として捉えている.

第6章
ソーシャル・キャピタルの世代間継承は ガバナンスの QOL を改善させるのか
――行政と住民の協働関係を混合研究法によって考える――

1．はじめに――研究目的と方法

　本研究は第5章の分析によって，ソーシャル・キャピタルがガバナンスを円滑に機能させることで，地域社会運営の効率性を改善させ，その結果，市民の政策満足度が向上することを団体・組織レベルの実証研究によって明らかにしている．

　それは住民が東京で暮らす中で生きがいを感じ，住みよい都市を創るためには，行政だけでなく多くの住民が地域の諸課題を共有して協働する，「QOL の向上」を目指した，都市ガバナンスが必要であることを示唆している．そのためには，地域社会で活動する自治会・町内会や NPO，市民団体の連携が欠かせない．

　しかしながら，現在はそのしくみが社会経済状況の悪影響を受けている．商店街がシャッター街化してしまうなどの地域経済の衰退やコミュニティの希薄化，活動の担い手不足の問題が起きており，それらの悪影響が地域社会で活動する自治会・町内会や NPO，市民団体の連携を難しくさせている可能性がある．市民社会の活動水準は停滞しており，行政との円滑な協働運営が懸念される（辻中・和嶋・戸川 2019；田川・戸川・辻中 2019）．

　一方で，似通った状況下でも，長野県須坂市の健康政策や東京都葛飾区の自治町会のコミュニティ政策は上手くいっている事例もある（稲葉 2019；小山編2020）．商店街などの地域経済は衰退傾向であるが，高齢者や子供，働き盛り世代は活動に生きがいを感じながら，町内のまちづくりや健康増進活動に積極的である．それは信頼，互酬性の規範，住民同士つきあいのソーシャル・キャピタルが異世代の間で共有されている（世代間継承）ことを意味している．

　筆者は第 4 章でソーシャル・キャピタルが醸成されることでガバナンスと QOL を改善させるという仮説を導き出し，第 5 章によって，団体・組織レベルの実証研究を展開した．では，自治会や非営利組織に活動する住民に限定されずに，東京で暮らす住民やコミュニティ政策に関わる行政職員に研究対象を拡げても同じような知見が得られるだろうか．

　そして，上述のような社会経済状況が変化する現在，ソーシャル・キャピタルを醸成させながら，ガバナンスを展開し続けることは可能なのか．そのためには，どのような手段が必要なのか．

　本章は以上の問題意識を設定した上で，「ソーシャル・キャピタルとガバナンス，QOL が好循環するしくみが，社会経済的な変化を受けつつも継続しうるのか」をソーシャル・キャピタルの世代間継承という観点から検討する．

　主に後述する市民意識調査データを用いて「ソーシャル・キャピタル」，「ガバナンス」，「QOL」の関係を確認する．その上で，ヒアリング調査の結果を詳述する．そして，説明的デザインによる混合研究法（量的分析の結果のフォロー・アップを目的に質的分析を併用する）に従って知見の統合を行う．本章は第 5 章の分析によって明らかにされた機序をより地域社会の現場に即して考えることにしたい．

2．ソーシャル・キャピタルの
　　世代間継承と地域に偏在するという問題

　ガバナンスを円滑に機能させうる概念として位置付けられるソーシャル・キャピタルは，その賦存量に対する地域格差の問題が指摘されている（辻・佐藤 2014）．さらに，要藤（2018）の日本全国を対象にした実証分析によれば，地域経済のパフォーマンスを説明しうる要因として位置付けられるソーシャル・キャピタルは，幼児から成人にかけて世代を超えて継承されるという「世代間継承」の可能性を論じている．以下では，その経路を親と子の関係に着目し，認知的／構造的ソーシャル・キャピタルが継承されていくしくみについて考える．

2.1　認知的ソーシャル・キャピタルの親子間の継承可能性

　ソーシャル・キャピタルは「心の外部性を伴う信頼・規範・ネットワーク」と定義されるが，それが世代間に継承される可能性に対しては，幾つかの先行

研究が存在する．要藤（2018：149）によれば，その研究の一つには，親子の間
を通じての継承のパターンを整理している．

　それは，親から厳しい社会の現実を学び，社会への信頼の程度に対する事前
予想を親から継承する経路が考えられる（要藤 2018：149）．Guiso et al.（2008）
の研究によれば，対人への信頼が十分に可能であるかどうかは，暮らしの生活
環境において，信頼できる人（trustworthy individuals）の割合の多寡によるもの
と考えられる．

　要藤（2018：148-150）の整理によれば，「悲観的な事前予想を親から継承して
いる場合は投資を行わない」可能性が考えられるので，低信頼社会に及ぼす親
子間のソーシャル・キャピタルの継承の問題を挙げている[1]．

　また，要藤（2018：154）は日本において，「ソーシャル・キャピタルの世代間
継承メカニズム」を，国立研究開発法人科学技術振興機構社会技術研究開発セ
ンター（JST-RISTEX）の研究開発プロジェクトによって検討し，ソーシャル・
キャピタルの親子間の世代間継承の実態を解明している[2]．

　それによると，両親・祖父母が「積極的に人助けをすべき」という考えを
持っている回答者ほど，回答者個人の一般的互酬性である「人を助ければ，今
度は自分が困っている時に誰かが助けてくれる」という回答割合が高まる傾向
を明らかにしている（要藤 2018：159）．つまり，家族の関係を通じて得た経験
が，他者への利他性を育むことに関係している．

2.2　構造的ソーシャル・キャピタルの地域内継承の可能性

　両親・祖父母の「地域活動」への参加水準の多寡が回答者個人の地域活動へ
の参加頻度に対応していることを明らかにし，利他性や地域活動への参加の関
連性が確認されている（要藤 2018：160-162）．

　さらに，稲葉（2019）はソーシャル・キャピタルのフィールド研究の一環と
して続けてきた長野県須坂市研究を基に，「須坂モデル」を打ち出している．

　それは「須坂市11地域（小学校区）のうち10地域に市立の保育園から小学校
への9年間の保育園・小学校実質一貫教育体制」を築くなどして，幼少期から
PTAや町内会の人々からの全面的な支援を受けることで，地域のつながりで
あるソーシャル・キャピタルを意識させるしくみが整備されているという（稲
葉 2019：160）．

　加えて，成人期以降にかけて行われている消防団（主に男性）や保健指導員

（主に女性）も，組織に属することで年上から年下の年齢層までが地域の価値観や規範を伝承しえるしくみが整っているという．すなわち，稲葉（2019：160）の知見を踏まえると，消防団や自治会，民生委員などの地域社会を担う団体・組織の運営を持続可能にさせるしくみの一つとして，地域の構造的ソーシャル・キャピタルが機能しており，そのつながりや活動の参加が維持されるためには，幼少期から成人期にかけたソーシャル・キャピタルが次世代に継承される必要があると考えられよう．

3．仮説の導出と研究方法——混合研究法に基づく研究デザイン

3.1　仮説の導出

　第5章の知見も踏まえて考えてみると，ガバナンスが円滑に機能しえるには，協働の取り組みを通じて，団体・組織の「政策参加」が活発である一方で，協働関係を見込んだうえで，要望に応えられるような「ネットワーク管理」に行政が積極的である必要がある．加えて，多組織の連携が作用するには，非制度的要因であるソーシャル・キャピタルが求められており，バック・グラウンドの異なる住民・組織間の相互理解を促す．

　しかし，ソーシャル・キャピタルが地域に遍在しているという現象が起きることは地域社会運営がパタン化（地域振興政策・高水準型，市民活動政策・高水準型，市民活動政策・均衡型）されるという問題とも関係している．

　本章では，「ソーシャル・キャピタルが世代間に継承されているか否かという問題が，自治会や非営利組織の活動の継続の問題にまで発展し，ガバナンスの成否とQOLの改善に影響を及ぼしている」という仮説を設定し，市民意識調査とヒアリング調査を踏まえた考察を行う．

3.2　混合研究法に基づく研究デザイン

　筆者は，上述の仮説を検証するために，定量的研究だけでは十分に把握できないことを念頭に置いて，説明的デザインによる混合研究法（量的分析の結果のフォロー・アップを目的に質的分析を併用する）を採用した．混合研究法（mixed methods research）は，量的／質的伝統の二分法にとって代わる研究手法として，この20年の間に登場した研究デザインである（テッドリー・タシャコリ編 2017：3）．それはプラグマティズムとしてのパラダイムを構築し，量的研究が目指すポス

ト実証主義に留まらず，質的研究が求めるナラティブなデータを基にした構成
主義も包摂し，数量分析と事例研究や参与・観察といった社会・行動科学の研
究手法を両立させるという発想をもつ（ジョンソン 2021：80）[4]．

　混合研究法の研究デザインは，どちらかの研究手法を主役や脇役に考えるの
ではない．収集された両方のデータを補完的に捉え，研究戦略上有用であると
判断されるなら，データの収集から分析に至るまでの情報を足し合わせて，研
究の付加価値を高めようとする（クラウトリー・抱井・亀井 2021：110）．

　筆者は上述の研究理念に従い，量的データには市民意識調査を採用した．市
民意識調査の対象者（標本）は，東京23区在住の20〜80歳未満までの男女，母
集団は Web 調査モニター（登録者）である．回答者は2,300人，性別比ほぼ1
対1，各年齢階層別の均等割り付けにより抽出する．なお，地域性のバイアス
を除くよう，調査対象者の割合は人口比に近づけることにした．

　加えて，半構造化インタビューによるヒアリング調査（事前に質問票を作成し，
それにまつわる情報を収集）を行う．対象者は行政と住民の協働に詳しい実務家
（市民活動部署職員・自治会町内会長・NPO，市民団体のリーダー）である．

　本研究は Web 調査と同時期に収集した質的データを収集（対象は別）し，双
方の知見を照合する．なお，調査研究の詳細は既に第4章に取り挙げたとおり
である．本章の次項では，調査概要を述べるに留めたい．

3.3　量的研究の概要——Web 調査に基づくアンケート調査

　筆者は以下の表6-1に記載するとおりの「市民意識調査」を実施し，区部
に在住する市民2,300名について，「地域を紡ぐ信頼，社会参加，暮らしの政策
に関する調査」に関する有効回答を得た．なお，コロナ禍にかけては研究代表
者が所属する倫理委員会の諮問会議が2021年10月中に開催された後，アンケー
ト調査を実施しているため，ヒアリング調査の時期と異なっている．

3.4　質的研究の概要——行政・団体組織に関するヒアリング調査の実施

1）調査概要

　筆者は，量的調査研究に加えて，定性的研究手法の一つとして，団体・組織
を対象としたヒアリング調査を実施した．これは「ソーシャル・キャピタルが
どのようにして協働の都市ガバナンスと好循環することで，市民にとってより
良い政策を導出できるのか」に関する示唆を得るためである．

表6-1　戸川 (2020) 調査の概要

区　分	内　容
調査日	令和2年11月2日（月）～11月9日（月）
調査対象地域	東京都特別区部
調査対象者	20歳以上男女ウェブ調査登録モニター26,382人 （令和2年8月現在，楽天インサイト株式会社のパネルデータ）
調査方法	ウェブ調査
抽出方法	人口構成比割付 （令和2年1月時点の住民基本台帳に記載された人口に基づく[注]）
都市均等割り付け（目標） サンプル数	N＝2,300人（各100人×特別区23都市）
有効回収サンプル数	N＝2,300，名（内訳／千代田区97人，中央区101人，港区101人，新宿区101人，文京区101人，台東区101人，墨田区100人，江東区100人，品川区99人，目黒区100人，大田区100人，世田谷区100人，渋谷区101人，中野区100人，杉並区101人，豊島区99人，北区99人，荒川区98人，板橋区100人，練馬区99人，足立区102人，葛飾区101人，江戸川区99人）

注）　データの出所＝東京都（2019）「第7表　区市町村，年齢（5歳階級），日本人，外国人及び男女別人口」，
　　　『住民基本台帳による東京都の世帯と人口（町丁別・年齢別）／令和2年1月』
出所）　筆者作成.

　しかしながら，コロナ禍においては倫理委員会への諮問を受ける都合上，感染状況の収束が見込めない状況の下では，対面接触を通じた「ヒアリング調査」を基調とした研究を進めることが難しく，規模を縮小せざるを得なかった．よって，当初予定したとおりに計画を進めることができず，行政職員および団体・組織リーダーへのヒアリング調査は調査可能な自治体や団体・組織に限定して行うことにした．

　そうした社会状況の結果を受けて，本研究では「葛飾区地域振興部署」の担当課2名，葛飾区新小岩第四自治会町会役員の副会長1名，葛飾区社会福祉協議会職員の代表2名，および墨田区地域振興課の主幹3名の計8名を対象にヒアリング調査を行った．

　筆者が実施したヒアリング調査概要は次の**表6-2**のとおりである．

　第1回はまちづくりの主要な担い手である自治会を対象として，葛飾区新小岩第四自治会の活動状況と活動への住民の協力状況，行政との協働状況について調査した．第2回は行政側の意見を調査すべく，葛飾区地域振興部地域振興課を対象に，第3回はNPO・社会団体の活動状況の観点から協働の状況を把握するために，葛飾区社会福祉協議会を対象に実施した．第4回には墨田区地

表 6-2　ヒアリング調査の概要

	日　時	対　象	場　所
第1回	2020年 4月16日	葛飾区新小岩第四自治会 副会長 O 氏の計1名	新小岩第四自治会会館内
第2回	2021年 3月16日	葛飾区地域振興部 地域振興課 M 氏，O 氏の計2名	葛飾区庁舎内
第3回	2021年 3月31日	葛飾区社会福祉協議会 K 氏，T 氏の計2名	ウェルピアかつしか内1F 体育館
第4回	2021年 4月15日	墨田区地域力支援部地域活動推進課 O 氏，S 氏，I 氏の計3名	墨田区庁舎内

出所）　筆者作成.

域力支援部地域活動推進課地域活動推進担当についてヒアリング調査をしえた.
よって，葛飾区に関しては自治会，NPO・社会団体，行政の視点を踏まえた
多次元的な都市ガバナンスの状況について把握できるが，墨田区については行
政側の意見に留まっている.

2）調査目的・調査項目

　調査は「ソーシャル・キャピタルがどのようにして協働の都市ガバナンスと
好循環することで，市民にとってより良い政策を導出できるのか」を把握する
ことを目的としている. それは町内会・自治会，NPO・市民団体の活動当事
者および団体・組織と協働関係を構築して地域社会運営を管理する「行政」主
体を対象としている.

　「自治会」を対象とした調査では，① 自治会運営への地域住民のかかわり状
況（およびその課題，運営への住民の協力について），② 治会運営への区のかかわり
（協働の取り組み）について，③ 区の政策への評価について，④ これまでの自治
会の運営・取り組みに関する設問事項を作成して半構造化インタビューに基づ
く質問用紙を作成した.

　「NPO・社会団体」を対象とした調査では，① 自治会とのかかわり方，② 他
の NPO や社会団体とのかかわり方，③ 協働に対する区の考え方・見解につい
て尋ね，「行政」には① 自治会の支援体制・自治会との情報共有・自治会との
政策上のかかわり方，② NPO・社会団体への支援体制，団体・組織との情報
共有，団体・組織との政策上のかかわり方に対する認識と見解について尋ねて
いる. その具体的項目は以下の**表 6-3** のとおりである.

表6‐3　ヒアリング調査の項目

		自治会	NPO・社会団体	行政
社会変化・組織内外に関する運営の課題	活動状況の課題について① （高齢化・担い手不足（加入率低下）・世代間交流）	○	○	○
	活動状況の課題について② 人手不足を理由とした受託事業への負担	○	○	○
協働・他組織とのかかわり状況	運営における区／団体・組織との協働・かかわりの状況 受託関係，パブリック・コメント，審議会への参加の状況	○	○	○
	運営における区／団体組織の他組織とのかかわりの状況 NPO・社会団体と自治会の間の関係	○	○	○
行政の支援体制	団体・組織をサポートする行政の支援体制について① 情報共有（発信／受信），活動の許認可，活動拠点の整備，補助金・助成金の状況など	○	○	○
	団体・組織をサポートする行政の支援体制について② 行政の協働を仲介する働きかけについて （他組織を橋渡しするネットワークの構築の状況など）	○	○	○
関わりを通じた要望・相談による働きかけ	団体・組織の要望の働きかけと相談接触，行政の接触について 団体・組織からの要望と行政からの相談・働きかけの状況	○	○	○
	区政運営への評価について 既存調査による「政策満足度」評価について	○	○	○

出所）　筆者作成.

4．分析結果

4.1　ソーシャル・キャピタルの地域特性

1）ソーシャル・キャピタル関連の17設問

　「心の外部性を伴う信頼・規範・ネットワーク」（稲葉 2005：17-18）と定義されるソーシャル・キャピタルについて，本調査では**表6‐4**に示す指標によって把握することが可能である．

　構成要素の「信頼」と「互酬性」は認知的ソーシャル・キャピタルの性質を有する概念である．本調査では信頼を把握する指標として「一般的信頼（一般的に人は信頼することができる）」と日常的な生活の中で特定のアクターへの相談の程度によって把握することが可能な「特定化信頼」を調査票に設計している．

　それは，「あなたは次にあげる人と日常的な付き合いや相談事を普段どの程

表6-4　ソーシャル・キャピタルの集計結果

グループ区分：
- 一般的信頼（一般的信頼・一般的互酬性・近所の人々）＝「そう思う・ややそう思う」
- 特定化信頼（家族・親戚・友人知人・近所の人々・職場同僚）＝「大いに頼りになる・頼りになる」
- ネットワーク つきあい（家族・親戚・友人知人・職場同僚）＝「日常的・ある程度頻繁」
- ネットワーク 団体参加（自治会注・スポーツ趣味・ボランティア NPO）＝「毎回・ほとんど・時々参加している」

類型	設問	一般的信頼	一般的互酬性	近所の人々	家族	親戚	友人・知人	近所の人々	職場同僚	家族	親戚	友人・知人	職場同僚	自治会注	スポーツ・趣味	ボランティア・NPO
東京都区部		38.0	42.4	13.1	72.3	43.6	53.3	20.1	26.8	64	24.7	43	31.8	27.8	13.2	7.7
都心	計	34.8	42.5	9.7	68.6	44.8	48.8	13.4	30.1	58.2	20.4	40.8	36.8	27.1	11.7	7.0
	千代田	43.2	48.5	13.4	67.0	46.4	45.5	19.6	32.0	50.7	20.6	40.2	37.1	33.0	11.3	7.2
	中央	31.7	39.6	9.9	64.4	39.6	48.5	12.9	28.7	53.5	15.8	44.6	35.6	22.8	12.9	5.9
	港	30.7	39.6	5.9	74.3	38.4	48.5	7.9	29.7	64.4	24.8	37.6	37.6	25.7	10.9	7.9
副都心・インナー城西	計	36.9	38.7	12.0	72.1	33.7	55.5	18.1	26.6	64.3	24.1	47.5	33.9	25.2	14.0	8.0
	新宿	30.7	38.6	14.9	66.3	57.4	57.4	20.8	26.7	60.4	19.8	46.5	25.7	25.7	14.9	6.9
	文京	36.6	36.6	12.9	78.2	48.5	49.5	18.8	24.8	75.2	32.7	47.5	38.6	25.7	9.9	6.9
	渋谷	36.6	43.6	7.9	77.2	36.6	66.3	16.8	30.7	72.3	23.8	52.5	39.6	20.8	10.9	6.9
	豊島	36.4	35.4	11.1	62.6	32.3	54.0	20.2	23.2	52.5	16.2	49.5	31.3	35.4	17.2	12.1
	中野	43.0	36.0	14.0	72.0	40.0	56.0	13.0	24.0	66.0	25.0	43.0	30.0	22.0	16.0	5.0
	目黒	36.0	42.0	11.0	76.0	39.0	56.0	19.0	30.0	67.0	27.0	46.0	38.0	24.0	15.0	10.0
インナー城南	計	36.7	45.2	14.6	72.9	44.7	55.8	26.6	26.6	67.3	26.1	44.7	31.2	27.6	13.6	8.0
	品川	37.4	45.5	12.1	68.7	42.4	52.5	24.2	24.2	60.6	29.2	44.4	29.3	28.3	13.1	10.1
	大田	36.0	45.0	17.0	77.0	47.0	59.0	29.0	29.0	74.0	29.0	45.0	33.0	27.0	14.0	6.0
インナー城東	計	39.9	44.7	16.8	72.9	47.2	53.3	25.4	27.6	65.1	27.4	38.9	27.6	33.7	10.8	7.3
	台東	42.6	44.6	20.8	65.3	46.5	57.4	32.7	29.7	59.4	29.7	42.6	32.7	32.7	11.9	5.9
	墨田	36.0	40.0	15.0	71.0	50.0	49.0	23.0	22.0	67.0	27.0	36.0	27.0	30.0	9.0	6.0
	荒川	38.8	48.0	21.4	81.6	52.0	58.2	23.5	34.7	69.4	24.5	45.9	31.6	34.7	12.2	9.2
	北	43.4	46.5	10.1	73.7	40.4	48.5	22.2	24.2	64.6	28.3	31.3	19.2	37.4	10.1	8.1
アウター西	計	43.7	44.0	13.3	75.3	47.0	54.3	17.3	26.3	61.3	24.3	41.3	30.7	20.7	14.0	6.0
	世田谷	49.0	51.5	13.0	72.0	52.0	57.0	16.0	20.0	56.0	30.0	43.0	33.0	22.0	12.0	7.0
	杉並	41.6	44.4	12.9	81.2	42.6	54.5	13.9	34.7	66.3	21.8	42.6	37.6	19.8	15.8	6.9
	練馬	40.4	41.4	14.1	72.7	46.5	51.5	22.2	24.2	61.6	21.2	38.4	21.2	14.1	14.1	4.0
アウター北・東	計	36.9	41.4	12.7	72.3	43.8	51.6	21.3	24.9	66.3	25.3	42.4	30.7	30.9	14.3	9.2
	板橋	35.0	31.0	15.0	70.0	46.0	54.0	14.0	18.0	59.0	21.0	44.0	30.0	32.0	11.0	7.0
	足立	39.2	41.2	9.8	75.5	40.2	48.1	18.6	19.6	63.7	22.5	37.3	26.5	24.5	23.8	5.9
	葛飾	29.7	43.6	15.8	73.3	38.6	54.5	23.8	29.7	72.3	24.8	36.6	32.7	28.7	10.9	10.9
	江戸川	32.3	38.4	12.1	68.7	47.5	49.5	28.3	30.3	66.7	33.3	42.4	33.3	37.4	15.2	11.1
	江東	48.0	53.0	15.0	74.0	47.0	47.0	22.0	22.0	70.0	24.0	52.0	25.0	16.0	16.0	9.2

注）設問9（社会参加）のうち、自治会活動の「1. 定例会・総会」、「清掃・美化・リサイクル活動」、「3. 見回り（防災・防犯）」、「4. 防災訓練」、「5. 地域のお祭り」に関して、「少なくとも1つ以上の活動に時々参加している」割合を算出.

出所）筆者作成.

度頻繁に行っていますか」という設問を尋ね，① 近所の人々，② 友人・知人，③ 家族，④ 職場の同僚（職場以外）に対する「相談の程度（1．大いに頼りになる〜5．頼りにできない）」によって，特定化信頼を捉えている．また，「互酬性」のうち，「一般的互酬性」を把握するために本調査では「人を助ければ，今度は自分が困っているときに誰かが助けてくれるように世の中は出来ていると思う」程度（1．そう思う〜5．そう思わない）から，「特定化互酬性」は「多くの場合，近隣の人は他人の役に立とうとする」，考えの程度（1．そう思う〜5．そう思わない）によって把握している．

さらに，構造的ソーシャル・キャピタルとして人々のネットワークを「つきあい」と「団体参加」の状況から把握できるものとし，① 近所の人々，② 友人・知人，③ 家族，④ 職場の同僚（職場以外）と交流する頻度（1．日常的（毎日〜週2回程度）〜5．全くない）と会・グループ等の参加頻度（1．毎回参加している〜6．活動を知らない）① 自治会，② スポーツ・趣味，③ NPO・ボランティア活動状況から調査している．

以上の15設問を基に，東京都区部の水準を基準として，各エリアと都市の水準を比べてみると，ソーシャル・キャピタルの状況は**表6-4**のとおりであることが確認された．

都心部のソーシャル・キャピタルは「計」の比率でみると，区部の水準と大きくは変わらず安定しているが，ネットワーク（つきあい）の「近所の人々」がやや低下している（13.4，−6.7ポイント，以下 pt と表記）．

2）都心部のソーシャル・キャピタル

とりわけ3都市のうち，千代田区と他の特別区の違いが多く見受けられる．例えば，千代田区の一般的信頼と一般的互酬性は中央区や港区とは異なり，東京都区部の水準よりやや高く，それぞれ43.2%（+5.2pt），48.5%（+6.1pt）である．また，職場の同僚との交流や信頼感がそれぞれ37.1%（+5.3pt），32.0%（+5.2pt）と高い．

さらに，中央区や港区に比べて，自治会活動の水準が33.0%（+5.2pt）であるから，都心部の中でも千代田区は高信頼型で自治会を通じた交流や職場同士のネットワークに富んでいる都市であることが窺える．一方で，都心部の港区は一般的信頼の水準が30.7%（−7.3pt），近所の人々への信頼が5.9%（−7.2pt），近所の人々へのつきあいが7.9%（−12.2pt），友人・知人との交流が

37.6％（−5.4pt）であるから，東京都区部に比べ，近所の人々と交流して醸成される結束型ソーシャル・キャピタルと一般的信頼の醸成に課題がある．それに対して，中央区では，一般的信頼が31.7％（−6.3pt）で，特定化信頼の家族（64.4％，−7.9pt），友人・知人（45.5，−7.8pt）の水準が低く，家族との交流の程度（53.5％，−10.5pt）に課題がある．中央区の居住エリアの課題は第2章でも触れているが，住民同士のソーシャル・キャピタルは似通うエリアに位置する都心部の都市に比べて，その水準に課題がある．

3）副都心部・インナー城西エリアのソーシャル・キャピタル

次に，副都心・インナー城西エリアでは親戚（38.4％，−5.2pt）への信頼がやや低いのに対して，それ以外の要素では東京都区部の水準に比べて変わらない．ただし，認知的ソーシャル・キャピタルでは「一般的信頼」について新宿区（30.7％，−7.3pt）の水準が低いこと，「一般的互酬性」については新宿区や渋谷区を除いて，文京区（36.6％，−5.8pt），豊島区（35.4％，−7.0pt），中野区（36.0％，−6.4pt）の水準が低下している．目黒区に関しては東京都区部の水準と同様である．また，特定化信頼をみると，特徴はばらついているが，区部全体の水準と比べて低い．新宿区や豊島区は家族・親族への信頼感が低いのに対して，渋谷区は親戚（36.6％，−7.0pt）と近所の人々（7.9％，−5.2pt）への信頼感が低い．しかしながら，目黒区の特定化信頼は安定しているのが特徴的である．

ネットワーク（つきあい）の状況は特定化信頼とは異なり東京都区部に比べた水準はばらついている．文京区は家族（75.2％，＋11.2pt），親戚（32.7％，＋8.0pt），職場同僚（38.6％，＋6.8pt）との交流頻度が多い．

渋谷区も同様であるが，それに加えて職場同僚（39.6％，＋9.5pt）とのつきあい頻度が多い．それに対して，豊島区では家族（52.5％，−11.5pt），親戚（16.2％，−8.5pt）の構造的ソーシャル・キャピタルが低く，友人・知人とのつきあい（49.5％，6.5pt）が若干高い．中野区では近所の人々（13.0％，−7.1pt）とのつきあい交流が低水準である．

ネットワーク（団体参加）についてはインナー城西エリア特有の傾向は少ないが，豊島区と他の特別区の自治会活動の水準の差異が特徴的である．豊島区は全体に比べて35.4％と7.6pt も高いのに対して，渋谷区（20.8％，−7.0pt）や中野区（22.0％，−5.8pt）の水準は低い．つまり，似通ったエリアであるはず

なのにソーシャル・キャピタルの水準が大きくばらついているのが城西エリアに見受けられる.

4) インナー城南・城東エリアのソーシャル・キャピタル

インナー城南エリアのソーシャル・キャピタルの特徴は，全体の水準と大きく変わることなく安定しているのに加えて，とりわけ構造的ソーシャル・キャピタルの自治会活動の水準が高いようである．また，品川区と大田区の特徴に差異は小さく同質的である．さらに，大田区の友人・知人への信頼感（59.0%，+5.7pt）が高く，近所の人々（29.0%，+8.9pt）や家族（74.0%，+10.0pt とのつきあい）の水準が高いことが特徴的である.

インナー城東エリアは「計」でみるよりも，各都市のソーシャル・キャピタルに特徴がある．まず，荒川区は認知的ソーシャル・キャピタルに富んでおり，一般的互酬性は48.0%（+5.6pt），近所の人々，家族，親戚，職場同僚への信頼感は，それぞれ21.4%（+8.3pt），81.6%（+9.3pt），52.0%（+8.4pt），34.7%（+7.9pt）程度で全体水準に比べて高い傾向である.

北区は一般的信頼（43.4%，+5.4pt）が高いこと，台東区は家族への信頼感（65.3%，−7.0pt）がやや低いのに対して，近所の人々への信頼（20.8%，+7.7pt）に篤い特徴がある.

構造的ソーシャル・キャピタルをみると，近所の人々へのつきあいの水準が「計」でみても25.4%と全国の水準に比べて+6.5pt 程度高い．それは台東区（32.7%，+12.6pt）に依る部分が大きい．さらに，「自治会活動」が活発である．全体の水準に比べて33.7%（+5.9pt）の水準を有，荒川区（34.7%，+6.9pt）と北区（37.4%，+9.6pt）が顕著である.

課題があるとすれば，北区は友人・知人（31.3%，−11.7pt），職場同僚（19.2%，−12.6pt）つきあいの交流が乏しい.

5) アウターエリアのソーシャル・キャピタル

アウター西エリアをみると，「計」の結果によれば認知的ソーシャル・キャピタルの「一般的信頼」が43.7%（+5.7pt）と高いが，会への参加の「自治会活動」の水準が20.7%（−7.1pt）と低い．これは世田谷区と杉並区に共通している.

練馬区はとりわけ職場同僚とのつきあい（24.2%，−10.6pt）と，自治会活動

への参加（20.2％，−7.6pt）の水準が低い．

アウター北・東エリアについてみると，「計」は全体の水準と比べて大きな差異はないが，個別の都市の傾向にばらつきが存在する．葛飾区，江戸川区は「一般的信頼」が29.7％（−8.3pt），32.3％（−5.7pt）と低水準であるのに対して，江東区は48.0％（＋10.0pt）と高水準である．また，江東区は一般的互酬性も53.0％（＋10.6pt）と高い．

しかし，板橋区は一般的互酬性の水準が31.0％と，−11.4pt も毀損している．特定化信頼の水準は全体と比べて差異は小さく，とりわけ足立区の友人・知人のつきあい（45.1％，−8.2pt），職場同僚の水準19.6％，−7.2pt，板橋区の職場同僚（18.0％，−8.8pt）の水準が低い．

アウター北・東エリアのネットワーク（つきあい）の状況は都市による傾向の違いが大きいようである．近所の人々とのつきあいは，板橋区で14.0％（−6.1pt）であるのに対し，江戸川区では28.3％（＋8.2pt）の割合で高いという特徴，家族との付き合い方は葛飾区，江東区がそれぞれ72.3％（＋8.3pt），70.0％（＋6.0pt）高いこと，友人・知人とのつきあいは足立区，葛飾区が37.3％（−5.7pt），36.6％（−6.4pt）と低いのに対して，江東区が52.0％（9.0pt）と，高いようである．こうした都市の間の傾向に差異がみられるのはエリア内の都市の間にはそれぞれ異なる社会変化が起きてることを考える手立てになるだろう．

また，団体参加をみると，とりわけ江戸川区の自治会活動の水準が37.4％（＋9.6pt）と高く，葛飾区のスポーツ・趣味活動の割合が23.8％（＋10.6pt）と高いのが特徴的である．逆に足立区はスポーツ・趣味活動の水準が5.9％（−7.3pt）と停滞しているようである．

4.2　パス解析に基づく知見

——好循環するソーシャル・キャピタル，都市ガバナンス，政策満足度の関係

暮らしの安心と信頼社会を築いて，必要なことがあればいつでも行政に相談することができ，市民の声に耳を傾ける公と私が協働していくまちづくりは，市民生活にとって必要不可欠な営みである．いわば，「都市ガバナンス」と「ソーシャル・キャピタル」，そして「QOL」は密接に関係すると考えられる．

では，それはデータからどの程度裏付けることができるのであろうか．筆者は2020年（令和2年）11月に実施したWeb調査を基に，諸概念に相当すると考

える変数間の関連性の検討を行った.

1）ソーシャル・キャピタル関連17設問項目による4因子の抽出

　本研究は以下の構成要素に応じて調査しえた変数を分析に利用した. 広義な概念のうち, 認知的ソーシャル・キャピタルには前述した要素として, 「信頼」には「一般的信頼（一般的に人は信頼することができる）」と日常的な生活の中で特定のアクターへの相談の程度によって把握可能な「特定化信頼」を用いる.

　また, 「互酬性」としては前述した「一般的互酬性（人を助ければ, 今度は自分が困っているときに誰かが助けてくれるように世の中は出来ていると思う）」と「特定化互酬性（多くの場合, 近隣の人は他人の役に立とうとする）」を用いる.

　さらに, 構造的ソーシャル・キャピタルとしては, 人々のネットワークを「つきあい」と「団体参加」の状況から把握し, 対面／非対面を問わない電話や SNS を含む① 近所の人々, ② 友人・知人, ③ 家族, ④ 親族, ⑤ 職場の同僚（職場以外）と交流する頻度と会・グループ等の参加頻度を使用する.

　筆者は以上の17設問を基に, 東京都特別区に住まう人々のソーシャル・キャピタルを因子分析（主因子法・プロマックス回転）によって把握することを行った. 表6-5はその分析結果をまとめたものである.

　それによれば, 第一因子には構造的ソーシャル・キャピタルの「社会参加」が抽出され, 住民同士の「ご近所」のつきあいを含む因子である. 第一因子得点が高い人ほど地域活動や NPO・趣味などの活動に積極的で, ご近所のつきあい頻度の高い回答者であることが考えられよう. そして, 第二因子には家族のつきあいと, それによって醸成される特定化信頼の特徴がまとめられ, 友人とのつきあいを含むので「家族・親戚 SC（友人つきあい）」と命名した.

　以下同様に, 第三因子には信頼・互酬性の規範がまとまった「認知的 SC」, 第四因子には「友人・職場 SC」と命名した.

　なお, KMO 値を別に算出することによって, 本分析の精度を判断している. KMO 値は $0 \leq$ 値 ≤ 1 の間を推移し, 値が0.6以上を示すのであればデータ上の変数間のまとまりについて, その内的一貫性を認められる. 本分析では0.788を示すので, 本分析は統計的に許容されると判断した.

表6-5 社会関係資本設問の因子分析・パターン行列結果

(主因子法・プロマックス回転)

	因子			
	1	2	3	4
	社会参加 (近所づきあい)	家族・親戚 SC (友人つきあい)	認知的 SC	友人・職場 SC
社会参加：自治会・町内会以外の地域活動	0.884	-0.034	-0.047	0.017
社会参加：ボランティアや NPO・市民活動	0.868	-0.059	-0.041	0.049
社会参加：スポーツ・趣味・娯楽活動	0.768	0.004	-0.044	0.025
社会参加：自治会・町内会活動(定例会・総会)	0.724	-0.015	0.047	-0.055
つきあい：近所の人	0.370	0.268	0.231	-0.095
つきあい：家族	-0.039	0.866	-0.125	-0.112
つきあい：親族	0.148	0.715	-0.063	-0.041
特定化信頼：家族	-0.150	0.698	0.046	0.043
特定化信頼：親族	-0.010	0.548	0.096	0.054
つきあい：友人	0.037	0.397	-0.002	0.317
特定化互酬性：近所の人	0.014	-0.090	0.775	-0.064
一般的互酬性	-0.072	-0.024	0.756	-0.004
一般的信頼	-0.030	0.028	0.705	-0.017
特定化信頼：近所の人	0.268	0.029	0.383	0.056
特定化信頼：職場の同僚（職場以外）	0.003	-0.151	0.042	0.884
つきあい：職場の同僚（職場以外）	0.031	0.087	-0.160	0.668
特定化信頼：友人	-0.063	0.247	0.190	0.384
固有値	5.082	2.545	1.652	1.327
回転後の負荷量平方和	3.430	3.454	3.020	2.418
抽出後の負荷量平方和（分散の%）	27.0	12.5	6.9	5.3
N	2300			
KMO 値	0.788			

因子相関行列

因子	1	2	3	4
1	1.000	0.316	0.350	0.150
2	0.316	1.000	0.465	0.479
3	0.350	0.465	1.000	0.371
4	0.150	0.479	0.371	1.000

因子抽出法：主因子法. 回転法：Kaiser の正規化を伴うプロマックス法.
出所）　筆者作成.

2）協働の都市ガバナンスを操作化
——「情報公開」・「要望への応答・仲介」・「政策参加」

　筆者は先行研究の考察を踏まえた上で，アンケート調査のうち，次の変数を分析に利用した．住民が行う「政策参加」については，「行政に投書する（インターネットを通じた意見表明を含む）」，「パブリック・コメントをする」，「区の審議会委員として参加する」，「住民協議会等の会議への出席」の有無を使用した．

　続いて，協働関係の中で行政が取り組んでいる姿勢について，次の視点から調査している．一つは「A：全体的にいって，区の政策は区政モニター，パブリック・コメント，住民協議会等により住民の意見が丁寧に反映されている（B：全体的にいって，区の政策に住民の声が届いているとは言い難い）」について，二つ目は「A：区は自治会・町内会や NPO・企業らによるまちづくりの中で，連携の仲介役を担っている（B：区は自治会・町内会や NPO，企業らが中心となって行うまちづくりの仲介役を担っていない）」についての意識を尋ねている．

　それぞれ5件法のリッカート尺度（1：Aに近い〜5：Bに近い）によって調査している．これらは，行政が行う団体・組織の「要望への応答・仲介役」に関する取り組みについて尋ねているので，本研究ではネットワーク管理の概念として捉えた．

　さらに，行政の「情報公開」に対する住民の意見を「① 区政情報を公開している」，「② 公開する情報への満足度」，「③ 住民の意見が丁寧に反映されている」という認識（1：そう思う〜5：そう思わない）から把握した．

　それらによって抽出した都市ガバナンスの要素は**表6-6**のとおりである．筆者は，ソーシャル・キャピタルに関連する17項目を基に因子分析を実施したように，本変数にも同様の手法を用いて変数の抽出作業を行った．その結果，ガバナンスに関連する変数は第一因子に「情報公開」，第二因子に「要望への応答・仲介役」，第三因子に「政策参加」に関する変数が抽出されている．分析結果の内的一貫性は KMO 値によって統計的に許容しえると判断した．

3）好循環するソーシャル・キャピタル，都市ガバナンス，QOL に関する仮説の検証

　では，ソーシャル・キャピタルを通じて都市ガバナンスを円滑に機能させ，それが QOL 向上に結びつくようなしくみを検討することは可能なのだろうか．筆者は，値の順序を整えた上で，これまで因子分析によって抽出した「ソーシャル・キャピタル」，「政策参加」，「要望対応・仲介役」，「情報公開」の因子

表6-6　ガバナンス関連変数の因子分析・パターン行列結果
（主因子法・プロマックス回転）

	因子		
	1	2	3
	情報公開	要望への応答・仲介役	政策参加
区政評価：区政情報を公開している	0.886	-0.037	0.001
区政評価：公開する情報への満足度	0.852	0.051	0.01
区政運営評価：住民の意見が丁寧に反映されている	0.019	0.847	-0.002
区政運営評価：まちづくりの中で区が連携の仲介役を担う	-0.009	0.749	-0.012
参加：行政に投書する(インターネットを通じた意見表明を含む)	-0.055	0.045	0.549
参加：パブリック・コメントをする	0.048	-0.029	0.468
参加：区の審議会委員として参加する	0.013	-0.039	0.278
参加：住民協議会等の会議への出席	0.015	-0.006	0.242
固有値	2.39	1.448	1.022
回転後の負荷量平方和	1.825	1.652	0.666
抽出後の負荷量平方和（分散の%）	26.3	9.3	7.8
N	2300		
KMO値	0.610		

因子相関行列

因子	1	2	3
1	1	0.478	0.015
2	0.478	1	0.074
3	0.015	0.074	1

出所）　筆者作成.

　を利用するのに加えて，市民が評価した8つの政策分野に対する評価（満足度．1：満足している〜5：満足していない）を利用して，変数間の関係を可視化するパス解析を行った．

　なお，パス解析によって得られるパス図とは，統計的手法を基に，その基準に従って許容された変数間の因果関係や相関関係を矢印で結ぶダイアグラムをいう．

　それによって得られた分析結果が次の**図6-1**である．図中の区部に住まう住民のソーシャル・キャピタルを構成する要素は，ネットワークとしてのご近所づきあいや社会参加や空間に蓄積される家族・親戚のソーシャル・キャピタルや信頼・互酬性などの認知的ソーシャル・キャピタルや友人・職場のソーシャル・キャピタルによって構成されている．

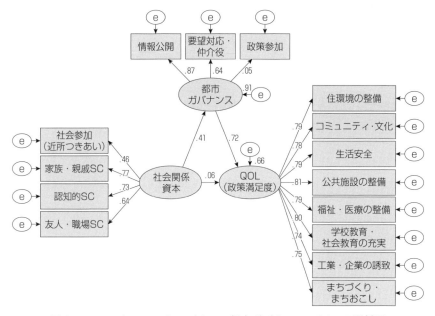

図6‑1　ソーシャル・キャピタル，都市ガバナンス，QOL の関係図

注）　パス解析結果のモデルの適合性は χ^2 検定（χ^2＝1369.945，自由度＝87，$p < 0.000$），GFI＝0.923，AGFI＝
　　0.894，CFI＝0.925，RMSEA＝0.080，AIC＝1435.945 のとおりである．推定法は最尤法．観察数は n＝2300.
出所）「地域を紡ぐ信頼，社会参加，暮らしの政策に関する調査」（2020年）を用いて筆者作成.

　このパス解析の結果によれば，ソーシャル・キャピタルが蓄積されていることで，潜在変数の「都市ガバナンス」に対して，標準化係数が0.41程度の影響を与える．行政は情報公開を十分に行い（0.87），市民が活発に政策参加を行うことで（0.05），行政も市民の要望に耳を傾けるように行動しやすく（0.64），協働の都市ガバナンスが進展している可能性がある．そして，政策満足度とポジティブに関連している（0.72）ことが見て取れる．

4.3　どのようにして協働の都市ガバナンスはソーシャル・キャピタルと好循環しうるのか

　では，どのようにしてソーシャル・キャピタルを通じた円滑な協働の都市ガバナンスは可能であるのだろうか．この「問い」に対して，本節ではヒアリング調査から得た知見を踏まえて考えてみることにしたい．知見を整理すると，本研究からは次の2点に関する事例を得られた．なお，ヒアリングから得た証言には一重鉤括弧（「　」）を付して整理した．

事例1：ソーシャル・キャピタルの継承ないし高水準な程度が団体・組織の
　　　　　担い手不足を解消し，政策参加を促す

　例えば，葛飾区新小岩第四自治会の運営に携わるO氏によれば，自治会活動の現在は「負担が増えている」と感じている．その理由の一つとして「高齢化による担い手不足」を挙げる．活動は「交通安全など，防犯のパトロールへの会員の動員は皆さんの協力で動員できている」けれども，とりわけ「実質的に防犯交通運動であれば，テント立てなど，事前に，いわゆる役員が集まって頂いて，行ってもらうような下準備に関する労力に，若手の動員が上手くいっていない」という事案が高齢化の影響を強く受ける．

　すなわち，イベントの事前設営の準備の労力には若い人材を動員できないという問題である．しかし，「当番制を組めば，平日は婦人の方が来てくれ」るケースもあるようなので，「夜のパトロール」などの防犯活動では「男女で協力をしてくれる」ようである．自治会では「量とか数の問題ではなく，もっと基本的なところで足りていない」と感じており，それが「区からの仕事を受けることにも負担を感じる」ことにつながっている．この事例を踏まえると，自治会活動では若い人の協力をもっと得られるならば，世代間の交流が支えとなって，区行政の依頼を円滑にさせるだけでなく，自治会の活力も取り戻すことが可能である．さらに，地域の代表性も維持することができる．

　また，墨田区では「加入誘導の関係」で相談を受けるケースが多いという．それは「少子高齢化を理由」とし，「集合住宅が立てられてきて，住民が多様化していく中で，町会との関わり，接点が持て」ず，「関わろうとしない方が増えている」ことを理由に挙げる．

　そして，「町会さんとしても加入してほしい，という要望を受けて」おり，「将来的に役員の担い手として受け継いでくれる方が見つからないので，町会の運営が困難になっていくであろう」ことを町会長は危惧している．

　すなわち，墨田区では役員の担い手不足や現職役員の高齢化により，困難である状況が様々起きている．町会・自治会運営は役員の運営で進められるが，町会・自治会の運営外部に「協力しても良い」という手助けを得られやすい環境づくりを必要としている．町会・自治会運営も運営内部だけでなく，外部の人と交流可能なしくみが無ければ，これまで通りの運営方法を継続させることが難しい．また，地域の希薄化は「加入率低下」という問題に加えて，担い手不足の問題に拍車をかける．それは，「活動の継続に，加入率の低下」が関

わっていることを意味する．新来の住民が増えることで地域の規範を共有することが難しく，若い新住民との交流が隔たれる結果，町会・自治会への加入が困難になることが考えられよう．

いずれにしても，町会・自治会運営では，地域における自治会外部の橋渡し型ソーシャル・キャピタルを蓄積できるよう，新来住民が入りやすく，世代間の交流を促すようなしくみが，行政との協働運営にも不可欠であるのだろう．

また，葛飾区社会福祉協議会の K 氏および T 氏へのヒアリングから，NPO 法人の設立事例にも担い手の世代間継承の問題が関わっているという[5]．

その業務に携わる K 氏および T 氏によれば，まちづくりを担う団体も二代目に引き継いで運営を円滑にしているケースを言及している．K 氏によれば「ある団体は「お父さん」の代から続けており，それを引き継いだ事例がある．お祭りなどのイベント関係である．まちの職人さんが一緒になって作ったもの（お父さんがやっていたもの）を，自分が継いで現在は NPO 法人として続けている」ケースがあるという．

NPO 法人は活動目的が明確であり，葛飾区社会福祉協議会と共通の政策課題で連携していることを踏まえると，本事例からも，父から子に続く活動の継承（世代間継承）が組織を存続させて協働を促進させうると考えられよう．

以上より，地域のソーシャル・キャピタルを継承させて，活動に協力的な住民や活動主体を増やしていくことは「担い手不足の解消」に結びつく．そして，活動リソースが充実することで，政策参加を促す効果も期待することができるのではないだろうか．

事例 2：団体・組織の活動に住民の協力が得られやすい方が，行政も活動を認知しやすく（協力しやすく），社会組織を配慮した連絡協議会等のネットワークを構築している

葛飾区の自治会では，次の証言を得ている．行政について「主にどのような場面で行政の目が地域に行き届くようになるとお考えですか」と尋ねると，O 氏は「例えば，自治会アンケート調査結果等の報告会では人数がいた方が良い」と答え，その方が「行政も積極的に」活動に関与するという．また，そうしたことで「行政が要望を聞」きやすいという．それは「自治会（の活動，括弧内は筆者が加筆）が，住民の総意に基づいて，（活動に対して）過半数の人が望んでいることであるという内容を行政が理解してくれれば，それに伴い，行政も

活動等を認識してくれる」と答えている．つまり，行政も「（住民の）総意があれば，聞く耳を持ってくれる」という．すなわち，自治会活動が地域社会運営を下支えし，住民に必要な施策・事業の見直しを考えるきっかけになることは言うまでもないが，住民の協力が得られる方が行政も相談に応じやすい．これは，協働に向けて行政が積極的に対応するためには住民のまとまりやすさという結束型ソーシャル・キャピタルが欠かせない事例である．

では，協働を見据えて，行政はどのように要望を政策に反映させるのか．例えば，墨田区地域活動推進課は公平性の観点から区民全体の利益を考えつつも，必要であればすぐに対応するという姿勢を協働に反映させている．

墨田区の協働に関する状況について，非営利組織データの分析によれば，区はほとんどの自治会から「頻繁に要望や相談を受ける」．その一方で，「新たな施策・事業」に要望を取り入れることができたと回答している自治会の割合は44.8％に半減する傾向にある．

これについて自治会との対等な「役割分担があるから，自主性を尊重している」ことが関係するのではないかと考察する．要望を受け入れるとしても「特定の者に対して」ではなくて，「地域の視点で要望を受け」，「区としては区全体の視点として考えなければならないので」，全てを受け入れることは難しいとしている．これは「公平性」を欠いてはならない行政の立場が読み取れる．そして，団体・組織の立場を理解しつつも，区全体の利益に結びつくよう，事案を「調整」していくしくみが別に必要であることを意味しよう．

これについて，さらに尋ねると，葛飾区と墨田区には共通して組織間の情報伝達と共有，問題の理解を深めるしくみを採用していた．以下では，その協働内容について取り挙げる．

例えば，墨田区には「すみだNPO協議会」という組織がある．これは区内で活動するNPO法人，市民活動団体を会員として集め，有志が集まる形で設立した，合議制に基づく任意団体である．活動目的には互いに連携を深めることを挙げ，情報の共有と各組織の活動を充実させることを目的としている．

他方で，区内には様々な団体・組織と各所管の担当が協働関係を既に築いている．すなわち，それに加えて新たに地域活動推進課が多分野で協働する活動団体を積極的につなげようとする取り組みを確認することができた．墨田区は「すみだNPO協議会」に補助金を出し，様々な活動を展開するNPOそれぞれと綿密な連携関係を築いている．

　そして，各担当が所管する部署によっては発生した課題に対応が難しい場合，すみだ NPO 協議会は支援を行う．それは「情報の提供や交換により，個々のNPO の課題解決に向けた協力を行う」とし，協働の「場」を絶やさない役割を果たす．すなわち，「すみだ NPO 協議会」を通して行政が協働の「仲介役」を担い，円滑な協働運営を下支えしている．

　また，葛飾区でも同様の知見を社会福祉協議会から知見を得られた．K 氏は葛飾区の他区と比べた，NPO 法人数の少なさを指摘している[6]．その一方で，「気軽には集まれる」場を提供することを目的に，活動主体への手厚いサポートを提供している．例えば，法人運営に求められる「専門知識をバックアップできる人材」の紹介を行い，後述するような自治会とボランティア活動の協働を仲介する取り組みも行う．

　さらに，子育て支援を目的とした活動への仲介を行った経緯が確認された．社会福祉協議会は2017年，「かつしか子ども食堂・居場所づくりネットワーク」の設立に協力し，地域貢献活動サポートデスクが主催となって子ども食堂の講座を開催する等されている[7]．このような子ども食堂やフードパントリーを行う上で，その拠点の「場所」を確保するためには「自治会」に協力を仰ぎ，その活動主体が必要であるならば，社会福祉協議会が下支えするという，協働における「人」のサポートを担うことで，「仲介」の役割を果たしている[8]．

　また，活動計画を立てる際には，分野に応じた様々な組織を策定委員に取り入れている．T 氏は「お互いに後継者がいないという問題を共有しているはずだ」から，社会福祉協議会としても，「一から「発掘する」のは労力だから，今ある団体から，「一緒にやろう」という認識で動いている」と答えている．すなわち，行政から事業の移管を受けた社会福祉協議会が協働のハブとなり，組織の間つなぎを「仲介」するというサポートが協働を円滑に運用させるためには必要なしくみであることが考えられよう．

5．ま　と　め──ソーシャル・キャピタルの世代間継承はガバナンスを円滑にさせうるか

　本研究の知見を基に，「ソーシャル・キャピタルの世代間継承が円滑に進み，住民の QOL が向上されるガバナンス」の視点から，生涯現役世代として活躍しうる高齢者のまちづくりの場に必要な地域公共政策の在り方について考察してみたい．

　まず，筆者が参与・観察した葛飾区地域振興課および墨田区地域活動推進課，社会福祉協議会に携わる方々をヒアリングして分かるように，まちづくりの主体の多くは高齢者が担っている．そして，男性に限ってみると，その主体は退職後の地域社会に紐帯を形成しえた人々であり，女性に限ってみると，主婦になって地域社会の住民と連帯を築くだけでなく，地域に限らず多様なニーズに応じて関係を形成してきた人々である．それは「選択縁」によって，情緒的サポートを提供し，地域では男性だけでは十分に対応できないまちづくりの「現場」でケアを担っている．

　その地域社会において「ソーシャル・キャピタルの世代間継承」が円滑に進んでいる地域では，定性的知見に基づく限りでは，昨今問題になっている「担い手の減少」，「加入世帯比率の減少」の問題を食い止められている可能性がある．

　それは自治会やNPO・社会団体の日常業務を運営していく上で欠かせない人材をリクルートすることを可能にする．葛飾区のNPOの事例に限っては，親から子に活動を継承させることも可能である．さらに，それぞれの組織が単体で行うだけでは，今後の活動の継続も危ぶまれることから，組織間の橋渡し型ソーシャル・キャピタルが，背景の異なる組織の間を紡いで，連携を促進させる役割を担うことも考えられよう．

　すなわち，ソーシャル・キャピタルの世代間継承は団体・組織の運営内部の担い手不足を食い止め，活動への住民の理解を促し，市民の活動に耳を傾ける地域社会運営を可能にする．

　そして，協働を円滑にさせ，行政の「背景の異なる組織の間を結ぶしくみ」が住民の要望を政策に結びつきやすくさせている．

　具体的には，「活動計画を立てる際から，既存の地域活動主体者を呼びかけること」，「各所管が担当する諸団体の連携を目的とし，情報共有を図る連絡協議会を創ること」，「活動の場が足りない状況の下では，活動拠点を整備する手助けをすること」の取り組みが必要である．すなわち，活動参加者の得手・不得手を把握して，地域社会で高齢者が生きがいを感じながら活動できるよう，自主性を妨げない範囲で協働の「場」を支えるしくみを制度化していくことが必要なのではないだろうか．

　ガバナンスが円滑に進むためには，政策参加を通じて発見された「現場知」を円滑に吸い上げられるかどうかを踏まえて，要求を施策・事業へと反映させるネットワーク管理の取り組みが必要であること，またその一方で，地域社会

のソーシャル・キャピタルが潤滑油として下支えしていることがパス解析およびヒアリング調査の結果から確認された.

　以上の実証結果を踏まえてみると, ソーシャル・キャピタルが世代間に継承されるしくみと円滑なガバナンスの運用方法を両立させる手段をさらに解明する必要があるだろう. 高齢者が生きがいを感じながらまちづくりを行うことができ, 若い後継に紡ぐことが可能な都市ガバナンスから市民の QOL を改善させる都市政策を制度設計し得る方法を検討していく必要がある.

注
1)　Guiso ほかの知見は,「世界価値観調査」の国別・世代別データを用いた実証研究によって, その妥当性が確認されている. すなわち, 個人の信頼に対して, 両親の信頼が及ぼす影響は統計的に有意である (要藤 2018：150).

2)　本プロジェクト研究の実施概要は, 要藤 (2018：154-155) を参照されたい. 調査データは, NTT コム　オンライン・マーケティング・ソリューション株式会社を通じて, 2017年 3 月および 7 月の 2 回に分けて実施し, インターネット・アンケート調査モニターを母集団としており, サンプル数は第 1 回調査が, N＝11,371 件, 第二調査が N＝7,498 件におよぶ大規模調査データである. 回答者本人の基本的属性のほか, 本人や両親・祖父母のソーシャル・キャピタルに関する設問を設けている.

3)　ここでは,「研究視座に関連するいくつかの前提によって成り立つ世界観 (Worldview)」(Mertens 2003：139＝テッドリー・タシャコリ編 2017：3) として考える.

4)　ジョンソン (2021：80) によれば, 混合研究法への研究の発展は量的研究と質的研究の違いに起因する分裂の統合を意味し, それぞれの要素を含有するパラダイムと研究方法論を両立させた包摂的科学として捉えている.

5)　葛飾区社会福祉協議会は主に福祉管理課や地域振興課から市民活動・ボランティアセンターの拠点として, 業務の移管を受けているため, 地域福祉分野を中心として子育て支援や NPO 活動の推進を果たす役割を有している.

6)　K 氏は「NPO 法人でいうと多く感じていない. 122団体である. 隣の足立は180で, 台東区になると220もある. また, うちは認定 NPO 法人がない. だいたい百個あるうち一つあるといわれる中で, 葛飾区はない」という認識である.

7)　地域貢献活動サポートデスクは, 2015年に社会福祉協議会が葛飾区から委託を受けて, NPO 支援事業を実施している. 2019年には事業意見によって, ボランティアセンターに統合されている.

8)　K 氏と T 氏からは「「場所」は「自治会さん」の場所で,「人」は「ボランティアセンターさん」が仲介し, 民生委員の方々のお手伝いを募り, 連携している」という証言を得ている.

第*7*章

東京23区の QOL 格差を是正する
都市政策の制度設計に向けて
――ソーシャル・キャピタルとガバナンスから東京を
　生活都市につくりかえるために必要な協働のしくみを考える――

1. はじめに

　本書では「類似した制度を導入してもなお，隣り合う特別区の間の政策満足度にはなぜ違いが生じるのか」という研究課題を明らかにすることを目的としていた．これまでの実証分析では，それは地域で生活し，活動する人々の関係性の中で醸成されるソーシャル・キャピタルの賦存量が関係していること，そして，まちづくりの実践状況の違いがガバナンスの「協働」と「ネットワーク管理」の状況から説明されることで，政策満足度に違いが生じることを明らかにしてきた．

　では，特別区の間に生じる集計単位に表れる政策満足度の QOL 格差をどのように説明できるのだろうか．「地域振興政策高評価型」，「市民活動政策高評価型」，「市民活動政策均衡型」のパタンは如何に生じるのか．この問題を解き明かすことが本章のねらいである．

　そこで，本章はこれまでの定量的知見に基づいて，統計的に有意であったソーシャル・キャピタルとガバナンスの集計結果を踏まえ，市民に効果的な地域社会運営に格差を及ぼす実態（仮説）を浮き彫りにする．

　加えて，上述の定量的研究をフォロー・アップするために NPO 団体に調査して得られたヒアリングの証言を踏まえる．定量的研究から得られた地域社会の実態は，生活を営みながら活動を続ける市民社会組織のリーダーからみて，どのように魅力的であるのだろうか．またはどのような問題を課題として認識しているのだろうか．

　都市生活に山積する東京問題が生活上の不都合を生じさせる現在，地域のソーシャル・キャピタルを活用させながら，市民社会組織と行政が連携するガ

バランスは，どのように機能することで，市民にとって望ましい地域社会運営を導出できるのか．定量的知見と定性的知見を組み合わせることで，筆者は巨大都市・東京を生活都市につくりかえようとする地域社会運営の実態を考察する．

2．ソーシャル・キャピタルとガバナンスから
　QOL 格差の要因を説明する

　これまでの分析結果によれば，統計的に有意であったソーシャル・キャピタルとガバナンスの都市状況は後述する**表 7-1** および**表 7-2** ように整理できる．それは政策満足度の水準差（平均以上／以下の類型）によって分類し，各要因の項目を整理した状況を表す．

　なお，自治会調査と非営利組織データの観察数（N）が少ないので，「平均以上」と「平均以下」という基準を設けた上で各項目の数値を整理している．個票単位の各項目を集計する際は政策満足度（集計単位）との相関を確認した上で作成している．

　表 7-1（**表 7-2**）は自治会（非営利組織）の分析結果を表し，政策満足度の水準に応じて，「良好型」と「停滞型」に都市が分類されている．

　さらに，「自治体信頼」，「ネットワーク（つきあい）」，「ネットワーク（自治会活動：結束型）」，「ネットワーク（団体活動：橋渡し型）」をソーシャル・キャピタル関連項目として整理し，「協働」と「ネットワーク管理」をガバナンス関連項目としている．

　表 7-1 の地域振興政策（自治会の分析）の「政策満足度」は「満足＋やや満足」の割合を，「協働」は① モニタリング（3段階），② 懇談会（3段階），③ パブリック・コメント（3段階），④ 特別区との社会サービス連携得点（3段階）の合計得点 6 点以上（最大12点）の割合を使用している．

　「ネットワーク管理」は① 情報提供（5段階），② 誠実な対応（5段階），③ 協議の場の提供（5段階）のうち，合計得点12点以上（最大15点）の割合を使用している．

　「自治体信頼」は① 行政，② 地方議員に対する信頼性の合計得点 5 点以上（最大値10点）の割合，「住民同士つきあい」は① 住民同士つきあいの活発さ，② 住民同士つきあい（5 年前比較），③ 新旧住民の交流の合計得点 8 点以上（最大15点）の割合，「自治会活動（結束型）」は加入世帯活動のうち① 清掃・美化リ

サイクル活動・② 見回り，③ 防災訓練，④ 交通安全への参加頻度（5段階）の合計得点13点以上（最大20点）の割合を算出している．

表7-2の市民活動政策（非営利組織の分析）に関しても同様に，「政策満足度」は「かなり満足＋満足」の割合を，「協働」は行政組織に対する非営利組織の① 法案作成の支援，② 専門知識の提供，③ パブリック・コメント，自治体との関係のうち④ 政策執行への協力，⑤ 委員の派遣，⑥ モニタリングの合計得点3点以上（最大6得点）の割合を，「ネットワーク管理」には第5章で使用した市区町村調査データから得たネットワーク管理指標の得点を使用している．

「自治体信頼」は① 首長，② 自治体，③ 地方議員への信頼性の12点以上（最大15点）の割合を，「橋渡し型団体活動」は一般の人々向けの① 懇談会・勉強会の主催，② シンポジウム・イベントの開催を行う頻度の合計得点9点以上（最大10点）の割合を計算している．

なお，戸川（2019a）は，上述の変数作成方法に留まらず，多面的に政策満足度との相関関係を特別区を単位として分析している．本章は，そのうち解釈可能な値を分析に採用している．詳しくは戸川（2019a）を参照されたい．

2.1　地域振興政策の満足度の明暗を説明する

表7-1によれば，「地域振興政策良好型」は目黒区，大田区，江東区，板橋区，杉並区である．なお，世田谷区，北区は政策満足度の水準は自治会にとってある程度（中間）上手くいっている地域と評価した．文京区，中野区，墨田区，足立区，葛飾区は自治会の政策満足度に対して「地域振興政策停滞型」である．この状況をガバナンスとソーシャル・キャピタルの関連項目の推移と照らし合わせてみると，次のことがいえるだろう．

1）目黒区・大田区・中野区

目黒区は自治会活動の結束型活動を除いて，総じて政策満足度関連項目の水準が高い．大田区でも同様の傾向を確認できるので，目黒区が外れ値の結果を示しているとは限らない．

12特別区のうち，目黒区と中野区は似通う地帯に属している．地理上では区部のインナー城西エリアに位置する．しかし，水準の差が大きく開いていることが特徴的である．両都市は協働とネットワーク管理に分けられるガバナンス関連項目の差異を理由として，QOL格差が生じている可能性がある．両都市

表7‒1　地域振興政策の満足度，ガバナンス，ソーシャル・キャピタルの関係

	政策満足度	協働	ネットワーク管理	自治体信頼	つきあい	結束型自治会活動	地域社会運営
全体平均	28.9	48.0	17.0	91.4	90.5	12.5	
目黒区	50.0	55.6	25.0	100.0	100.0	11.1	地域振興政策良好型
大田区	36.4	48.8	21.4	95.0	90.7	9.8	
江東区	33.3	51.2	23.1	94.6	90.2	19.0	
板橋区	38.1	56.0	8.3	76.9	85.2	11.5	
杉並区	35.0	47.6	14.3	90.5	95.2	10.5	
世田谷区	25.0	53.1	22.2	93.8	90.6	16.1	中間
北区	26.7	68.4	25.0	100.0	94.7	21.1	
文京区	21.1	34.6	18.2	88.0	88.9	11.5	地域振興政策停滞型
中野区	22.2	41.7	10.0	100.0	91.7	0.0	
墨田区	15.4	33.3	8.0	82.8	83.3	17.2	
足立区	20.4	38.6	15.6	87.0	87.7	13.0	
葛飾区	22.6	47.1	12.5	88.2	88.2	9.4	

注）　全体平均（江戸川区，葛飾区の値を外して計算），集計分析に用いた指標を利用，網掛けは「平均以上」を示す．
出所）　「町内会・自治会など近隣住民組織に関する全国調査」（2006年）を基に筆者作成．

とも自治体への信頼やネットワーク（つきあい）というソーシャル・キャピタルが高水準である．しかし，中野区は目黒区の行政に対する自治会の政策参加が円滑ではない可能性がある．

2）江東区・板橋区・足立区・葛飾区

　アウター北・東エリアに類型される4都市は，地域振興政策の明暗が大きく分かれている．なお，災害リスクを共有した低地帯の下町地域であるため，「東高西低」のソーシャル・キャピタルの状況がみて取れる．4都市の地域ネットワーク（自治会活動：結束型）の水準は高い（ただし，葛飾区を除く）．

　このエリア内では地域振興政策が良好な都市は江東区と板橋区である．足立区と葛飾区とは，自治体信頼とつきあいの状況が異なる．江東区は活発な結束型自治会活動によって集合的効力感が得られ，政策参加の水準が高い．さらに，自治会活動への参加率の多さが協働に向けた自治体のネットワーク管理の水準を高めている可能性がある．

　そして，自治体への信頼も篤い．地域の問題に対して，自治会と行政が円滑に連携していることが地域振興政策の評価を高めている可能性がある．

　板橋区では「結束型自治会活動の活発さ・ネットワーク（つきあい）→協働→政策満足度（＋）」の経路から政策満足度の向上のパタンが考えられる．

　しかし，足立区と葛飾区は自治体信頼とネットワーク（つきあい）が乏しく，葛飾区では結束型自治会活動の水準が乏しい．足立区では活動に参加する参加者（加入世帯）が固定化しているから，その割合が高くとも円滑な地域振興政策に結びつかないのであろうか．また，葛飾区では活動参加者の割合が協働を展開できるほど，十分に集まっていないからであろうか．このような違いが似通う地域の間に起きているからこそ，地帯という概念を併用しながら地域振興政策の明暗を検討することには意義があるだろう．

3）北区・墨田区

　インナー城東エリアに位置する2都市の政策満足度は北区が中間程度，墨田区が停滞型である．北区は大田区，江東区と似通う結果である．

　しかし，墨田区は他の都市と比べて，自治会を中心とするガバナンスが上手くいっていない可能性がある．**表7-1**の自治会活動（結束型）が高水準であることは，第6章の事例分析からみた町会長の後継が上手くいっている事例と整合的であろう．しかし，新来住民の参加に悩む事例もあった．地域の中で上手く旧来住民と新来住民の交流が上手くいっていないという事例がネットワーク（つきあい）の低水準の結果と整合的である．

4）杉並区・世田谷区

　2都市はアウター西エリアに位置し，地域振興政策に明暗が分かれる．しかし，杉並区は「ネットワーク（つきあい）→政策満足度向上」というパタンが示されている．杉並区に対しては，本章の枠組みだけでは高評価の地域振興政策が導出されるしくみを説明できないことが発見された．しかし，世田谷区の自治会からみた政策満足度が中位程度に位置し，低水準でない理由はソーシャル・キャピタルとガバナンスが作用して，相対的に政策満足度が中位水準にある可能性がある．

2.2　市民活動政策の満足度の明暗を説明する

　次に，表7－2を基にして，非営利組織の政策満足度の違いを考えることにしたい．自治会の地域振興政策と同様に，葛飾区，世田谷区，台東区，豊島区，中野区，目黒区，江戸川区，杉並区，板橋区，墨田区，練馬区が非営利組織からみた市民活動政策良好型の特別区である．そして，それらを除く千代田区，港区，文京区，品川区，北区，足立区，荒川区，大田区，江東区，中央区，新宿区，渋谷区が市民活動政策停滞型の特別区である．

1）異なる地帯間に共通する高／低水準のガバナンス・ソーシャル・キャピタル

　最良な都市は世田谷区，葛飾区，台東区である．さらに，停滞型の課題都市は江東区，中央区である．アウター西エリアに世田谷区が位置し，葛飾区や江東区はアウター北・東エリアである．台東区はインナー城東エリア，中央区は都心エリアである．これらの都市は地帯にかかわらず，ソーシャル・キャピタルが醸成される中で，非営利組織が政策参加に取り組むことが可能な都市である．そして，積極的な非営利組織に対する自治体もネットワーク管理者として利害調整に動き出していることが考えられる．一方で，低水準のソーシャル・キャピタルがガバナンスを停滞させ，政策満足度の低水準を出力している．

2）地帯内に生じる円滑な政策参加と信頼不足に竦むネットワーク管理

　次にあげる都市は市民活動政策に対する満足度評価がエリア内で共通しており，各都市の事情に応じたガバナンスの促進／停滞，ソーシャル・キャピタルの高水準／低水準のパタンが形成されている．

（1）自治体信頼が促す協働と多様な活動参加者に触発されるネットワーク管理

　インナー城西エリアの豊島区，中野区，目黒区は市民活動政策に対する評価が平均より高いという特徴がある．その背景には「自治体信頼・橋渡し型団体活動→協働→政策満足度」という団体・組織からみた市民の QOL 向上／停滞のパタンが関係している．さらなるネットワーク管理が求められるだろうが，乏しくとも自治体を信頼し，自ずから政策参加に向けて取り組む傾向がある．それは自治体の出力する政策に対しても満足する傾向と結びついている可能性がある．

　そして，団体活動を実施する上でも，多様な人々とイベントやシンポジウム

表7-2 市民活動政策の満足度，ガバナンス，ソーシャル・キャピタルの関係

区分	政策満足度	協働	ネットワーク管理	自治体信頼	橋渡し型団体活動	政策満足度
全体平均	6.3	13.8	11.7	6.5	2.5	類型
葛飾区	25.0	33.3	21.0	33.3	22.2	
世田谷区	8.3	17.2	12.0	9.1	6.9	
杉並区	15.0	7.7	26.0	4.8	4.2	
練馬区	7.1	6.5		4.2	0.0	
台東区	8.0	18.2	15.0	4.3	3.3	市民活動政策良好型
墨田区	12.5	5.0	9.0	7.1	5.0	
豊島区	15.0	16.7	3.0	20.0	10.0	
中野区	9.1	21.4	11.0	7.7	7.7	
目黒区	11.1	26.7	8.0	10.0	0.0	
江戸川区	23.1	7.7	17.0	8.3	0.0	
板橋区	10.0	7.1	26.0	0.0	7.7	
千代田区	3.8	15.2	9.0	5.9	3.3	
港区	2.9	21.7	—	3.1	0.0	
文京区	0.0	23.1	11.0	0.0	0.0	
品川区	5.6	19.2	2.0	20.0	0.0	
北区	0.0	10.0	18.0	0.0	0.0	
荒川区	0.0	0.0	—	8.3	0.0	市民活動政策停滞型
足立区	5.3	12.5	10.0	15.0	0.0	
大田区	4.8	13.6	—	4.5	4.5	
江東区	6.3	10.0	7.0	0.0	0.0	
中央区	5.3	12.2	—	5.4	0.0	
新宿区	2.6	13.3	9.0	2.9	0.0	
渋谷区	0.0	11.5	—	5.0	0.0	

注）　値：集計分析に用いた変数を表記している．網掛けは各変数の「平均以上」を示す．
　　　平均を算出するに当たっては外れ値に当る葛飾区・江戸川区を除いた21の特別区によって計算している．
出所）「団体基礎構造に関する調査」（2006年），「自治体調査」（2007年）を基に筆者作成．

で交流することが重要であることを意味しているだろう．活動を通じて新たな人間関係が構築されることで，地域問題を解決する糸口が発見される可能性がある．多様な人々の協力が得られるとなれば，政策参加に向けた自らの対応能力を高めることができるだろう．上述の事例は，そうした経験が自治体信頼を

高め，政策満足度の向上に結びつくように考えられる．

　アウター西エリアの杉並区，練馬区，世田谷区は市民活動政策に対する評価が平均よりも高い．世田谷区はどの項目も高水準である．杉並区は「橋渡し型団体活動→ネットワーク管理→政策満足度」のパタンを通じた事例が得られるのだろうか．多様なチャネルが団体・組織に開かれているからこそ，杉並区では多様な活動参加者から現状の問題を把握することができ，自治体の協働に向けたネットワーク管理を積極的にさせている可能性がある．本章では，十分に追跡できていないが，事例研究を重ねることで，「異質な人々が交流する機会の多いこと」，「多様な利害を市民活動政策によって反映させようとする取り組み」が確認されるのではないだろうか．これは，団体・組織に協力する人々が多様で数も増えることで，自治体も団体・組織の要望に耳を傾けやすくなる可能性を示唆しているのではないだろうか．

（2）団体・組織からの自治体信頼不足によって竦んでしまうネットワーク管理

　都心エリアの千代田区，港区，中央区は市民活動政策に対する評価が平均よりも低い．千代田区は「橋渡し型団体活動→協働→政策満足度の向上」が考えられるが，ネットワーク管理が行き届いてない．港区はソーシャル・キャピタルの低水準が目立ち，「協働→政策満足度の向上」に至っていない．両都市の背景にはネットワーク管理の水準の低さが関係している．

　インナー城南エリアの品川区，大田区は市民活動政策に対する評価が平均よりも低い．大田区は橋渡し型団体活動が活発であっても，自治体への信頼が乏しい．多様な人々と交流の機会が多くとも，政策参加への集合的効力感が醸成されないので，十分な行政との連携に結びつかないことがあるのだろうか．品川区は「自治体信頼→協働」が政策満足度の向上にまで至っていない．両都市にはネットワーク管理の水準が低いという問題がある．

　これらの事例を総合的に考えてみると，「橋渡し型団体活動・自治体信頼→ネットワーク管理→政策満足度向上」というパタンの組み合わせに齟齬が生じると，都心部と山の手地域の地域社会運営は高パフォーマンスに結びつかないことを示している可能性がある．

3）似通うエリア内に生じる評価の差と地域社会運営の特徴

インナー城東エリア（台東区・墨田区・荒川区・北区）をみると，市民活動政策評価に明暗が分かれている．似通う歴史的背景と経済社会状況を有しながらも，政策評価の水準に違いが生じている．これは，共通する政策課題を有しながらも，地域で活動する団体・組織と行政が上手く連携して対応しえているところと，対応が不十分であるところの違いを意味している．例えば，台東区はソーシャル・キャピタルとガバナンスの各項目が高水準だからこそ，政策満足度が平均以上の水準である．墨田区は「橋渡し型団体活動・自治体信頼→政策満足度向上」の特徴がみられる．第6章のヒアリングの事例では，NPO協議会という，団体・組織の横のつながりを行政が補強している好事例であった．それを踏まえると，多様な団体・組織をつなぐ取り組みが橋渡し型団体活動の水準を高め，その外部効果が政策満足度に表れている可能性がある．

しかし，荒川区と足立区をみると，荒川区は自治体を信頼はしているものの，政策参加にまで至っていない．また，北区はネットワーク管理の水準が平均より高くとも，自治体信頼と橋渡し型団体活動が低い割合である．また，団体・組織の政策参加も進んでいない．北区は非営利組織と連携に向けた取り組みが停滞している可能性がある．

アウター北・東エリア（葛飾区・江戸川区・板橋区・足立区・江東区）も同じ下町地域であるのに，かくも非営利組織の政策満足度，ガバナンスには違いが大きい．市民活動政策評価が良好な葛飾区，江戸川区，板橋区は共通してネットワーク管理の水準が高い．さらに，橋渡し型団体活動と自治体信頼の高さは2都市に共通する．すなわち，「橋渡し型団体活動→ネットワーク管理→政策満足度向上」(板橋区)，「自治体信頼→ネットワーク管理→政策満足度向上」(江戸川区)のパタンがある．足立区は板橋区とは逆に，その経路を通じて政策満足度が低水準である．葛飾区には両方のパタンがあてはまると考えられる．

2.3 エリア別の地域振興政策／市民活動政策高評価型と市民活動政策均衡型の特徴

以上の考察から，区部によって様々な特徴があるものの，概ねガバナンスの項目とソーシャル・キャピタルの項目別にみた水準の違いは政策満足度の多寡を説明するように変動している．

では，第1章で図示した**図1-3**のように，どうして各特別区には，区部に

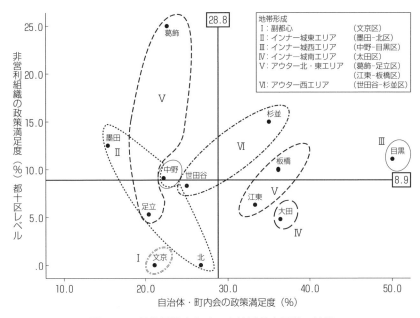

図7‑1　地帯構造を加味した地域社会運営の特徴

出所）　筆者作成.

よっては地域振興政策の政策評価の方が，市民活動政策に対する政策評価の水準よりも高い／低いという現象が起こるのだろうか.

　この問題を答えるために，筆者は次の**図7‑1**のように，図に地帯情報を加筆し，より隣り合う区部で似通う特徴を持つ特別区同士でグルーピングすることを行った.

　その結果，例えば「Ⅴ　アウター北・東エリア」では葛飾区と足立区は同じエリア内の都市であるのに政策評価のされ方は両区で異なる. 自治会からみた地域振興政策の水準は似通うが，非営利組織からみた市民活動政策には明暗を分けている. 同様に，「Ⅱ　インナー城東エリア」に区分される北区と墨田区も同様である. 葛飾区と墨田区は「市民活動政策高評価型（地域振興政策低水準型）」の特徴を有する.

　中野区と目黒区は「Ⅲ　インナー城西エリア」に分類されるが，自治会の地域振興政策評価に明暗を分けている. 大田区も「インナー城南エリア」に位置するが，傾向は共通している. すなわち，自治会の地域振興政策はエリアにかかわらず，北区より，大田区の方が，そして目黒区ほど他の区部より最も優れ

ており，「地域振興政策高評価型（市民活動政策低水準型）」である．さらに，杉並区は「Ⅵ　アウター西エリア」の世田谷区と歴史的に似通うものの，世田谷区や他地帯の区部に比べて両政策のモデル・ケースとして「市民活動政策均衡型」であった．

　このような違いは如何にして生じ，どのように改善できるのだろうか．これまでの知見を踏まえると，次のように東京・特別区のQOL格差を改善するための示唆を得られよう．

2.4　東京・特別区のQOL格差は改善することができるのか

　表7‐1および表7‐2を再び参照し，これまで記述してきた知見を整理してみると，12の特別区が推移する傾向には二つの方向性がある．一つは両者の関係がトレード・オフの関係にあるという，(1)地域振興政策によるQOL向上の取り組みがかえって，市民活動政策によって市民が享受するQOLの低減を招きかねないケースがある．

　しかし，(2)地域振興政策によって市民が享受するQOLを低減させることなく，市民活動政策によるQOL向上を可能にするケースも考えられる．後者は改善を求める都市が政策参照できる可能性を示唆していよう．ここでは，上述の2点を取り上げる．

1）自治会偏重型のガバナンスとトレード・オフの市民活動政策評価とガバナンス

　本事例はインナー城東エリアの「墨田区―北区」の変化，アウター北・東エリアの「江東区」に該当する．図7‐1から読み取れるように，「墨田区―北区」は非営利組織の政策満足度を減らし，自治会の政策満足度を上昇させているケースである．

　では，その推移を考えるにあたって，分布上，近接している足立区も参考にして考えることにしたい．墨田区から北区にかけて，自治会・町内会は15.4％から26.7％に政策満足度が上昇していく背景には，自治会関連項目（表7‐1）のうち，住民同士のつきあい，自治体信頼が上昇することが挙げられる．すなわち，同エリア内では北区（つきあい：94.7）ほど，コミュニティの中で日々の声かけや地域のご近所づきあいを増やすことが地域振興政策の充実に結びついていると考える．それは自治体信頼（100.0）にも同様であるから，自治会と行政の緊密な連携関係が得られるのであろう（協働とネットワーク管理の水準も増大）．

　しかし，「北区―墨田区」の順に推移する非営利組織の政策満足度は12.5%から0.0%に減少している．非営利組織関連項目（表7-2）をみると，非営利組織の橋渡し型団体活動が5％から0％，自治体信頼は7.1%から0％に北区ほど減少傾向にあり，非営利組織と行政の協働割合が減少している．しかし，ネットワーク管理の得点は墨田区（9点）から北区（18点）に上昇しているので，行政は非営利組織の方にも目を向けようとはしているだろう．

　さらに，「江東区」とアウター北・東エリアの状況について，「足立区―江東区」の変化も参考にして考えると，非営利組織の政策満足度を増やさずに自治会の政策満足度を増大させているという特徴を有する．足立区から江東区にかけて，江東区ほど87.0%から94.6%へと，自治会から自治体への信頼を増やし，政策参加の水準を38.6%から51.2%に高めている．そして，自治会に向けた利害調整の割合を15.6%から23.1%に増やしている（ネットワーク管理の水準が高い）．

　しかし，非営利組織の協働水準やネットワーク管理の割合が微減し，平均以下の状態である．これを踏まえると，江東区には「墨田区―北区」には，はっきりとしなかった自治会偏重型ガバナンスの状況がみてとれる．とりわけ，それらに共通していることは非営利組織の活動からみられる橋渡し型ソーシャル・キャピタル（団体活動）の低水準である．インナー城東エリアでは住民同士つきあいや自治会の自治体信頼を基にした行政と自治会のガバナンスは円滑に進んでいるが，その一方で非営利組織との連携に課題がある．

　また，アウター北・東エリアにも共通し，非営利組織の多様な人々を集める橋渡し型活動の機会が減少する傾向にある．地域で活動する非営利組織は多様な地域課題に対応しようとするが，橋渡し型の団体活動が円滑ではないことが，様々な人々との交流機会を減らしている可能性がある．なお，北区では非営利組織に目を向けた行政の対応も見受けられるから，政策的な対応は十分に検討されていることも示唆していよう．

　これらを総合的に考えてみると，他組織をつなぐような橋渡し型ソーシャル・キャピタルの乏しさが，非営利組織の運営を難しくさせ，行政との協働の機会を減らしている可能性がある．なお，非営利組織からみれば，多様な人々と活動を共有する中で住民と紡ぐ人間関係が重要である．なぜならば，住民と関係を結ぶことで行政が非営利組織の活動に耳を傾けやすいと考えるからである．

　それを踏まえると，地域のまとまり（住民のつきあい）が良くなることは地域社会の効率性を改善させる結束型のソーシャル・キャピタルを強くする．それは集合的効力感が連結型の自治体信頼に良い効果を及ぼすと考えられるだろう．

　しかし，かえって，多様な人々を紡ぐ橋渡し型ソーシャル・キャピタルの醸成に長けた非営利組織の活動が乏しい場合には，非営利組織に向けた行政のネットワーク管理も十分に行き届かない可能性がある．それは自治会偏重型のガバナンスを進展させてしてしまいかねず，市民活動政策評価の質低下を招いてしまうのではないだろうか．

2）地域振興政策を毀損させない「市民活動政策高水準／均衡型」の特徴

　では，どのような地域社会運営が望ましいのだろうか．アウター・北・東の「足立区—葛飾区」，「江東区—板橋区」，「世田谷区—杉並区」のパタンから考えることにしたい．

　「足立区—葛飾区」の状況について次のことがいえる．足立区，葛飾区の順に，**表7-2**に示す非営利組織の各集計項目は総じて好転する傾向にある．葛飾区ほど橋渡し型団体活動，自治体信頼，ネットワーク管理の水準が増加傾向にある．また，分布の上では近接している文京区から足立区にかけて非営利組織の協働水準は23.1％から12.5％に減少し，葛飾区にかけて33.3％と大きく協働水準が上昇している．さらに，足立区から葛飾区にかけた自治会の政策参加の水準も同様に38.6％から47.1％に増えている．そして，足立区から葛飾区にかけて自治会の政策満足度は減少していない．

　「江東区—板橋区」についても同様のことがみて取れる．両区は自治会の結束型活動の水準は総じて高水準であるので変わらない．さらに，江東区から板橋区にかけて，非営利組織の橋渡し型団体活動の水準が0％から7.7％にまで増やし，多様な地域情報を収集する機会が非営利組織にとって相対的に多い可能性がある．それに準じて，非営利組織に向けた行政のネットワーク管理の水準も7点から26点と大きく高めている状況も確認された．しかし，行政による自治会に向けたネットワーク管理の割合を減らしている．

　「世田谷区—杉並区」のアウター西エリアの状況も言及しておきたい．分布上近接している足立区も参照すると，市民活動政策の評価が上昇する背景には橋渡し型団体活動が平均以上であること，非営利組織に向けたネットワーク管理の水準が平均より高いことが確認される．そして，地域振興政策の満足度が

高まるためにはネットワーク（つきあい）が高水準であることが確認された．

　以上の傾向を踏まえると，非営利組織による橋渡し型の団体活動は地域において多様な人々と交流する機会を提供する．多様な地域課題に対する情報の収集機会にもなるため，行政も非営利組織に向けたネットワーク管理の取り組みに積極的に対応する可能性がある．

　これは非営利組織が地域内の橋渡し型ソーシャル・キャピタルを形成することで，自治会偏重型のガバナンスが改善されることを示唆しているのではないだろうか．しかし，非営利組織へのネットワークの管理に幅を拡げ，自治会に向けた取り組みを減少させつつも，自治会との協働水準を変えない取り組みが必要なのではないだろうか．

　すなわち，橋渡し型ソーシャル・キャピタルを醸成させながら，自治会と非営利組織の双方に目を向けたガバナンスの制度設計が，地域振興政策を毀損させない「市民活動政策高水準／均衡型」の地域社会運営を出現させるしくみとして考えられよう．

3．ヒアリング調査の知見との統合——NPO 団体意識調査を踏まえて

　定量的知見から得られた知見が団体・組織に対する聞き取り調査からも確かめられるのかを把握するため，本節では筆者が「混合研究法に基づく首都・東京の都市ガバナンスと QOL に関する実証研究」（千葉商科大学個人研究）の一環として実施した調査の知見を援用する．本調査研究はアンケート調査（郵送法）を基にして，そのあとに続くヒアリング調査の協力を依頼し，快諾を得た団体・組織に対して聞き取りを実施している．

　コロナ禍においては感染拡大期に研究活動を一時中断せざるを得ない状況であったことを理由として，調査を断続的に実施している．2021 年に 1 団体を，2022 年 6〜7 月にかけて 8 団体の聞き取りを行っている．よって，本研究では2022 年 9 月時点では計 9 団体のヒアリングを終えている．なお，2021 年に調査しえた団体は必ずしも，当該都市の地域を中心に活動していないため，本節の分析には加えていない．本節は当該都市を中心に活動している団体・組織の状況について詳述する．

　まずは証言を基にして，団体・組織のプロフィールを設立年数／法人取得年数，設立理由，活動分野などから把握し，どのようにして法人格の取得に至り，

表 7 - 3 ヒアリング遂行 8 団体の団体プロフィール(1)

設問番号		Q1	Q2	Q3	Q6
団体名	ヒアリング回答者	活動登録地/拠点	設立年	法人格取得年	設立理由
A団体	I氏	新宿区西新宿6丁目	1999	2003	1. 自発的な市民活動が発展
B団体	F氏	大田区西馬込	2007	2008	5. 行政の勧めがあった（自発的な市民活動が発展）
C団体	O氏	世田谷区世田谷3丁目	1985	2000	1. 自発的な市民活動が発展
D団体	F氏	足立区青井3丁目	2001	2009	3. 公的サービスへの不満
E団体	M氏	豊島区千早4丁目	2017	2017	1. 自発的な市民活動が発展
F団体	A氏	北区上十条一丁目	2018	2020	5. 行政の勧めがあった（自発的な市民活動が発展）
G団体	M氏	中野区上高田二丁目	2008	2008	5. 行政の勧めがあった（自発的な市民活動が発展）
H協議会	Y氏	豊島区池袋3丁目	1998	2009	（自発的な市民活動が発展）

注）設問内容）《Q1》団体の所在地をご記入ください. 《Q2/Q3》団体が設立された／法人格を取得されたのは何年頃ですか. 《Q6》団体が設立した理由として, 最もふさわしいものをお答えください.
出所）「地域を紡ぐ市民の信頼と社会参加, 暮らしの政策に関する調査（NPO調査）」（2021年）を基に筆者作成.

地域に暮らす住民にとって望ましい地域社会を実現させるために活動しているかを記述する.

　次に, 活動目的を遂行していく上で, 住民同士の協力がどのように求められているのかを整理し, 団体・組織の活動が政策参加に結びつく事例を考える. そして, 活動に向き合う自治体職員の対応を証言によって整理することで, 望ましい地域社会の実現にもたらすネットワーク管理の効果を考察する.

　以上の知見を踏まえて, 東京23区の QOL 格差が生じる状況を考察し, その改善に向けた必要な手立てを考えるための示唆を得る. なお, 本文中の「」（括弧内）は聞き取り調査から得られた証言内容を示している.

3.1　活動団体のプロフィール

1）自発的な市民活動から法人格の取得へ

　表 7 - 3 は聞き取り調査を行った団体の概要を示している. 主に, 新宿区, 大田区, 世田谷区, 足立区, 豊島区, 北区, 中野区で活動する団体の情報を得ることができる. これらの活動団体は過半数が自発的な市民活動から法人化に

至っている.

A団体は新宿区を拠点に活動し, 持続可能な社会づくりに向けて, 市民・学校・企業・行政機関等の関係団体と連携しながら学校における出前授業や地域のワークショップなどをコーディネートしている, 環境教育団体である. 1998年に「環境活動報告シンポジウム」（主催：新宿区）で出会った仲間が, 「環境情報を横につなぐネットワークがあれば, 各活動を活性化できる」と呼びかけ合い, 環境都市・新宿の実現に向けた, 立場と分野を越えたゆるやかなネットワークを組織化させる. その後, 活動の広がりを受けて, 2003年に法人化へ至る.

大田区で活動するB団体が法人化するのは阪神淡路大震災後のNPO法制定後, 大田区がNPO法人を委託事業先として指定し始めてからである. 代表者F氏（女性）は1980年代より前から活動しており, それは社会が子どもの保育問題を子育て環境問題として課題認識される前からである. 保育士ボランティア養成講座（所管：社会教育課）を受講してから女性問題の解決に取り組む. B団体の前進はサークルとして活動していた有償ボランティアの集まりである. 行政が「仕事を依頼しやすい環境づくり」に法人化がつながると考えたので認証を取得した. B団体はF氏が既に構築してきた社会教育課との人的ネットワークを生かし, 親子を地域で支援する「ひろば事業」等の複数事業を協働している.

世田谷区で活動するC団体は1985年に発足される. 初代会長が脳梗塞の後遺症のリハビリを目的に地域で活動することをきっかけに, 同じような後遺症に悩む住民の方の参加を募ったことから始まる. 現在のデイ・サービスが制度化される以前から福祉有償運送を事業として展開していた. 介護保険制度の開始以後は福祉事業に社会福祉法人等が参入したので, 廃業を検討するが, 区役所の勧めからNPO法人として事業を継続させる. 1985年当時から福祉サービスの在り方を教える講師依頼等も受ける. 世田谷区が地域包括ケアシステムに向けたしくみづくりに動き, 社会福祉協議会に委託事業を任せた際にもC団体はNPO協議会の役員として助力した経緯がある.

D団体は国から「もともと, 高次脳機能障害が知られていない」という現状を懸念し, 「受けられるサービスもなかった」中で「家族会」（平成13年）を発足させたことがきっかけで団体・組織の設立に至る. 足立区内の高次脳機能障害者の家族の居場所を作ろうという目的から企業助成金を受けた後, 活動の

継続化を目指して法人化に至る.

E団体は立教セカンドステージ大学というシニアを対象にするセカンド大学の学外活動として行われた「社会創造研究会」を前身としている. E団体代表のM氏(男性)は地域協働事業として秩父市のまちおこしに助力する一方で, 豊島区が消滅可能性都市として認定された後, 同様に人口減少で合併に苦悩する秩父市と豊島区をつなぐ活動を図り, 学友を募ることから法人化に進んでいった. それはシニア世代の家への引きこもり問題への懸念からでもある. 活動はフィリピンへの支援を目的として展開されており, タガログ語への翻訳事業と書籍の送付を行う.

F団体代表のA氏(男性)は外資系ホテルに勤めるが, 父子家庭の生活を支える都合上, タクシー業界に転じる. しかし, 父子家庭・母子家庭の実情に合わない就業形態に苦悩する. 同業者家族にも家庭教育の問題が共通し, 子どもを世話しながら働くことが可能な環境づくりに力を入れようとしたことが組織立ち上げのきっかけである. その後, A氏は北区上十条地域に活動の拠点を置いて, 地域の子供に向けた食育を促す事業を展開するために2020年に法人化に至った.

中野区で活動するG団体は青少年育成と高齢者介護の二本柱で事業計画を立てる団体である. 高齢者介護ではケアマネージャーとして中野区で会を代表し, オレンジカフェや二次予防としてのがんの緩和ケアの代表を務める. 元々は前区長の公益活動推進協議会の第一期委員として二年間勤めるが, それ以後に区役所に「NPO支援窓口」が設置されてから法人化に至る.

豊島区のH協議会への取材・聞き取り調査はE団体にご紹介を依頼して, 応諾して頂いた経緯がある. H協議会は法人化以前から任意団体として, 地域の社会貢献団体が友好に関係を紡げるようなプラットフォームの構築を意図した豊島区の運営協議会を前身としている. 会を重ねるごとに活動の中間支援を行う立場として, 経済的な自立性を求めて14期目に法人化に至る. 関東経済産業局から活発な中間支援団体としての助成歴もあり, 「地域サロンみんなのえんがわ池袋」などのコミュニティ・カフェやY氏自体は東京都のソーシャル・ビジネス等の公認アドバイザーとして, NPOの創業融資も行う.

以上が本研究のヒアリング遂行団体である. 活動の紹介を踏まえて, 団体の設立の経緯を伺うと, 全ての団体・組織が自発的な市民活動を前身として活動の継続性を検討した結果, 法人化していることが読み取れる. また, 団体・組

表7-4　ヒアリング遂行8団体の団体プロフィール(2)

設問番号	Q9	Q9	Q7	Q8	Q11	Q25
団体名	活動分野 (主たる活動)	活動分野 (従たる活動)	活動範囲	主観的 影響力	利益 の実現主体	政策 実施 /阻止 経験
A団体	環境保全	社会教育の推進	2. 都道府県	3. ある程度強い	1. 地域住民	有り
B団体	子どもの健全育成	男女共同参画	2. 都道府県	2. あまりない	1. 地域住民	有り
C団体	保健，医療・福祉	まちづくりの推進	1. 市区町村	2. あまりない	1. 地域住民	無し
D団体	保健，医療・福祉	職業能力開発・雇用拡充	1. 市区町村	3. ある程度強い	1. 地域住民	有り
E団体	子どもの健全育成	職業能力開発・雇用拡充	5. 世界レベル	2. あまりない	1. 地域住民	無し
F団体	子どもの健全育成	男女共同参画	4. 日本全国	1. まったくない	5. 日本人	無し
G団体	保健，医療・福祉	まちづくりの推進	1. 市区町村	3. ある程度強い	1. 地域住民	有り
H協議会	団体の運営又は活動の連絡・助言	まちづくりの推進	2. 都道府県	4. かなり強い	5. 日本人	有り

注)　設問内容)《Q7》団体が活動対象とする地理的な範囲は，次のどのレベルですか.《Q8》Q7でお答えになった地域で，活動分野において何か政策問題が生じたとき，団体はどの程度影響力をもっていますか.《Q9》次にあげる特定非営利活動促進法で定められた活動分野の中から，主たる活動分野，従たる活動分野をそれぞれ一つお答えください.《Q11》団体の活動は，どのような人々の利益の実現を目指していますか.《Q25》団体の活動によって，特別区に特定の政策や方針を〈実施〉させる，または〈修正〉させることに成功したことがおありでしょうか.
出所)　表7-3と同じ.

織を代表するリーダーもまた，地域住民という特徴がある.

　2)　地域住民の利益の実現に向けて——ローカル団体の活動分野と政策実施・阻止経験
　では，表7-4を参照し，活動分野と活動範囲，主観的影響力関連の項目の状況についてみていきたい.主な活動分野は環境保全から子どもの健全育成，保健・医療・福祉に限られるが，従たる分野も参照すると，活動分野は拡がっている.活動分野と利益の実現主体を整理すると，ヒアリング遂行団体は地域

住民に関わる政策課題の改善に取り組む.

（1）地域住民の利益の実現を目指しながら活動の幅を拡げていく

　活動分類について，A団体は環境の保全活動を通し，社会教育施設としての講座やワークショップを企画するなどし，学校教育に向けては教材の配布などを行っている．それは社会教育の推進に通じる取り組みである．

　B団体は発達障害の子ども保育を目的とした親子の「遊び場」，乳幼児の6か月検診で発達に遅れが確認された後の「親子ケア」，小学校1年生になる子どもの「学校体験事業」を行う．C団体は高齢者ケアを目的とした福祉事業を主に行う団体である．会員には会報誌を送付し，移送サービスとして福祉有償運送を行う．また，毎週祝日や土曜日には世田谷区のイベントや，「ぼろ市」の出店権を有するC団体がリサイクル品を出品してイベント収益を事業に見込み，運営費に充てるなどしている．さらには，さきほど述べたように地域包括ケアシステムのしくみづくりやNPO協議会の役員を務めるため，定期的な自治会や行政職員との交流を行っている．そのため，まちづくりの推進にも果たす団体として考えられる．

　D団体は足立区に住む高次脳機能障害と診断された方々だけでなく，地域活動支援センターの対象として該当されないような認知症と診断されてしまう方々向けのデイ・サービス（有償）も行う．また，当事者の人たちから公共交通手段の利用手段等の日常生活の相談事を受ける．そのため，行政に対応を求めるだけでなく，公共交通機関（バスや電車など）の会社に伝えることも請け負う．障害者のケアが多岐に及ぶので，職業能力開発や雇用の拡充にまで活動分野は拡がっているのだろう．

　E団体は退職後のシニア世代が社会で再活躍する場づくりとして，高齢者のメンバーがタガログ語に書籍を翻訳して，フィリピンに送る支援活動を行う．それがシニア世代の社会参加を促し，ボランティアへの取り組みが地域人材としての役割を有する就労的な活動に結びつくと考えられる．F団体は地域の子ども向けに，食育サービスを提供しているので，子どもの健全育成の問題が主に取り組む地域課題である．また，被災地支援の活動も計画する傍ら，地域の子どもに自然を体験する機会を提供している．G団体は，スポーツ・チャンバラを通じた青少年育成と高齢者介護の二本立てで事業を展開している．介護を通じて，「介護サービス事業所連絡会．オレンジカフェでは，中野区オレンジカ

フェ連絡会の代表」も行う．会議運営を通じてまちづくりの推進にも役割を果たす．

　さらに，活動の範囲が様々であるが，それは地域住民に根差した活動が広域に展開されているからである．E 団体の世界レベルの活動は活動自体が地域住民の利益に留まらない．F 団体の日本全国レベルの活動は食育と教育格差の問題を日本社会の問題として扱う．北区をはじめとして子どもの教育問題に対して，政策関心を有している．

　よって，利益の実現主体は地域住民である．ヒアリングの証言によれば，住民が暮らす地域社会の問題に焦点を当て，暮らしの中で生じる各政策分野の不都合な状況を改善するように取り組んでいる．

　（2）橋渡し型団体活動やネットワーク管理が地域課題に対する行政の関与を促す
　筆者は団体・組織が政策問題に取り組む上で，どのような住民との接点の有無や行政の対応状況が主観的影響力の評価に関係するかを質問している．

　それによれば，後述する事例1　団体・組織のイベント（ソーシャル・キャピタル：橋渡し型団体活動）が政策課題の改善に向けた取り組みを成功させる事例（A 団体），事例2　行政と相互に相談できる関係や事業提案の機会，活動場所の提供（ネットワーク管理）が活動目的を遂行させる事例（B 団体・C 団体・E 団体）を得られた．

　事例1：橋渡し型団体活動が政策課題への取り組みを促す
　A 団体は主観的影響力を「ある程度認識する」団体である．その事例としては，A 団体が2002年から実施している「環境学習応援団」事業が挙げられる．持続可能な社会づくりを実現するためには環境マインドを持った次世代育成が重要であるという認識のもと，こどもたちの環境学習や ESD（持続可能な開発のための教育）を支援するゲストティーチャーの人材ネットワークとして「環境学習応援団」を組織し，2021年度時点で市民団体・NPO/NGO・企業・行政機関など68団体が登録している．そして，A 団体が学校と地域の橋渡しを行い，伴奏役を担うことで，出前授業や課外ワークショップなど，環境教育や ESD の学びの場をコーディネートしている．また，環境をテーマに学習するイベントでは，「学校の先生だけではなくて，まちにもいろいろな先生がいる」という認識のもと，講師として住民を招来するイベントを企画する等，新

宿区民と多様な人々との交流の機会の場の創出にも貢献している．A団体が地域住民と連携して政策課題の改善に必要な取り組みを運営することで，市民の環境意識向上に寄与している．

事例2：行政による事業のもちかけや活動場所の提供の取り組みが活動目的の遂行を促す

B団体は団体としての主観的影響力を「あまりない」としている．しかし，証言によれば，「小さいことだと（意見が行政に）通っているという認識」を示し，「行政から団体には，私個人に連絡が届いてしまう」からとしている．代表のF氏によれば，「今も男女平等の職員の他の人たちは，すごく色々困った時，DVのこととか，虐待とか．困った時には相談し合う．保健所の方もそうですけど，なんか細かい具体的な日々の解決は一緒にやってます」と答えている．これは相談し合える関係づくりが，影響力を「あまりない」と認識しながらも，大田区民の家族を対象とした子育て保育ケアの事業を円滑にさせている事例である．

E団体は団体としての主観的影響力は「ある程度」あると判断している．それは書籍の翻訳と送付活動が国際的な取り組みに発展していることが関係している．それには収入事業として別に行う「ニットを編んでくれる住民の人たち」から協力を得られるからとしているが，それ以外にも豊島区自体の取り組みを挙げる．豊島区はとしま産業振興プラザに「登録すると無料で会議室を借りることができ」，「プロジェクターが借りることができる」しくみがあるので，市民活動が円滑に進めやすいとしている[1]．これは行政が活動場所を提供しているからこそ，活動目的に見合う取り組みが遂行し得ている事例である．

C団体はA団体と同様に主観的影響力には「あまりない」という判断である．しかし，証言によれば，「多少はありますよね．大きなことで持ち込んだことは無いですけど，身の回りの小さなことを解決していくことことは案外，必要なことです」と回答しており，その事例として「運営推進会議」を挙げる．

運営推進会議は福祉事業者のデイサービスセンターがそれぞれ開く会議体である．しかし，世田谷区は多くの事業所が集まるため，現実的には地域ごとに行われる地域密着型の会議体として存在している．例えば，C団体が所属する上町地域では9つの事業所が集まるので，「運営主体である法人と異なる法人が会議をする」場として機能している．そこでは，「利用者，地域住民と自分

たちと担当の役所というような人たちと，こちらからの報告や提案が多い」ため，「避難訓練に車いすの人が来たら，どうしたらよいか」という問いかけがあれば，行政が即答するという．世田谷区では運営推進会議が住民や事業所の要望を聞き入れる場所として機能している．それが，団体・組織に地域に要望を働きかける機会を提供している．

3.2　ソーシャル・キャピタルは政策参加を促し，住民の望ましい暮らしを実現させるか

　では，住民同士のつきあいや多様な人々との交流を促進させる橋渡し型の団体活動がどのようにして，団体・組織の政策参加を促し，市民にとって望ましい地域社会運営に寄与するのか．そして，自治体がどのようにネットワーク管理者として対応することで，それが望ましい地域社会運営の実現に寄与するのかについて，証言を基に考察する．

1）活動への住民の理解や活動実績が政策参加を通じた要望の事業化を実現させる

　代表 I 氏によれば，A 団体は「団体として20年にわたって「環境学習応援団」事業を運営し，培ってきた人脈やノウハウを活かし社会教育施設の運営を任され」ており，政策執行への助力を通じて，特別区と協働関係を構築している．

　加えて，連携活動が継続できる理由として，「社会教育施設を運営していることで信頼感が高まり，活動が広げられている」ことを説明されていた．これは A 団体がこれまでの20年間，環境問題に取り組んできた活動の蓄積こそが他組織との連携に必要な信頼を確保されていたことを意味している．持続可能な社会づくりを実現させるには環境マインドを持った次世代を育成する環境学習の機会が求められる．しかし，それは市民，学校，企業，行政機関の関係団体との連携なしには実現させることが難しい．こうした好循環の中で地域や行政との連携関係が上手く構築されていることが，「環境学習コーディネートシステム」（A 団体にとっての政策実施させた事例の一つ）の運用を成功させている理由であると答えている．

　さらに，A 団体の証言を整理すると，上述した関係団体の連携を好循環させるには地域の理解が不可欠であるという．支援が必要な時にだけ頼みにいくような一方的な関係ではなく，日ごろから地域活動に団体職員が積極的に参加

するなどの，住民との関わる機会を大切にしている．それは日常の地道な関係づくりからでなければ草の根の信頼関係を構築できないからである．

A団体主催のイベントや講座が成功しているもう一つの理由には，各職員が地域活動に気を配り，町会連合会等の既成団体からの助力を得られるからであると説明されていた．

本事例はA団体が新宿区の区民の環境意識を改善できるよう，継続してきた実績と住民の理解が公的機関との連携に結びついており，要望の事業化を成功させている．本事例が成功するには，活動に対する住民の理解はもちろん，様々に展開する地道な取り組み（橋渡し型団体活動）が必要なのであろう．それが円滑な政策参加に結びついている．

加えて，このような事例はG団体からの聞き取り調査からも確認された．G団体によれば，行政への要望の働きかけは「1組織のNPO法人よりも数が多い方が良い」という回答を得ており，賛同する団体数などを数え，会議体単位の要望であれば「加入率はどれくらいですか」というように行政から聞かれるという．要望内容について賛同する団体が総数の9割以上であると，行政や政治家の人々から認知されやすいとしている．すなわち，他の団体・組織や地域団体と連携していることが要望を働きかけやすい環境を整え，行政からの依頼の応諾のしやすさにも結びついているという知見が得られた．

以上より，要望を働きかける取り組み（政策参加）を円滑にさせるには住民の暮らしの中に溶け込む必要がある．

2）同質性が高く多様性を認めない地域社会では団体・組織の政策参加を阻むのか

それに対して，北区の上十条で活動するF団体は政策参加に苦労している．高齢化した地域住民が多い中では子育て支援の取り組みに対する理解を十分に得ることが難しいようである．そして，地域に必要であると考えて取り組もうとしても政策参加を図ることが難しく，要望を施策に反映することが難しいという事例が確認された．

上十条で生活する地域住民の様子について代表のA氏は「人々の協力の無さが気になる．手助けをする地域の人々の協力の薄さを感じる」と証言している．これは，活動に協力してくれる人々が少ないことを意味する．

そもそも，A氏が活動に奮起するに至ったのは，タクシー業界の問題を理由とするだけではない．地域を見渡した時に，高齢者にとっては「町内会の会

館に行って，年配の人は麻雀やお茶飲み会をしてるわけですね．お祭りといえば，神輿を担ぐこともできるし，飲んだりでき」るが，そこに「地元の子どもたちの姿が無い」ことに苦言を呈する．すなわち，地元が「子供に目を向けていない事実」に違和感を抱いている．

さらに，A氏は地域の子どもの食育問題に取り組もうと，自治会の掲示板に活動の広告チラシの掲載の依頼をしたことがある．しかし，その際には「こういう広告は掲示板に乗せることができない」，これを載せてしまうと「他の人も俺も俺もといわれる声が上がってしまう」というように，見向きもされなかったという．また，本事例と似通ったことは商店街の店主からもあったようである．

しかしながら，北区教育委員会に赴いた際には，「ぜひ，小中学校に配りたい」と，賛同を得られたという．すなわち，地元は一緒であるのに，高齢者には見向きもされず，子どもたちや，教育に携わる大人には評価されるという意識の違いが地域内に生じている．

さらに，A氏は現在，活動を北区の協働事業として採択されるように計画している．それは子ども・孫から祖父母を紡ぐ，多世代をつなげた「横ぐし」を指す取り組みである．それによって，A氏は「これからを担う人材と今を生きる人々の両立を考えるのが生活都市だと思います」という信念のもと，北区上十条を再生させようとしている．

現在は子育て環境を家庭だけでなく，地域社会によっても支えようとする考え方が定着したように思う．しかし，年齢に応じた地域社会の階層化がより一層強固になる地域では，多様性を尊重した団体・組織と行政の協働を難しくさせている可能性がある．本事例は同質性の弊害を示唆している．

これは前述したA団体の知見とは異なる内容である．すなわち，多様な地域課題に取り組む団体・組織の活動に住民が理解を示すには，橋渡し型のソーシャル・キャピタルの構築が必要である．加えて，橋渡し型団体活動の水準が高まると，その外部効果が行政と団体・組織の政策参加を促すのではないだろうか．

3.3　活発な政策参加を踏まえて，地方政府はネットワーク管理の役割を果たすのか

大田区B団体は住民や他組織と活動面で協力しえている．代表のF氏は活

動の趣旨に理解を示す団体とのネットワークを形成することで，要望を行政に届けられるとしている．それは大田区とイベントを共催するに至った「おおた子育てわいわいフェスタ」に該当する．これは地域団体の音楽コンサートの発表や，縁日のような出し物を出店し，本羽田地域に構え，創立80周年にも及ぶ高等学校の女子学生にも助力を得ながら，子育て支援に向けた玩具づくりを実施する等のイベントである．

　代表のF氏によれば，イベントを実施するには，その運営連絡会を子育て支援を目指す団体同士によって形成し得ている（後述するおおた子育てわいわいフェスタ連絡会）という．これは大田区とは関係がなく，B団体と他団体の創意工夫に基づいている．

　B団体を含めた上述の団体同士は「子どもの権利条約」の勉強会を独自に開くなどしており，さらには別組織である「笑顔ミーティング」という団体とも連携を取りながら，活動するリーダーが集まる場所づくりも行ってきた．

　F氏によれば，上述の大イベントが大田区の子ども支援の役に立つと考えられて企図された当時，行政は「最初の3年間は自分たちでやってください」というように開催への協力に消極的であった．

　そこで，F氏は地域の大田区のセンター長として培ってきた独自の人的ネットワークを駆使しつつ，既に構築してきた団体リーダーとの連携を活かして，おおた子育てわいわいフェスタ連絡会を結成している．それによって，開催するために必要な事務局を自前のネットワークを生かすことで機能させたという．

　F氏によれば，その集客規模は当初は5千人に達したという．イベントは2008年から現在にかけて毎年開催され，のべ12回を記録するイベントである．その規模は2014年時点には4千人の地域住民がイベントの来場者として参加している．おおた子育てわいわいフェスタが大田区の子どもに向けた一大イベントとして，地域住民を賑やかしていることは明らかである．[2]

　このような大規模イベントに地域住民の参加と協力が得られたことによって，本イベントが現在には共催にまで発展したという．F氏は行政と共催に至るまでに「実績が必要であった」と説明している一方で，現在の対応は「今でも困ると一緒に考えてくれる．向こうも困ると，一緒に考えてくれるので，一緒に事業を作ってきた」という．今では，「それこそ保健所とかいろんなところにいって，「B団体さんがいらした」というように言ってもらえる」という．また，大田区に「子供家庭支援センター」を作る時には行政からは「ちょっと一

緒に，（立ち上げる）運営の会議に入ってもらえませんか」というように，行政の方から運営会議への参加の相談を受けることもあったという．

　そこで，F氏に行政との現在の関わりを尋ねると，「入学時の子供の住居者への支援」に関する事業には，「保健所や生涯学習課など，男女平等の職員の方たちが，そういう事業を作っていただける」と答えており，事業を考える段階から要望が反映されるように協働が発展しているという．

　以上を踏まえると，本事例は地域住民にとって望ましい地域社会を実現する上で，子育て支援への取り組みには大田区も団体・組織と連携しながら事業を検討する段階にまでに協働を進めている．その背景には，イベントの開催に向けて，B団体のF氏が独自の人的ネットワークを構築しながら，共通の目的を有する団体リーダーと運営連絡会を形成して実現させたことが関係している．すなわち，B団体のF氏を代表とした地域のネットワークと一つ一つの事業を通じた政策参加が，協働に向き合う行政のネットワーク管理の取り組みを積極的にさせた可能性がある．

　本事例は地域住民の活動への理解が団体・組織の橋渡し型団体活動を円滑にさせ，共催のイベントを成功させた事例といえる．さらに，先駆的なB団体の社会サービスが区行政の子育て支援政策を下支えする可能性が考えられるからこそ，大田区も積極的にネットワークの管理に対応しようと変化している．それによって，地域住民の子育て支援にとって望ましい施策・事業が展開されているのではないだろうか．

3.4　政策満足度を向上させる自治体信頼をどのように高めて政策参加に結びつくのか

　ここでは豊島区の事例を挙げる．豊島区は集計結果からも政策満足度が高く，市民活動政策に対する評価が高い．また，必ずしもネットワーク管理の水準が他の都市と比べて高水準でなくとも，政策参加の割合が高い．しかし，自治体信頼や橋渡し型団体活動の水準も高水準である．これらの定量的知見と関連した知見はヒアリング調査からどのように得られるのであろうか．ここではH協議会への聞き取り内容から把握することにしたい．

1）市民活動の担い手づくりへの中間支援が，区民主体の活動を促進させる

　H協議会はNPO協議会として，区とNPOのつながりが維持できるような

環境づくりに力を入れている．豊島区の団体・組織の政治的働きかけについて，例えば，10年前の非営利組織の調査では自治体職員（幹部）に接触している団体が45.8％である．それは区全体より約10ptも高い．

H協議会によれば，その役割を自団体が果たしていると説明する．すなわち，「区の方への団体からの相談があれば，相談業務を請け負う形で，自治体とよく関わっている．NPO以外の相談も受け付けている」という．それは豊島区の地域交流センターの受託業務を請け負うからと考えられるが，Y氏によれば，それのみを理由としていない．

Y氏は「私個人に対してもやまほど相談が来る」と述べ，それは「行政だけですと，本当に区民がやりたいということをやれないといいますか，区民がやりたいことを目指すとなると，相談を受けることが多い」からであるという．そして，「自由な発想と自治・自立（金銭面・組織面・各種の関係づくりも含めて）を後押ししたいから」である．

すなわち，H協議会としてY氏は「行政側からの事業のもちかけが，だんだん市民活動になると，結局，区から言われたことをやればいいという認識を持つ」ようになってしまうという．それは，「イベントも人任せになってしまう．持続可能な自立型の地域活動といいますか，本当の意味での区民主体の活動が展開されにくくなってしまう」ことへの懸念が，中間支援の取り組みに結びついている[3]．

2）共助を機能させることが公助としての自治体の対応を促す

さらに，「もっと区の方が丸投げでも良いのではないか」と考えている．それは「横の展開でネットワークをつくること，交流センターで運営協議会を作るなどのしかけづくりを考えて，積極的に（市民活動を展開する）プラットフォームを構築し，（さらなる協働の取り組みを）しかけることが多い」からだとしている．その考えから，H協議会は設立セミナー，会計セミナー，社会貢献活動見本市を17年間も続けている[4]．

加えて，それは行政の人手不足の問題を補うだけではないという．「地域の困りごとは地域の意識の中で，自分たちによって考えていくこと，主体はどこにあるかということが，本来のコミュニティの活性化やコミュニティを形成するための土台だと思う」と述べており，だからこそ，Y氏は「その担い手づくりに力を入れていかないといけない」という考えに至る．それが中間支援の

取り組みに力を入れている理由であろう.

　加えて,「担い手としての十分な皆さんが入ってきてくれれば, それだけでも行政はお金の方も余裕が出てくるでしょうし, 違った行政サービスの方へ, 本来の, 公的サービスですね.（市民のために必要な取り組みへの）補助に目を向けられるのではないでしょうか」という立場を説明している.[5] Y 氏は共助が十分に機能しえてこそ, 政策課題に対応した公助が十分に発揮できる可能性が増えるとしている.

3）豊島区による市民主体のコミュニティ政策の促進が自治体信頼の向上を促す

　Y 氏は自らの H 協議会の取り組みを振り返ったうえで, 自治体からは「僕らはやっぱり, 区民の方まで立ち入って, 色々することはできません. 僕らが言うよりも, Y さんや区民の立場の方も, 区民でいながらずっと活動を続けてきた方々が, しっかりと, その辺を見て頂いた方がいい」というように認識されているという.

　そして, 豊島区の市民活動への対応を振り返り,「そういう感覚があるので, ある事業をするにしても, その企画段階において相談にきたりする. 他のNPO へ区から相談があったりする. そういう時は「H 協議会（Y 氏への個人宛の相談も含む）の方でもお願いできないでしょうか.」という形で, ご相談に来られる時が多い」と説明している.

　だからこそ, Y 氏は「そういう意味では, 課長さんであっても, 長きにわたって活動してきたことを評価しているし, 行政から区民を動かそうというような恣意的な区民活動のような, 本来の意味での市民活動とは言えないような動きや動向を豊島区が進めているというようには考えられない」という. つまり, Y 氏は H 協議会として活動していく上で, 豊島区の市民活動政策の方向性に賛意を示し, 篤い信頼を寄せている.

　そして,「豊島区自体は, 市民主体, 区民主体の考え方の市民活動を進めていこうとする中で, その方針を後押しする形で NPO 協議会が地域の市民活動を任せられている」と説明し, 豊島区のコミュニティ政策への方針に対して是認している.

　以上の証言を踏まえると, 豊島区では市民主体の市民活動政策を促進させようとする取り組みとして, 事業を展開する以前の確認作業が「自治体から市民

活動団体への相談接触」には含意されている可能性がある．このような取り組みこそが，自治体が団体・組織の要望に聴く耳を持つような対応に結びついている．そして，いざという時には自分たちで問題を対応しようとする市民活動を後押しする政策手段を自治体はネットワーク管理として検討するのではないだろうか．

このように考えると，政策参加の水準が高い豊島区のガバナンスの状況は市民主体の協働の状況を反映している可能性がある．そして，市民の自治を妨げないように問題の改善を図る取り組みを任されるからこそ，自治体信頼の向上に結び付き，政策満足度の向上を図る市民活動政策が展開しえるのではないだろうか．

4．ま と め——東京23区の QOL 格差を改善するために 必要な制度設計とは

本章は，東京23区の政策満足度からみた市民の QOL 格差の問題が生じる要因をソーシャル・キャピタルとガバナンス関連項目から整理し，市民に効果的な地域社会運営の格差を改善する方策を導き出すことを目的としていた．

定量的知見によれば，自治会／非営利組織の自治体信頼と結束型自治会活動，住民同士のつきあい，橋渡し型団体活動，協働，ネットワーク管理という要素が様々なパタンを形成し，都市の政策満足度の水準に影響を及ぼしている．地域振興政策／市民活動政策評価は，上述の要素の平均水準を超した項目が増えると政策満足度は向上する．各項目の最良都市ほど地域社会運営は良好である．しかし，エリアごとの経路依存性も視野に入れた再検討が必要といえる．

「地域振興政策高評価型」，「市民活動政策高評価型」，「市民活動政策均衡型」のパタンと改善方法は，次のように明らかとなった．一つは地域振興政策に基づく市民の QOL 向上がかえって，市民活動政策に基づく市民の QOL 低減を招きかねないケースが存在する．非営利組織への対応が十分ではなく，自治会と行政の関係に重視しがちな都市ほど，自治会偏重型ガバナンスを発生させかねない．それは非営利組織の信頼を減少させ，協働を停滞させる．また，橋渡し型団体活動の水準が低い都市ほど自治会偏重型のガバナンスに陥りやすい．非営利組織が多様なアクターとつながる機会を持つことは，政策課題への対応能力を高め，行政から各事案の相談を持ちかけられやすいことへとつながる．それは非営利組織が改善案を施策・事業に反映させやすい構造を創り出し，市民

活動政策評価の向上に結びつく可能性がある.

　それに対し, 自治会偏重型のガバナンスにならずに市民活動政策高評価型・均衡型のパタンを導出するには, 次のような知見が有用である.

　橋渡し型団体活動が活発な都市ほど, 非営利組織へのネットワーク管理を高めている. その一方で, 行政から自治会へのネットワーク管理は一定程度減らしている. しかし, 自治会の政策参加の水準を停滞させてはいない. また, 信頼水準も大きく減少させていない都市ほど, 両団体・組織に対するネットワーク管理の水準は上昇傾向であった. すなわち, 自治会と非営利組織の双方に目を向けた協働政策の制度設計が, 両政策の好循環に結びついている.

　上述の定量的知見に加えて, 定性的知見は NPO 団体をヒアリング調査した知見に留まるが, 次のようにフォロー・アップすることができよう.

　団体・組織は地域住民の利益実現を目指しながら, 活動の幅を拡げて都市内に生じる様々な政策課題に対応するように行政と連携関係を構築している. 団体・組織が地域課題の改善案を行政に働きかけ, 主観的影響力を高めるためには多様な住民の協力を得られる橋渡し型団体活動が欠かせない (事例1). そして, 団体・組織がまちづくりに与する会議体に参加しているのであれば, 横のつながり (住民同士のつきあいや橋渡し型団体活動) を強化し, 地域住民に活動が理解されることが行政の相談や提案のもちかけに結びつく (事例2).

　また, 橋渡し型活動を促進させるには, 住民同士のつきあいにも団体・組織は目を配り, ニッチな地域課題を地縁組織と共有する機会があれば積極的に赴いていくことが必要である (前節の3.2の(1)事例).

　しかし, 地域の同質性が高く, 活動目的に対して協力が得られにくい場合には, 政策課題の改善が不可欠であろうとも, 団体・組織の政策参加を阻めてしまいかねない (結束型ソーシャル・キャピタルの負の外部性). 本ヒアリング調査遂行団体は, 地域の実情に合うように公募申請する協働の事業計画案の見直しを検討しているが, 地域住民を巻き込んだ橋渡し型ソーシャル・キャピタルを醸成させながら, 団体活動を展開していく必要がある (前節の3.2の(2)事例).

　さらに, 前節の3.3の事例からは, 似通った政策課題に賛同を得られるような組織間の横のつながりの強化を促す会議体 (運営連絡会など) が, 政策の実現には必要である. 子育て支援を目的とした保育の取り組みが地域社会に定着すると, イベントの公益性を認めた行政は, 事業提案の頻度を高める (ネットワーク管理機能の強化).

加えて，前節の3.4の事例からは施策・事業の検討段階から団体・組織の協力を依頼し，住民の意見を反映できるようなしくみ（自治体から市民活動団体への相談接触）が市民活動政策に必要な自治体信頼の醸成に寄与している．

以上から，本章の知見をまとめると，自治会等ともつながることが可能な組織間の横のつながりづくりを地方政府が奨励し，市民が主体として動けるような協働を地方政府が後押しするためには，性質の異なる団体・組織を紡ぐ中間支援の制度設計が必要といえるのではないだろうか．「市民活動政策均衡型」に向けた中間支援の制度設計という視点に基づく地域社会運営が東京23区のQOL格差の改善には必要な取り組みであると考える．

注

1） 豊島区の産業振興を育み，発信する場所として機能している．URL：https://www.toshima-plaza.jp/（2022年8月15日アクセス）．

2） わいわいフェスタ2021HP，「わいわいフェスタ」．URL：https://waiwaifesta.com/free/waiwaifestatoha（2022年8月15日アクセス）．

3） Y氏が抱く懸念は助成金に依存してしまうことによって，「足腰の弱い団体を作るだけになってしまう」ということである．「何らかの地域課題を解決しようと（市民活動が）立ち上がるが，助成金を受けることで区の方針に従わざるを得ないこともある．その結果は，指示待ちの団体になってしまう．第三者評価が必要なように，自ずから取り組む積極果敢な団体の運営に力を入れたい」と考えてる．

4） 社会貢献活動見本市は，「豊島区を中心に社会貢献活動に取り組んでいるNPO法人，任意団体，学生サークル，CSR活動を行っている企業などが一堂に会して，日頃の活動内容を発表するとともに，新しいネットワークを築いていく「場」」づくりの取り組みである．出所は，としまNPO協議会HP．URL：https://toshima-npo.org/?page_id=120（2022年8月27日アクセス）．

5） Y氏は「共助が機能しないところでは，かえって公助も上手く働かせにくいのではないか」と考えており，中間支援の取り組みの一つとしてコミュニティを育むことを強く認識されていた．

終 章
世界都市・東京の地域社会運営を隈なく比較する

1．本書の意義──隣り合う区部の類似点／相違点を明確にさせる

　東京は政治・経済・社会の中心として金融・経済の世界都市を標榜する戦略
を展開する一方で，その都市内部には巨大都市を理由とした都市問題を発生さ
せていた．本書の知見によれば，過大で過密な人口から生じる東京問題が山積
するからこそ，東京23区の地域社会運営は地方政府と市民社会組織の相互作用
から考えるガバナンスを必要としている．

　東京問題は「地形リスクの問題」，「一極集中問題」，「都心回帰に伴う生活問
題」，「インナーシティ問題」まで拡がるため，複雑で難題な政策問題が多岐に
およぶ．それ故に，東京23区の政策運営は一様ではなく，東京問題の改善に対
して望ましい地域社会運営が可能である都市と難しい都市の間に格差が生じる
のは明白である．現在は，池田（2015）の『東京23区格差』をはじめとし，特
別区の政策パフォーマンスに着目する研究がそれぞれの政策分野の視点から一
つずつ知見を重ね，政策運営の格差の実態が考察されようとしている．

　しかしながら，これまでの都区制度研究をはじめとする研究は制度論的アプ
ローチに基づく大都市・東京研究が都区制度によって一体性が確保されるしく
みを検討しているが，自治権拡充運動の歴史的変遷を整理するのに留まる．ま
た，これまで蓄積されてきた有用な知見を生かして，政策運営の格差を是正す
るしくみを解明するまでに研究成果を十分に応用させているかは判然としない．

　そうした中で，特別区の政策運営を市民社会アプローチに基づき，住民，団
体・組織，行政の視点から定量的にかつ，定性的に隈なく複眼的に，都市を比
較研究しようとする本書の分析枠組みは，現代の首都・東京研究にとって必要
な学術的な営みであるといえるだろう．そこで，筆者は次のような混合研究法

に基づくアプローチが都市研究に有用であると考える.

　その一つには研究枠組みに定性的研究デザインを設計することで，生活者／活動者の声を分析に反映することができる．それは東京を生活都市へと再生するのに必要なしくみを把握するためには不可欠な研究方法である．なぜならば，東京を住民が暮らしやすい生活都市につくりかえるためには，アクターの顔がみえる地方政治の実態解明が必要だからである.

　二つには，筆者は都市生活の中で表出される現状への不満の程度を，政策満足度を操作化することによって把握した．このような計量的手法も活用し，「目指すべき都市像」をガバナンスの視点から定量的に検討したことは，東京23区の既存の都市計画が十分に計画しえていない問題を可視化するのに有用な手法であったと考える.

　以上の研究手法を用いて市民社会アプローチから東京23区のQOL格差の問題と地域社会運営の実態を解明する東京研究に取り組んだことで，後述するような学術的意義が本研究には含意されているのではないだろうか.

2．本研究の付加価値

2.1　ソーシャル・キャピタルと市民のQOLを結ぶ都市政策の曖昧なミッシング・リンクの解明

　本書はソーシャル・キャピタル論を援用することで，自然発生的に成立するとは限らない「協働」の脆弱性の問題に着目し，ガバナンスが地域社会運営のしくみに有効に機能することを実証している.

　ソーシャル・キャピタルは市民社会組織の自発的協力を持続的に得るには必要な概念である．コミュニティのソーシャル・キャピタルは協働の非制度的要因として作用する．本書は地域に偏在する問題がガバナンスの明暗を分けてしまうことを「認知的ソーシャル・キャピタル」と「構造的ソーシャル・キャピタル」の効果に着目して考察している.

　認知的ソーシャル・キャピタルには自治体に対する信頼と組織間の信頼性に基づくメカニズムが働く．地方政府と市民社会組織の相互作用（対立・協調）によって形成されるネットワークでは地方政府からの厚意に対する返礼として信頼が醸成され，蓄積された自治体の信頼が協力コストを下げて協働を促進させる.

　例えば，自治体信頼に富んでいる地方政府ほど政策課題（集合財）に対する市民社会組織の協力を得られやすいので，ステイクホルダーとの利害調整を容易に行いやすい．また，地方政府が「ネットワーク管理」としての役割を積極的に果たす可能性がある．本書ではこれらが相互に作用することで，社会にとって望ましい政策運営に効果を持つことを仮説として提示し，検証した．

　コミュニティの構造的ソーシャル・キャピタルには「住民同士つきあい」や「団体活動」が有する集合的効力感に基づくメカニズムが働く．コミュニティにおいて住民同士のまとまりが良いほど，また自治会活動や団体活動が活発であるほど，帰属意識を高める結果，自治（地域問題に対する住民と市民社会組織同士の主体的かかわり）が促進され，政策課題への地方政府との「協働」と「ネットワーク管理」の水準を向上させることを仮説立てた．

　本研究は上述の仮説立てた機序が東京23区の比較実証研究によって実証されたことを確認し，政策満足度の向上にまで結びつくことを明らかにした．これはソーシャル・キャピタルが政策の高パフォーマンスを導くための機序が不明確であった，これまでの研究の曖昧さ（ミッシング・リンク）の問題に応えている．さらに，日本の47都道府県単位の実証分析では「ソーシャル・キャピタルが直接，統治パフォーマンスの改善に寄与しない」という2000年代初頭の研究の知見とは異なる結果を明らかにした．本研究は都市政策とガバナンスの文脈から，さらに研究を進展させ，ソーシャル・キャピタルの政治学的研究の可能性を拡げている点は学術的な意義を有している．また，スポーツ・趣味の活動だけでなく，結束型自治会運営と橋渡し型団体活動を両立させるしくみの再検討を必要としている．

　さらに，先行き不透明な経済の中で深刻化する少子高齢化の悪影響を受け，財政難に悩まされる自治体に，有効な都市運営のあり方を提言しているともいえる．

　本研究の知見を国際比較研究に応用させることができれば，ソーシャル・キャピタル論を援用した都市ガバナンスの首都研究にまで発展することができよう．

2.2　生活都市につくりかえるガバナンスのシステム論的アプローチ

　本書はガバナンスに関する先行研究を整理し，市民に効果的な地域社会運営を導出するために必要なサブ・システムをシステム論的アプローチによって考

察している.

　本書によれば，協働とネットワーク管理は次のメカニズムを働かせることによって，市民に効果的な地域社会運営を導出することができる．まず，市民社会組織が地方政府のステイクホルダーとして「協働」することを通して要求を政策過程に入力する．

　そして，地方政府が，入力された要望を利害関係者にとって望ましい政策へとネットワーク管理を通して変換することにより，社会にとって望ましい政策が出力される．

　その結果，政策から享受した便益に対して満足感を得ることで政策満足度は上昇すると考えられる．

　以上の知見を整理すると，ガバナンスを改善するためには，その要素に「協働」と地方政府が協働型政府として行う「ネットワークの管理」が必要であるといえる．

　ガバナンス研究は学際的研究にまで拡がっているため，先行研究を整理すると論者の数だけ，定義が散見してしまう事態が生じてしまう．このような中，ローカル・ガバナンス研究の知見を整理し，「協働」と自治体の「ネットワーク管理」の二点に，そのサブ・システムを操作化した本研究は学術的意義を有している．また，実証研究においては，住民，団体・組織，行政の各アクターの視点から協働とネットワーク管理の有効性を東京研究によって確認することができた．これは本枠組みが有効であることが計量的に確かめられたことを意味している．今後はさらなる検証のために，全国レベルの実証研究に拡げていく必要がある．

　本書は，その有効性を政策満足度指標の操作化によって確かめている．市民の政策評価（政策満足度評価を計測）が浸透した現在，協働を志向しながらも，具体的な取り組みに悩みを抱える自治体は多い．既に政策手段として採用された政策満足度指標によって検証可能であるならば，ガバナンスの改善方法を模索する自治体にとっては適応させやすい政策評価の方法ではないだろうか．

　本書の知見を整理すれば，地方政府と市民社会組織の相互作用（協調・対立）によって捉えるガバナンスは「地方政府―市民社会組織」の関係によって構築されるネットワークに基づく統治プロセスである．社会中心アプローチだけでは限界がある．さらなる満足度向上のために，現実の政策が市民社会組織に受け入れられるには，ガバナンスの中で利害調整を行う地方政府の「ネットワー

ク管理」が重要である．今後は「協働」と「ネットワーク管理」の双方が円滑に備わるために必要なしくみを再検討することが必要である．

3．さらなる東京の QOL 格差を改善する研究に向けて

3.1　東京問題の「地帯内」／「地帯間」格差に関する研究の再設計

　本研究をさらに展開していくためには東京問題の体系的な構造の解明が必要である．それには，「東京をどのように管理できるのか」と，「住民の自発的な集団行動とコミュニティの実態」を解明する大都市・東京の都市社会研究と「インナーシティ問題の東京研究」の知見を統合させる取り組みが必要である．すなわち，近代都市の建設過程（歴史研究）や国土／首都開発政策からコミュニティ政策に及ぶ「国家―東京都―特別区―市民社会」の関係構造が交差する政策過程の研究デザインの構築を必要としている．

　また，都市社会学は市街地の開発の歴史と区部の間に類似した住民属性から地域コミュニティを地帯として特徴づけてきた．それによって，住民が東京問題を自発的に改善する集団行動の知見を蓄積させてきたが，本書はその視点からみた考察が不十分である．よって，第 7 章の定量的知見を再検討し，ソーシャル・キャピタルとガバナンスが特別区の集計結果の差異を十分に説明しえるためには，「地帯」が及ぼす経路依存性の再検討を要する．

　そのためには，都心，下町，山の手よりもさらに細かい地帯を基準として，東京23区の QOL 格差のパタンを「地帯内の格差」（研究 1）と「地帯間の格差」（研究 2）に分けた分析枠組みの再設計が必要である．それによって，ソーシャル・キャピタル，ガバナンス，QOL 向上に効果を及ぼす／効果を消失させる経路依存性の特徴を解明できよう．

　筆者は上記の研究計画を再設計し，地域に顕在化される東京問題が如何にして改善され，暮らしやすい生活空間を構築することができるかを考察して行きたいと考える．また，今後は東京問題が顕在化した地域に応じて，適応可能な生活都市へとつくりかえるために必要なしくみを提案できるよう研究を応用させせたい．

3.2　首都・東京の人流抑制と行動変容の格差を是正する研究デザインの構築

　最後に，コロナ禍における危機の時代に改めて浮上した感染問題に着目して，

終章に示す本研究の展望を終える.

　都市社会学や大都市行政研究は東京一極集中の弊害を過大で過密な人口の都市問題として研究を蓄積させているが，改めて COVID-19 という厄災が新たな東京問題を発生させたのではないだろうか.

　それは執政制度上等しく隣り合う東京23区に生じる，市民の行動変容（外出自粛・飛沫感染防止の行動）と陽性者数の地域差，厳しい人流抑制の問題である. 法的規制に依らない自粛要請は如何にして円滑に政策実施し得るのか. 如何なる都市構造（社会経済状況，コミュニティ，社会ネットワーク）が人流を促進させたのか. または人流を抑制しえており，陽性者数の増加を遅らせることが可能であったのか.

　初期の緊急事態宣言時においては自粛要請という政策手段を日本は採用したが，人々の協調行動を喚起する「ソーシャル・キャピタル（社会関係資本）論」を援用し，感染終息を見込むことが難しい東京問題への QOL をどのように改善することができるのだろうか. このしくみを解明し，コロナ禍の政策実施に最適な首都・東京の都市政策を明らかにしたい.

参 考 文 献

青山佾（2012）『都市のガバナンス』三省堂.

秋吉貴雄（2017）『入門　公共政策学——社会問題を解決する「新しい知」』中央公論新社
　　〔中公新書〕.

浅川達人・玉野和志（2010）『現代都市とコミュニティ』放送大学出版.

安達智則（2007）「世界都市問題の最前線を往く」，柴田徳衛編『東京問題』かもがわ出版，
　　pp. 36-57.

阿部弘臣（2016）「社会ガバナンスの視点」，辻中豊・崔宰栄・阿部弘臣編『現代日本のロー
　　カル・ガバナンス・ネットワーク——自治体，住民自治組織，および非営利組織の考
　　察』筑波大学人文社会国際比較研究機構・国際比較日本研究センター，pp. 1-24.

池田利道（2015）『23区格差』中央公論新社〔中公新書〕.

————（2017）『23区大逆転』NHK 出版.

池享・櫻井良樹・陣内秀信・西木浩一・吉田伸之編（2018）『みる・よむ・あるく東京の歴
　　史 3　通史編 3　明治時代～現代』吉川弘文館.

石生義人（2002）「ロビイング」，辻中豊編『現代日本の市民社会・利益団体』木鐸社，pp.
　　163-189.

市川宏雄（2015）『東京一極集中が日本を救う』ディスカヴァー・トゥエンティワン.

伊藤修一郎（2010）「ローカル・ガバナンスの現況と公共サービスへの効果」辻中豊・伊藤
　　修一郎編『ローカル・ガバナンス——地方政府と市民社会』木鐸社，pp. 205-222.

伊藤修一郎・近藤康史（2010）「ガバナンス論の展開と地方政府・市民社会——理論的検討
　　と実証に向けた操作化」，辻中豊・伊藤修一郎編『現代市民社会叢書 3　ローカル・ガ
　　バナンス——地方政府と市民社会』木鐸社，pp. 19-38.

伊藤正次（2015）「多機関連携としてのローカル・ガバナンス——就労支援行政における可
　　能性」，宇野重規・五百旗頭薫編『ローカルからの再出発——日本と福井のガバナンス』
　　有斐閣，pp. 81-101.

稲継祐昭（1996）『日本の官僚人事システム』東洋経済新報社.

稲生信男（2010）『協働の行政学——公共領域の組織過程論』勁草書房.

稲葉陽二（2005）「ソーシャル・キャピタルの経済的含意——心の外部性とどう向き合うか」，
　　日本計画行政学会編『計画行政』第28巻，第 4 号（通巻85号），pp. 17-22.

————（2011）『ソーシャル・キャピタル入門』中央公論新社〔中公新書〕.

————（2016）『ソーシャル・キャピタルの世界——学術的有効性・政策的含意と統計・
　　解析手法の検証』ミネルヴァ書房.

————（2019）「社会関係資本をどう継承するか——長野県須坂市のケースからの考察」，
　　『政経研究』56巻，1 号，pp. 142-114.

猪熊弘子（2018）「子ども子育て支援新制度がもたらす保育の社会化と市場化——保育は誰

のものなのか？」大原社会問題研究所雑誌，722号，pp. 33-57.

岩崎正洋（2011）「ガバナンス研究の現在」，岩崎正洋編（2011）『ガバナンス論の現在――国家をめぐる公共性と民主主義』勁草書房，pp. 3-15.

上野淳子（2017）「「世界都市」後の東京における空間の生産――ネオリベラル化と規制緩和をめぐって」，『経済地理学年報』第63巻，pp. 275-291.

上野淳子・中野祐一（2017）「「都心回帰」下の東京都心における建造環境の更新とコミュニティの変容――東京都中央区の調査から」，桃山学院大学編『社会学論集』51巻，1号，pp. 73-142.

大崎元（2005）「山谷――ホームレス問題の解決と地域の再生をつなぐ」，矢作弘・小泉秀樹編『シリーズ都市再生①　成長主義を超えて――大都市はいま』日本経済評論社，pp. 186-203.

大西弘子（2016）「分権の先の自治――ポリセントリシティという評価軸」，石田徹・伊藤恭彦・上田道明編『ローカル・ガバナンスとデモクラシー――地方自治の新たな形』法律文化社，pp. 25-48.

大野伸夫（2009）「基本計画策定プロセスにおける市民参加」，村松岐夫・稲継裕昭・財団法人日本都市センター編『分権改革は都市行政機構を変えたか』第一法規，pp. 205-218.

岡島慎二（2017）『東京23区健康格差』マイクロマガジン社.

岡田昭人（2007）「居住改善からまちづくりを探る」，柴田徳衛編『東京問題』かもがわ出版，pp. 154-174.

帯谷博明（2018）「環境ガバナンスとソーシャル・キャピタル――大野川領域の事例から」，佐藤嘉倫編『ソーシャル・キャピタルと社会』ミネルヴァ書房，pp. 196-216.

金澤良太（2019）「東京都区部における都心回帰と社会-空間構造の変容」，『せたがや自治政策』vol. 10，pp. 73-94.

加茂利男（2005）『世界都市――「都市再生」の時代の中で』有斐閣.

神谷浩夫（2017）「ローカル・ガバナンス台頭の社会・経済的背景」，佐藤正志・前田洋介編『ローカル・ガバナンスと地域』ナカニシヤ出版，pp. 39-55.

神原勝（1989）「都区関係と制度改革の展望」，新藤宗幸編『自治体の政府間関係』学陽書房，pp. 65-89.

金宗郁（2006）「地方自治体の政策パフォーマンスと組織規範，住民意識」，『選挙研究』21号，pp. 158-168.

城所哲夫・瀬田史彦編（2021）『ネオリベラリズム都市と社会格差――インクルーシブな都市への転換を目指して』東信堂.

城所哲夫・福田崚（2021）「ネオリベラリズム都市の誕生――東京への一極集中と都市の分断」，城所哲夫・瀬田史彦編『ネオリベラリズム都市と社会格差――インクルーシブな都市への転換を目指して』東信堂，pp. 4-21.

久保慶明（2010）「市区町村職員をとりまくネットワーク」，辻中豊・伊藤修一郎編『ローカル・ガバナンス――地方政府と市民社会』木鐸社，pp. 111-130.

倉沢進・浅川達人編（2004）『新編　東京圏の社会地図』東京大学出版会.

クラヴトリー，B. F.・抱井尚子・亀井智子（2021）「混合研究法をめぐる議論からみえてくるもの(1)」，抱井尚子・成田慶一編『混合研究法への誘い──質的・量的研究を統合校する新しい実践研究アプローチ』日本混合研究法学会，pp. 106-113.

栗本裕見（2016）「コミュニティ・ガバナンスの困難──ある地域自治区の挑戦から」，石田徹・伊藤恭彦・上田道明編『ローカル・ガバナンスとデモクラシー』法律文化社，pp. 147-168.

河野勝（2006）「ガヴァナンス概念の再考」，河野勝編『制度からガヴァナンスへ──社会科学における知の交差』東京大学出版会，pp. 1-19.

河野勝編（2006）『制度からガヴァナンスへ──社会科学における知の交差』東京大学出版会.

小泉秀樹（2005）「都心再生と地域社会──東京駅前八重洲・日本橋地区における再開発」，矢作弘・小泉秀樹編『シリーズ都市再生① 成長主義を超えて──大都市はいま』日本経済評論社，pp. 76-103.

公益財団法人特別区協議会編／〔監修〕大森彌（2010）『東京23区自治権拡充運動と「首都行政制度」の構想──基礎的地方公共団体への道』日本評論社.

国土交通省（2014）『国土のグランドデザイン2050──対流促進型国土の形成』国土交通省.

国土庁（1987）『第四次全国総合開発計画』国土庁.

小田切康彦（2014）『行政─市民間協働の効用──実証的接近』法律文化社.

落合洋人（2008）「ネットワークマネジメントを基礎としたガバナンス概念の構築に向けて──ロッド・ローズのガバナンス論の批判的考察から」，『同志社政策科学研究』10(1)，pp. 167-180.

小長谷一之（2005）「都市再生のオルターナティブス」，矢作弘・小泉秀樹編『シリーズ都市再生① 成長主義を超えて──大都市はいま』日本経済評論社，pp. 105-120.

小山弘美（2013）「世田谷区の『住民力』に関する調査研究」，『都市とガバナンス』19号，pp. 95-103.

────（2018）『自治と協働からみた現代コミュニティ論──世田谷区まちづくり活動の軌跡』晃洋書房.

小山弘美研究室編（2020）『自治会活動参加状況調査──葛飾区新小岩第四自治会を事例として─報告書』関東学院大学社会学部小山弘美研究室.

坂本信雄（2009）『ローカル・ガバナンスの実証分析』八千代出版.

坂本治也（2010a）『ソーシャル・キャピタルと活動する市民──新時代日本の市民政治』有斐閣.

────（2010b）「市民社会組織のもう一つの顔──ソーシャル・キャピタル論からの分析」，辻中豊・森裕城編『現代社会集団の政治機能』木鐸社，pp. 287-302.

────（2011）「政治」，稲葉陽二・大守隆・近藤克則・宮田加久子・矢野聡・吉野諒三編『ソーシャル・キャピタルのフロンティア──その到達点と可能性』ミネルヴァ書房.

────（2012）「NPO ──行政間の協働の規定要因の分析」，日本政治学会編『年報政治学2012-Ⅱ　現代日本の団体政治』木鐸社，pp. 202-223.

佐川泰弘（2003）「ヨーロッパにおけるマルチレベル・ガバナンス」，岩崎正洋編『政策とガバナンス』東海大学出版会，pp. 75-95.

サッセン，サスキア／伊豫谷登士翁監訳・大井由紀・高橋華生子訳（2018）『グローバル・シティ』筑摩書房〔ちくま学芸文庫〕.

佐藤徹（2009）『自治体行政と政策の優先順位付け――“あれもこれも”から“あれかこれか”への転換』大阪大学出版会.

佐藤正志・前田洋介（2017）「ローカル・ガバナンスとは何か」，佐藤正志・前田洋介編『ローカル・ガバナンスと地域』ナカニシヤ出版，pp. 1-17.

佐藤正志・前田洋介編（2017）『ローカル・ガバナンスと地域』ナカニシヤ出版.

澤井安勇（2004）「ソーシャル・ガバナンスの概念とその成立条件」，神野直彦・澤井安祐勇編『ソーシャル・ガバナンス――新しい分権・市民社会の構図』東洋経済新報社，pp. 40-55.

重富真一（2002）「NGO のスペースと現象形態――第3セクター分析におけるアジアからの視角」『レヴァイアサン』pp. 243-272.

柴田徳衛編（2007）『東京問題』かもがわ出版.

ジョンソン，R. B.（2021）「混合研究法を用いた包摂的科学への移行」，抱井尚子・成田慶一編『混合研究法への誘い――質的・量的研究を統合校する新しい実践研究アプローチ』日本混合研究法学会，pp. 76-84.

白石克孝・新川達郎編（2008）『地域公共人材叢書　第1巻参加と協働の地域公共政策開発システム』日本評論社.

新藤兵（2006）「ガバナンス論の批判的検討・試論」，東京自治問題研究所編『東京研究』6巻，pp. 32-46.

鈴木博（2003）「都心回帰の現状と都市経済再生に向けての課題」，『金融市場』第14巻，第4号，通巻149号，pp. 12-15.

砂原庸介（2011）『地方政府の民主主義――財政資源の制約と地方政府の政策選択』有斐閣.

住友商事グローバルリサーチ（2018）「シリーズ「平成をふりかえる」①伸び悩む消費が歩んだ30年―調査レポート」URL：https://www.scgr.co.jp/wp-content/uploads/2018/10/bc25f23674213232c1527bb7e9025254.pdf（2022年7月30日アクセス）.

曽我謙悟（2019）『日本の地方政府―― 1700自治体の実態と課題』中央公論新社〔中公新書〕.

園部雅久（2008）『都市計画と都市社会学』ぎょうせい.

高橋雄悦編（1992）『大都市東京のリストラクチャリング――東京のインナーシティ問題』日本評論社.

田中重好（1992）「コミュニティの「復権」は可能か――「公」「私」に関連づけながら」，金子勇・園部雅之編『都市社会学のフロンティア　3変動・居住・計画』日本評論社，pp. 162-199.

田中優（2012）「職員の政策形成能力」，真山達志編『ローカル・ガバメント論――地方行政のルネサンス』pp. 65-86.

田尾雅夫（2001）『ヒューマン・サービスの経営』白桃書房.

──────（2009）「開かれた市政運営──環境変化にどのように対応しているのか」，村松岐夫・稲継裕昭・財団法人日本都市センター編『分権改革は都市行政機構を変えたか』第一法規，pp. 163-184.

田川寛之・戸川和成・辻中豊（2019）「ローカル・ガバナンス（自治体─自治会・町内会関係）における財政制約という問題──活動力の縮退と補助金縮小が与える自治体政策満足度への影響」，『筑波法政』79巻，pp. 39-50.

田中優（2012）「職員の政策形成能力」，真山達志編『ローカル・ガバメント論──地方行政のルネサンス』ミネルヴァ書房，pp. 65-86.

田部井彩（2009）「都市自治体における事務の効率化」，村松岐夫・稲継裕昭・財団法人日本都市センター編『分権改革は都市行政機構を変えたか』第一法規，pp. 89-100.

辻中豊（1988）『利益集団』東京大学出版会.

──────（2002a）「序論──本書のモデル・構成・見方」，辻中豊編『現代日本の市民社会・利益団体』木鐸社，pp. 16-35.

──────（2002b）『政治学入門』放送大学教育振興会.

──────（2010）「序章」，辻中豊・伊藤修一郎編『ローカル・ガバナンス──地方政府と市民社会』木鐸社，pp. 9-17.

辻中豊編（2002）『現代日本の市民社会・利益団体』木鐸社.

──────（2009a）『第二次　団体の基礎構造に関する調査（日本全国・社会団体調査）コードブック』筑波大学.

──────（2009b）『市民社会構造とガバナンス総合研究──全国自治体（市区町村）調査コードブック』筑波大学.

──────（2009c）『特定非営利活動法人（NPO 法人）に関する全国調査コードブック』筑波大学.

辻中豊・森裕城（2010）「総括と展望──政権交代前夜の日本の市民社会と利益団体」，辻中豊・森裕城編『現代社会集団の政治機能』木鐸社，pp. 303-320.

辻中豊・崔宰栄・山本英弘（2010）「JIGS2 調査の設計と実施」，辻中豊・森祐城編『現代社会集団の政治機能』木鐸社，pp. 343-353.

辻中豊・戸川和成（2018）「21世紀20年の環境変化は団体世界の活動を停滞させたか──JIGS 調査間（東京地区）比較分析からみた団体行動様式の変化」，『筑波法制』74号，pp. 15-39.

辻中豊・和嶋克洋・戸川和成（2019）「地域における市民社会アクターの変化と踊り場にある都市ガバナンス──JIGS 調査（1997-2017）に基づく推移と現状」，『都市とガバナンス』vol. 32，pp. 30-43.

辻中豊・伊藤修一郎編（2010）『ローカル・ガバナンス──地方政府と市民社会』木鐸社.

辻中豊・森裕城編（2010）『現代社会集団の政治機能』木鐸社.

辻中豊・ペッカネン，ロバート・山本英弘編（2009）『現代市民社会叢書1　現代日本の自治会・町内会──第一回全国調査にみる自治力・ネットワーク・ガバナンス』木鐸社.

辻中豊・坂本治也・山本英弘編（2012）『現代日本のNPO政治——市民社会の新局面』木鐸社.

辻竜平・佐藤嘉倫（2014）『ソーシャル・キャピタルと格差社会——幸福の軽量社会学』東京大学出版会.

辻山幸宣（2004）「都市ガバナンスの手法——自治・官治・参画・協働の系譜」, 武智秀之編『都市政府とガバナンス』中央大学出版部, pp. 79-100.

土屋耕平（2011）「特別区人事行政の確立」,『早稲田政治公法研究』, 97号, pp. 57-73.

テッドリー, チャールズ・タシャコリ, アッバス編（2017）『混合研究法の基礎——社会・行動科学の量的・質的アプローチの統合』西村書店.

手嶋尚人（2005）「つながりのある町——谷中での試み」, 矢作弘・小泉秀樹編『シリーズ都市再生① 成長主義を超えて——大都市はいま』日本経済評論社, pp. 157-171.

戸政佳昭（2000）「ガバナンス概念についての整理と検討」,『同志社政策科学研究』2(1), pp. 307-326.

戸川和成（2017）「東京の都心・下町・山の手のソーシャル・キャピタル較差はどうして生まれるか——社会地区分析からみた地域較差の検証」,『経済社会学会年報』vol. 39, pp. 123-138.

――――（2019a）「東京・特別区におけるローカル・ガバナンスの比較実証研究——ソーシャル・キャピタルからみた非制度的要因と政策満足度の地域差の解明」, 筑波大学（学位論文）.

――――（2019b）「ソーシャル・キャピタルが及ぼすローカル・ガバナンスへのインパクト——東京・特別区における政策の高パフォーマンスを導くミッシング・リンクの解明」, 経済社会学会編『経済社会学会年報』vol. 41, pp. 197-210.

――――（2020）「21世紀・首都・東京の地域社会運営は如何に可能か——特別区におけるローカル・ガバナンスの構造条件とそのパフォーマンスの視点から」,『経済社会学会年報』vol. 42, pp. 171-188.

――――（2021）「財政制約下におけるローカル団体の政策参加とロビイングの停滞」, 辻中豊・山本英弘編『現代日本の比較都市ガバナンス・市民社会』木鐸社, pp. 114-131.

内閣府（2003）『平成14年度ソーシャル・キャピタル——豊かな人間関係と市民活動の好循環を求めて』内閣府国民生活局.

――――（2014）「【分割版2】資料（公社）関西経済連合会提出資料」,『第3回会議資料（第3回地域の未来ワーキンググループ）』URL : https://www5.cao.go.jp/keizai-shimon/kaigi/special/future/wg3/0416/shiryou_view2.pdf（2020年2月28日アクセス）.

中谷美穂（2008）「地方分権時代の職員と市民参加」, 小林良彰・中谷美穂・金宗郁編『地方分権時代の市民社会』慶應義塾大学出版会, pp. 203-223.

永田尚三（2012）「消防防災行政における二重行政——東京消防庁方式を用いた一元化の危険性―」,『武蔵野大学政治経済研究所年報』6号, pp. 75-93.

中林一樹（1992）「インナーシティにおける土地・住宅問題」, 高橋勇悦編『都市研究叢書⑥大都市社会のリストラクチャリング——東京のインナーシティ問題』日本評論社, pp.

181-206.

―――（2007）「大都市郊外地域のまちづくり活動と街づくり条例――条例策定過程から
みた住民自治の仕組みとしての可能性」，羽貝正美編『自治と参加・協働――ローカ
ル・ガバナンスの再構築』学芸出版社，pp. 220-258.

新川達郎（2011a）「ガバナンス論と公的ガバナンス研究」，新川達郎編『公的ガバナンスの
動態研究――政府の作動様式の変容』ミネルヴァ書房，pp. 1-11.

―――（2011b）「公的ガバナンス論の展開可能性」，新川達郎編『公的ガバナンスの動態
研究――政府の作動様式の変容』ミネルヴァ書房，pp. 15-49.

新川達郎編（2011）『公的ガバナンスの動態研究――政府の作動様式の変容』ミネルヴァ書
房.

新谷浩史（2004）「ネットワーク管理の射程」，『年報行政研究』39号，pp. 167-178.

西岡晋（2006）「パブリック・ガバナンスの系譜」，岩崎正洋編『公私領域のガバナンス』東
海大学出版社，pp. 1-32.

―――（2011）「福祉国家論とガバナンス」，岩崎正洋編『ガバナンス論の現在』勁草書房，
pp. 141-164.

西尾勝（2007）『行政学叢書⑤　地方分権改革』東京大学出版会.

西澤晃彦（1992）「「インナーシティ問題」と地域社会の重層化」，高橋勇悦編『都市研究叢
書⑥　大都市社会のリストラクチャリング――東京のインナーシティ問題』日本評論社，
pp. 153-179.

日本経済新聞社・日経産業消費研究所（2005）『全国優良都市ランキング2005-06 ――サー
ビス度・革新度で測る自治体の経営力』日本経済新聞社.

野田遊（2007a）『都道府県改革論――政府規模の実証研究』晃洋書房.

―――（2009）「地方公務員の対応と地方自治体に対する信頼」，『長崎県立大学経済学部
論集』vol. 43，no. 1，pp. 91-112.

―――（2011）「行政サービスに対する満足度の規定要因」会計監査研究，vol. 43，pp. 73
-86.

―――（2013）『市民満足度の研究』日本評論社.

野村一貴（2020）「新小岩地区の人口構造」，小山弘美編『自治会活動参加状況調査――葛飾
区新小岩第四自治会を事例として』pp. 3-19.

橋本健二・浅川達人編（2020）『格差社会と都市空間――東京圏の社会地図1990-2020』鹿島
出版会.

長谷川公一（2003a）『環境運動と新しい公共圏――環境社会学のパースペクティブ』有斐閣.

―――（2003b）「政策形成と環境運動のダイナミズム」『環境と公害』vol. 33，no. 1，pp.
10-16.

畠山輝雄（2017）「地方都市における地域特性を考慮した地域包括ケアシステムの構築と行
政の役割」，佐藤正志・前田洋介編『ローカル・ガバナンスと地域』ナカニシヤ出版，
pp. 153-174.

埴淵知哉（2011）『NGO・NPO の地理学』明石書店.

─────（2018）『社会関係資本の地域分析』ナカニシヤ出版.

日高昭夫（2004）「市町村政府のガバナンス──「協働型行政経営」の前提条件の検討を中心に」, 武智秀之編『都市政府とガバナンス』中央大学出版部, pp. 51-78.

平井光雄（2015）「地方自治体のガバナンスに基づく自治基本条例に関する一考察」自治総研, 441号, pp. 51-68.

昼間たかし・鈴木士郎（2016）『東京23区教育格差』マイクロマガジン社.

廣瀬陽子（2003）「テロとグローバル・ガバナンス」, 岩崎正洋編『政策とガバナンス』東海大学出版会, pp. 177-200.

弘本由香里（2005）「大阪長屋の歴史と再生ムーブメント」, 矢作弘・小泉秀樹編『シリーズ都市再生① 成長主義を超えて──大都市はいま』日本経済評論社, pp. 144-156.

前田健太郎（2014）『市民を雇わない国家──日本が公務員の小さな国へと至った道』東京大学出版会.

前田洋介（2017）「ボランタリー組織の台頭とローカル・ガバナンスの形成」, 佐藤正志・前田洋介編『ローカル・ガバナンスと地域』ナカニシヤ出版, pp. 108-132.

町村敬志（2020）『都市に聴け──アーバン・スタディーズから読み解く東京』有斐閣.

松尾孝一（2017）「公務改革と公務労働の変化」, 『社会政策』8(3), pp. 14-30.

丸山真央（2015）「大都市問題の変容──「都心問題」を中心に」, 『都心問題』106号, pp. 13-26.

─────（2017）「都心居住とその社会的矛盾──リスケーリング戦略を現場から問い直す」, 『地域社会学会年報』第29集, pp. 13-26.

宮本憲一（1967）『社会資本論』有斐閣.

─────（1980）『都市経済論──共同生活条件の政治経済学』筑摩書房.

真山達志（2005）「自治体の変容と公共政策」, 『総合政策科学入門』成文堂, pp. 67-87.

─────（2012）「現代自治の現状と課題」, 真山達志編『ローカル・ガバメント論──地方行政のルネサンス』ミネルヴァ書房, pp. 1-12.

水谷利亮（2016）「小規模自治体と圏域における自治体間連携」, 石田徹・伊藤恭彦・上田道明編『ローカル・ガバナンスとデモクラシー』法律文化社, pp. 119-146.

美谷薫・梶田真（2017）「ローカル・ガバナンスをめぐる政策的展開──市町村行政の「守備範囲」と「公共」の担い手を中心に」, 佐藤正志・前田洋介編『ローカル・ガバナンスと地域』ナカニシヤ出版, pp. 20-38.

村松岐夫（1994）『日本の行政──活動型官僚制の変貌』中央公論新社〔中公新書〕.

─────（2009）「市長の諸改革評価における対立軸」, 村松岐夫・稲継裕昭・財団法人日本都市センター編『分権改革は都市行政機構を変えたか』第一法規, pp. 3-18.

村松岐夫・稲継裕昭編（2003）『包括的地方自治ガバナンス改革』東洋経済新報社.

─────（2009）『分権改革は都市行政機構を変えたか』第一法規.

森裕城・足立研機（2002）「団体─行政関係──政府と社会の接触面」, 辻中豊編『現代日本の市民社会・利益団体』木鐸社, pp. 120-138.

森裕城・辻中豊（2002）「活動地域別にみた団体の存立・行動様式」, 辻中豊編『現代日本の

市民社会・利益団体』木鐸社，pp. 104-117.

森脇俊雅（2000）『集団・組織——社会学の理論とモデル』東京大学出版会.

————（2003）「公共政策としての公共政策論——公共選択の視座からの制度設計—」，足立幸男・森脇俊雅編『公共政策学』ミネルヴァ書房，pp. 19-33.

————（2010）『政策過程』ミネルヴァ書房.

安章浩（2009）「ガバナンスと行政学の再構築」尚美学園大学総合政策研究紀要，18号，pp. 61-73.

矢作弘（2005）「成長主義を超えて」，矢作弘・小泉秀樹編『シリーズ都市再生① 成長主義を超えて——大都市はいま』日本経済評論社，pp. 2-26.

矢作弘・小泉秀樹編（2005）『シリーズ都市再生① 成長主義を超えて——大都市はいま』日本経済評論社.

山崎幸治（2004）「ソーシャル・キャピタルへの経済学的アプローチ」，宮川公男・大守隆編『ソーシャル・キャピタル——現代経済社会のガバナンスの基礎』東洋経済新報社，pp. 187-211.

山本英弘（2010）「市区町村職員のガバナンス意識」，辻中豊・伊藤修一郎編『ローカル・ガバナンス——地方政府と市民社会』木鐸社，pp. 167-188.

山本啓（2008）「ローカル・ガバナンスと公民パートナーシップ——ガバメントとガバナンスの相補性」，山本啓編『ローカル・ガバメントとローカル・ガバナンス』法政大学出版局，pp. 1-34.

————（2014）『パブリック・ガバナンスの政治学』勁草書房.

山本啓編（2008）『ローカル・ガバメントとローカル・ガバナンス』法政大学出版局.

要藤正任（2018）『ソーシャル・キャピタルの経済分析——「つながり」は地域を再生させるのか』慶應義塾大学出版会.

横山麻季子（2010）「市区町村におけるパフォーマンスの測定」，辻中豊・伊藤修一郎編『現代市民社会叢書3 ローカル・ガバナンス——地方政府と市民社会』木鐸社，pp. 189-204.

吉田民雄（2003）『地方自治・新世紀——都市政府のガバナンス』中央経済社.

若尾信也（2003）「ガバナンス時代におけるNGO・NPO」，岩崎正洋編『政策とガバナンス』東海大学出版会，pp. 145-162.

和田清美（2006）『大都市東京の社会学——コミュニティから全体構造へ』有信堂高文社.

Ahn, T. K., and Ostrom, E. (2008). Social Capital and Collective Action. in Catiglione, D., Van Deth, J. W., and Wolleb, G., *The Handbook of Social Capital*. Oxford: Oxford University Press, 70-100.

Abreu, A., and Camarinha-Matos, L. M. (2010). Understanding Social Capital in Collaborative Networks. *Proceedings of BASYS'10, Balanced Automation Systems for Future Manufacturing Networks*, 109-118.

Bevir, M. (2012). *Governance: A very Short Introduction (Very Short Introduction)*. Oxford: Oxford University Press, （野田牧人訳［2013］『ガバナンスとは何か』NTT

出版).

Brudney, J. L., and England, R. E. (1982). Urban Policy Making and Subjective Service Evaluations: Are They Compatible?. *Public Administration Review*, 42(2), 127-135.

Dahl, R. A. (1961). *Who Governs?: Democracy and Power in an American City*, 2nd, ed . New Haven, Conn: Yale University Press (河村望・高橋和宏監訳 [1988]『統治するのはだれか　アメリカの一都市における民主主義と権力』行人社).

Darl, R. A., and Tufte, E. R. (1973). *Size and Democracy*. Stanford: Stanford University Press (内山秀夫訳 [1979]『規模とデモクラシー』慶應通信).

Edelenbos, J., and Klijn, E. (2007). Trust in Complex Decision Making Networks: A Theoretical and Empirical Exploration. *Administration & Society*, 39(1), 25-50.

Goss, S. (2001). *Making Local Governance Work: Networks, Relationships, and The Management of Change*. New York: PALGRAVE.

Guiso, L., Zingales, L., and Sapienza, P. (2008) Alfred Marshall Lecture Social Capital as Good Culture. *Journal of the European Economic Association*, vol. 6, no. 2/3, 295-320.

Gurung, S., and Shean, A. (2017). Social Capital and Good Governance: A Governance in Action Research Brief. *Mercy Corps*, 1-22.

Halpern, D. (2005). *Social capital*. Cambridge, UK: Polity Press.

Hatak, I., Lang, R., and Roessl, D. (2016). Trust, Social Capital, and the Coordination of Relationships Between the Members of Cooperatives: A Comparison Between Member-Focused Cooperatives and Third-Party-Focused Cooperatives, *Voluntas*, vol. 27, no. 3, 1218-1241.

Kelly, J. M. (2003). Citizen Satisfaction and Administrative Performance Measures; Is There Really a Link?. *Urban Affairs Review*, 38(6), 855-866.

Kelly, J. M., and Swindell, D. (2002a). A Multiple-Indicator Approach to Municipal Service Evaluation: Correlating Performance Measurement and Citizen Satisfaction across Jurisdictions. *Public Administration Review*, 62(5), 610-621.

Kelly, J. M., and Swindell, D. (2002b). Service Quality Variation Across Urban Space: First Steps Toward a Model of Citizen Satisfaction. *Journal of Urban Affairs*, 24(3), 271-288.

Kickert. W. J. M., Klijn, E., and Koppenjan, J. F. M. (1997). Managing Networks in the Public Sector: Findings and Reflections. in Kickert, W. J. M. et al. (eds), *Managing Complex Networks: Strategies for the Public Sector*. London: SAGE Publications Inc, 166-191.

Koliba, C., Meek, J. W., and Zia, A. (2011). *Governance Networks in Public Administration and Public Policy*. Boca Raton: CRC press.

Kearns, A., and Forrest, R. (2000). Social Cohesion and Multilevel Urban Governance. *Urban Studies* 37, 995-1017.

Kenis, P. (2016). Network. in Torfing, J. (ed), *Handbook on Theories of Governance.* Massachusetts: Edward Elgar Publishing Inc, 149-157.

Klijn, E., and Koppenjian, J. F. M. (2016). *Networks in the Public Sector.* London: Routledge.

Kooiman, J. (2003). *Governing as Governance.* California: SAGE Publication Ltd.

Lelieveldt, H. (2008). Neighborhood Politics. in Castiglione, D., Van Deth, J. W., and Wolleb, G. (eds), *The Handbook of Social Capital.* Oxford: Oxford University Press, 328-348.

Mertens, D. M. (2003) Mixed models and the Politics of human research: The transformative-emancipatory perspective. In Tashakkori, A., & Teddlie, C. (eds), *Handbook of mixed methods in social and behavioral research,* pp. 135-166, Thousand Oaks, CA: Sage.

Mouritizen, E. P. (1989). City size and Citizen's Satisfaction: Two Competing Theories Revised. *European Journal of Political Research,* 17(6), 661-688.

Oliver, J. (2007). Evaluating the Expectations Disconfirmation and Expectations Anchoring Approaches to Citizen Satisfaction with Local Public Services. *Journal of Public Administration Research and Theory,* 19(1), 107-123.

Olson, M. (1965). *The Logic of Collective Action: Public Goods and the Theory of Groups.* Cambridge, Massachusetts: Harvard University Press. (依田博・森脇俊雅訳 [1996]『集合行為論──公共財と集団理論』ミネルヴァ書房).

Osborne, D., and Gaebler, T. A. (1992). *Reinventing Government.* Ney York: Tuttle-Mori Agency Inc. (野村隆監訳・高地高司訳 [1995]『行政革命』日本能率協会マネジメントセンター).

Osborne, M. J. (2009). *Introduction to Game Theory.* Oxford: Oxford University Press (Sd).

Ostrom, E. (1992). Institutions as Rules-in-Use. in *Crafting Institutions for Self-Governing Irrigation Systems.* San Francisco, CA: ICS Press, 19-39.

Ostrom, E., and Ahn, T. K. (2003). Introduction. in Ostrom, E., and Ahn, T. K. (eds), *Foundations of Social Capital.* Massachusetts: Edward Elgar Publishing Inc., xi-xxxix.

Pestoff, V. A. (1993). *Beyond the Market and State: Social Enterprises and Civil Democracy in Welfare Society.* Aldershot: Ashgate Publishing (藤田暁男・川口清史・石塚秀雄・北島健一・的場信樹訳 [2000]『福祉社会と市民民主主義　協同組合と社会的起業の役割』日本経済評論社).

Pfeffer, J., and Salancik. G. R. (1987). *The External Control of Organizations: A Resource Dependence Perspective,* Harper and Row.

Pierre, J., and Peters, G. B. (eds) (2000). *Governance, Politics, and the state.* London: Palgrave Macmillan.

Putnam, R. D. (1993). *Making Democracy Work*. Princeton: Princeton university Press (河田潤一訳 [2001]『哲学する民主主義』NTT 出版).

Putnam, R. D. (2000). Bowling Alone: The Collapse and Revival of American Community, Simon and Schuster (柴内康文訳 [2006]『孤独なボウリング——米国コミュニティの崩壊と再生』柏書房).

Read, B. L., and Pekkanen, R. J. (2009). *Local Organizations and Urban Governance in East and Southeast Asia: Straddling State and Society*. Oxford: Routledge.

Rhodes, R. A. W. (1997). *Understanding governance: policy networks, governance, reflexivity, and accountability*. Buckingham Philadelphia: Open University Press.

Sampson, R. J., Stephen. R. W., and Earls, F. (1997). Neighborhoods and Violent Crime: A multilevel Study of Collective Efficacy. *Science*, 277 (5328), 918-924.

Schwartz, F., and Pharr, S. (eds) (2003). *The State of Civil Society in Japan*. Cambridge: Cambridge University Press.

Skocpol, T. (2003). *Diminished Democracy: From Membership to Management in American Civic Life*. Oklahoma: University of Oklahoma Press (河田潤一訳 [2007]『失われた民主主義——メンバーシップからマネージメントへ』慶應義塾大学出版会).

Shih, M. (2010). Trust and Transparency in Network Governance: The Implication of Taiwan's Anti-Corruption Activities. *International Public Management Review*, 11(2), 95-131.

Sørensen, E., and Torfing, J. (eds) (2007). *Theories of Democratic Network Governance*. Basingstoke: Palgrave Macmillan.

Sundeen, R. A. (1985). Coproduction and communities: Implications for local administrators. *Administration and Society*, 16, 387-402.

Szreter, S., and Woolcock, M. (2004). Health by association? Social capital, social theory, and the political economy of public health. *International Epidemiological Association*, 33-65.

Torfing, J., Peter, G. B., Pierre, J., and Sorensen, E. (2012). *Interactive Governance: Advancing the Paradigm*. Oxford and New York: Oxford University Press.

Torfing, J. (2016). Metagovernance, in Torfing, J. (ed) *Handbook on Theories of Governance*. Massachusetts: Edward Elgar Publishing Inc, 525-537.

Tsujinaka, Y., and Abe, H. (2016). Social Capital and Citizen Satisfaction in Associational Perspective: Analyzing Urban Governance in Japan, July 2016 at the International Political Science Association 24th World Congress, Poland.

Walker, J. L., Jr. (1991). *Mobilizing Interest Groups in America: Patrons, Professions, and Social Movements*. Michigan: The University of Michigan press.

Ysa, T., Sierra, V., and Esteve, M. (2014). Determinants of Network Outcomes: The Impact of Management Strategies. *Journal of Public Administration*, 92(3), 636-655.

索　引

《著者紹介》

戸 川 和 成（とがわ　かずなり）

1993年　東京都墨田区生まれ
2019年　筑波大学大学院人文社会科学研究科（国際日本研究専攻）
　　　　博士後期課程修了　博士（社会科学）
現　在　千葉商科大学政策情報学部　助教

主要業績

『ソーシャル・キャピタルと市民社会・政治』（ソーシャル・キャピタル叢
　　書第5巻）共著，2章担当，ミネルヴァ書房，2019年.
『現代日本の比較都市ガバナンス・市民社会』（現代市民社会叢5）共著，
　　5章・6章・10章担当，木鐸社，2021年.
『ソーシャル・キャピタルからみた人間関係——社会関係資本の光と影』
　　（生存科学叢書）共著，6章担当，日本経済評論社.
『AIはどのように社会を変えるか——ソーシャル・キャピタルと格差の視
　　点から』共著，1章・9章担当，東京大学出版会.
「ソーシャル・キャピタルが及ぼすローカル・ガバナンスへのインパクト
　　東京・特別区における政策の高パフォーマンスを導くミッシング・リ
　　ンクの解明」，『経済社会学会年報』Vol. 41，経済社会学会，2019年.
「コロナ禍の行動変容とソーシャル・キャピタルに関する研究」，『経済社会
　　学会年報』Vol. 44，経済社会学会，2022年.

受賞歴

日本行政学会，2022年度研究奨励賞，論文部門，「ソーシャル・キャピタル
　　の世代間継承は都市ガバナンスのQOLを改善させるのか」.

首都・東京の都市政策とソーシャル・キャピタル
——地域振興と市民活動政策のQOLを高め，
23区格差を改善するガバナンスの実現——

2022年11月30日　初版第1刷発行　　＊定価はカバーに
　　　　　　　　　　　　　　　　　　　表示してあります

著　者　戸　川　和　成 ⓒ

発行者　萩　原　淳　平

印刷者　江　戸　孝　典

発行所　株式会社　晃　洋　書　房

〒615-0026　京都市右京区西院北矢掛町7番地
　　　　　電話　075(312)0788番(代)
　　　　　振替口座　01040-6-32280

装丁　野田和浩　　　印刷・製本　共同印刷工業㈱

ISBN978-4-7710-3692-5